SPATIAL PLANNING
FOR THE SUSTAINABLE DEVELOPMENT
OF PARTICULAR TYPES OF EUROPEAN AREAS:
MOUNTAINS, COASTAL ZONES, RURAL ZONES,
FLOOD-PLAINS AND ALLUVIAL VALLEYS

AMÉNAGEMENT DU TERRITOIRE
POUR LE DÉVELOPPEMENT DURABLE
DES ESPACES EUROPÉENS PARTICULIERS :
MONTAGNES, ZONES CÔTIÈRES ET RURALES,
BASSINS FLUVIAUX ET VALLÉES ALLUVIALES

proceedings/actes

Sofia (Bulgaria), 23-24 October 2002
Sofia (Bulgarie), 23-24 octobre 2002

REPUBLIC OF BULGARIA

MINISTRY OF
REGIONAL DEVELOPMENT
AND PUBLIC WORKS

European regional planning, No. 68
Aménagement du territoire européen, n° 68

Council of Europe Publishing

International Cemat Seminar jointly organised by the Council of Europe – Regional Planning, and Landscape Division – and the Ministry of Regional Development and Public Works of Bulgaria, with the support of the Integrated Project of the Council of Europe "Making democratic institutions work".

Séminaire international Cemat organisé conjointement par le Conseil de l'Europe – Division de l'aménagement du territoire et du paysage – et le ministère du Développement régional et des Travaux publics de la Bulgarie, avec le soutien du Projet intégré du Conseil de l'Europe « Les institutions démocratiques en action ».

For publications appearing in the same series, see at the back of the book.
Pour les publications paraissant dans la même série, voir en fin d'ouvrage.

Speeches published in their original language. The opinions expressed in this work are the responsibility of the authors and do not necessarily reflect the official policy of the Council of Europe.

All rights reserved. No part of this publication may be translated, reproduced or transmitted, in any form or by any means, electronic (CD-Rom, Internet, etc.) or mechanical, including photocopying, recording or any information storage or retrieval system, without prior permission in writing from the Publishing Division, Communication and Research Directorate (F-67075 Strasbourg or publishing@coe.int)

Discours reproduits dans leur langue d'origine. Les vues exprimées dans cet ouvrage sont de la responsabilité des auteurs et ne reflètent pas nécessairement la ligne officielle du Conseil de l'Europe.

Tous droits réservés. Aucun extrait de cette publication ne peut être traduit, reproduit, enregistré ou transmis, sous quelque forme et par quelque moyen que ce soit – électronique (CD-Rom, Internet, etc.), mécanique, photocopie, enregistrement ou toute autre manière – sans l'autorisation préalable écrite de la Division des éditions, Direction de la communication et de la recherche (F-67075 Strasbourg ou publishing@coe.int)

Council of Europe Publishing
F-67075 Strasbourg Cedex

ISBN 92-871-5187-3
© Council of Europe, août 2003
Printed at the Council of Europe

Contents / Table des matières

OPENING SPEECHES / DISCOURS D'OUVERTURE

CHAIR / PRESIDENCE
Kapka PANCHEVA

7   *Kostadin PASKALEV*, Deputy Prime Minister and Minister of Regional Development and Public Works, Bulgaria

9   *Margarita JANČIC*, Chair of the Committee of Senior Officials (CSO) of the Conference of Ministers responsible for Regional Planning of the members States of the Council of Europe (CEMAT)

11 *Borislav VELIKOV*, Membre de la Commission de l'environnement, de l'agriculture et des questions locales et régionales, Assemblée parlementaire du Conseil de l'Europe

13 *Maguelonne DÉJEANT-PONS*, Chef de la Division de l'Aménagement du Territoire et du Paysage, Conseil de l'Europe

FIRST SESSION / PREMIERE SESSION

Spatial planning and sustainable development /
Aménagement du territoire et développement durable

CHAIR / PRESIDENCE
Borislav VELIKOV,
Maria José FESTAS

23 Paysage, développement durable et aménagement du territoire
Enrico BUERGI, Président de la Conférence des Etats contractants et signataires de la Convention européenne du paysage, Suisse

27 Historical analysis of landscape in the framework of Mediterranean coastal development
Ilario PRINCIPE and *Giuseppe SPINELLI*, Director of CSEAAM, Italy

SECOND SESSION / DEUXIEME SESSION

Examples of good practices: national experiences /
Des exemples de bonnes pratiques : les expériences nationales

CHAIR / PRESIDENCE
Zlatko UZELAC,
Peter SCHMEITZ

33 Vers un espace de liberté pour les fleuves
Edith WENGER, WWF-Auen-Institut, Allemagne

37 Instruments of regional planning for mountain and coastal zones
Andrej POGACNIK, University of Ljubljana, Faculty of Civil and Geodetic Engineering, Geodetic Department, Chair of Planning

43 Strategic planification and sustainable development in coastal and mountain regions of Bulgaria
Atanas ATANASOV, Director of the Strategic Planification in the Ministry of Regional Development and Public Works, Bulgaria

47 Le Modèle de loi sur la gestion durable des zones côtières et le Code de conduite européen des zones côtières
Maguelonne DÉJEANT-PONS, Conseil de l'Europe

59 Tourisme durable dans les aires protégées de la Méditerranée
Felice SPINGOLA, Président du Centre Studi Pan, Italie

67 The Danube Region: bridging some gaps for more sustainability
Reinhard BREILING, Department for Landscape Planning, Technical University, Wien, Austria

73 L'évolution de la propriété foncière, prémisse fondamentale de la configuration du paysage en Roumanie
Manuela HOINARESCU, *Madgalena BANU*, *Irina PAVELET*, *Călin HOINARESCU*, Association roumaine pour Villages et Bourgs-ECOVAST, Roumanie

77 Un aménagement du territoire rural wallon compatible avec le développement durable
Pierre GOSSELAIN, Inspecteur général a.i., Division de l'Aménagement du territoire et de l'Urbanisme, ministère de la Région wallonne, Belgique

THIRD SESSION / TROISIEME SESSION

Instruments for implementation / Les instruments de mise en œuvre

CHAIR / PRESIDENCE
Erzsebet VAJDOVICH VISY,
Latchezar TOSHEV

103 Les outils des politiques publiques de développement durable des espaces naturels particuliers en Europe
Guillaume SAINTENY, Maître de Conférences à l'Institut d'études politiques de Paris, France

107 Spatial planning and particular areas in Turkey
Ergün ERGANÍ, Head of the Department of Conservation, Research and Evaluation, The Authority for the Protection of Special Areas, Ministry of the Environment, Turkey

111 The participation of the population
Dancho KIRYAKOV, President of the Rhodopes Mountains Association, Bulgaria

115 Slide show Projection "The Rhodopes of the Smolyan region"
Kroum YANEV, Photographer, Bulgaria

117 Regional policy and planning: the Russian Federation experience
Sergey ARTOBOLEVSKIY, Head of Department of the Institute of Geography of Moscow, Russia

121 Major aspects of spatial planning for sustainable tourism development in Bulgaria
Nicolina POPOVA, Lecturer at the Sofia University, Head of the Tourism Chair, Bulgaria

129 Youth – challenges, potential and future capital for the communities' sustainable development
Violeta ELENSKA, Bulgarian Children and Youth Parliament

FOURTH SESSION / QUATRIEME SESSION

Possibilities of a transfrontier, transnational and interregional co-operation / Les possibilités d'une collaboration transfrontalière, transnationale et interrégionale

CHAIR / PRESIDENCE
Vyacheslav OLESHCHENKO,
Petr KALIVODA

135 The experience of the Tri-National Site of East Carpathians Biosphere Reserve
Zbigniew NIEWIADOMSKI, President of the Foundation for the Eastern Carpathians Biodiversity Conservation, Poland

141 Transnational and interregional co-operation in the management of floodplains: the experience of countries of the Danube Basin
Carolina W. JACOBS, Member of the Provincial Council of Gelderland, Netherlands, Representative of the CLRAE

145 Transborder co-operation in the Lower Danube Delta between Ukraine, Moldova and Romania
Galina MINICHEVA, Head of the Working Group on Protected Areas and Habitat restoration, Ukraine

151 **Conclusions**

RAPPORTEUR
Dusan BLAGANJE

165 **List of participants /**
Liste des participants

Opening session /

Session d'ouverture

Kostadin PASKALEV
Vice premier ministre de la République de Bulgarie, Ministre du développement régional et des travaux publics

Mesdames et Messieurs,

Permettez-moi de vous souhaiter la bienvenue et de vous féliciter de votre participation au Séminaire international, organisé par le Conseil de l'Europe et le ministère du Développement Régional et des Travaux Publics de la République de Bulgarie. Le séminaire se tient dans le cadre du travail de la Conférence européenne des Ministres de tous les pays membres du Conseil de l'Europe, responsables pour l'aménagement du territoire. Le fait qu'aujourd'hui en Bulgarie soient réunis plus de 180 experts et de hauts fonctionnaires de 32 pays du continent européen est la plus grande preuve de l'actualité du thème du Séminaire, qui a mis l'accent sur les problèmes de l'aménagement du territoire et le développement des montagnes, des zones côtières et rurales, des bassins fluviaux et des vallées alluviales.

Je suis persuadé que les débats de ces deux jours vont contribuer à la préparation d'une stratégie unique du développement global et équilibré du continent, de la sauvegarde de sa diversité, de la protection de l'environnement et de l'activation du processus de l'intégration européenne à travers la coopération transfrontalière, transrégionale et transnationale.

Les questions qui vont être discutées dans ces deux jours vont dépasser le cadre de l'approche purement professionnelle et technocrate concernant l'aménagement du territoire. Elles ont une importance politique et sociale énorme, car elles vont assurer une Europe homogène, et la possibilité de développer la concurrence dans le plan international. Il faut avouer que malgré le progrès remarquable, les grandes différences entre le bien-être de la population de l'Orient et l'Occident existent encore et cela empêche la cohésion sociale.

Je crois qu'il est nécessaire de concentrer nos efforts et nos ressources sur le développement de l'infrastructure, sur le développement des régions situées près des frontières, sur les régions rurales, demeurées en retard dans leur développement économique et de renforcer les petites et moyennes villes. Il s'agit d'une approche spéciale des espaces particuliers comme les montagnes, les zones côtières et rurales, des bassins fluviaux et des vallées alluviales pour lesquels il faut appliquer une politique spécifique.

Les régions de montagne représentent un potentiel exclusif pour l'Europe, et cela est encore plus valable pour la Bulgarie car elles occupent un tiers de son territoire. L'aménagement du territoire doit porter une attention spéciale à leur sauvegarde et développer une politique unique de leur développement économique et social, prendre en compte la protection et la gestion de leur ressources, sauvegarder les traditions et la culture existantes, stimuler un développement socio-économique adéquat et moderne. Le caractère frontalier de certaines de nos montagnes suppose que soient appliquées des politiques adéquates des deux côtés de la frontière, que soient élaborés des schémas structurels et des plans communs en vue d'un développement homogène des deux côtés de la frontière.

Les zones côtières de l'Europe, qui sont très attractives pour le développement du tourisme, nécessitent aussi une conception unique de leur gestion, qui se rend compte des conséquences des activités économiques et sociales. La gestion unique des zones rurales inclut le développement d'une activité agricole effective et le rôle actif des activités agricoles, de sylviculture et minières, contribue à assurer l'infrastructure nécessaire et les nouveaux services, le développement du tourisme rural. Il est nécessaire d'améliorer les conditions de production et les conditions de la vie des habitants de ces zones, de mettre à leur disposition le marketing des produits agricoles, provenant de la sylviculture et des métiers de haute qualité, de promouvoir la création de nouveaux emplois.

La conception d'une gestion unique des bassins fluviaux et des zones humides qui ont des écosystèmes riches et sensibles et un paysage de haute qualité doivent prendre en considération l'activité humaine active, les usines, les entreprises, les infrastructures de transport, le grand trafic, les centrales hydroélectriques, la lutte contre l'érosion, etc. La gestion de ces zones inclut la protection des écosystèmes, la gestion durable de tout le système fluvial, l'intégration de la gestion du système de l'eau, la protection préventive contre les inondations et la pollution de l'eau. Toutes ces activités peuvent et doivent s'effectuer à travers la coopération entre les différents pays, quand les rivières sont transfrontalières et transnationales.

Je crois que dans le cadre de la discussion approfondie qui va en suivre nous sommes obligés de répondre aux questions suivantes :
– comment promouvoir le développement durable et assurer la qualité de la vie ?
– quelles sont les pratiques et les nécessités convenables de coopération ?
– comment garantir la transparence et la participation des citoyens dans ces processus ?

Permettez-moi de vous saluer encore une fois, de remercier tous pour vos efforts et de vous souhaiter plein succès pour ce Séminaire !

Margarita JANČIČ
Chair of the Committee of Senior Officials (CSO) of the Conference of Ministers responsible for Regional Planning of the members States of the Council of Europe (CEMAT)

Ladies and Gentlemen,
Dear Colleagues,

It is my great pleasure to welcome you in the name of the Committee of Senior Officials at the CEMAT'S Seminar entitled "Spatial planning for the sustainable development of particular types of European areas".

We consider the Council of Europe as a European organisation in which all the states of Europe can cooperate on the basis of equal rights, and the Conference of Ministers Responsible for Regional Planning and our Committee of Senior Officials to be a suitable body to contribute to the co-ordination of common Europe, and Europe-wide territorial development goals.

Convinced that the Trans-European co-operation in the sphere of spatial development has to be strengthened in order to facilitate better spatial integration, the Conference of Ministers Responsible for Regional Planning and our Committee of Senior Officials are undertaking various activities to facilitate this co-operation. The today's Seminar in one of them.

At the 12th Session of the European Conference of Ministers Responsible for Regional Planning (Hanover, September 2000), the ministers responsible for Regional Planning in the Council of Europe member states adopted the Guiding Principles for Sustainable Development of the European Continent (GPSSDEC-CEMAT) and a ten-point programme for greater cohesion among the regions of Europe.

They represent a unique strategy for a cohesive and balanced development of the continent, and provide managerial guidelines for strengthening the process of European integration by means of transfrontier, inter-regional and transnational co-operation.

The Ministers recommended that the Council of Europe Member States should make use of the Guiding Principles, which concern the national regional planning and regional development measures. The Guiding Principles should be applied appropriately in the national and international regional planning projects, through their daily activities.

It is in this context that we must consider the aim of this international Seminar on the regional planning and development problems of mountains, coastal and rural zones, flood plains and alluvial valleys.

Moreover, the Seminar is organised with the support of the Integrated Projects of the Council of Europe, given to allow a more advanced discussion on the issue of the participation of civil society in the definition and implementation of the policies of sustainable development in particular areas, and an integrated approach concerning these policies.

The Seminar will examine the following items Spatial planning and sustainable development:

a) why some particular zones needed attention, a specific approach, and what heir needs were, taking into account natural, cultural, landscape, social and economic factors (the mentioned GPSSDEC-CEMAT as the spatial development measures for different types of European regions)?
b) how to promote sustainable development and ensure the quality of life,
c) what are the best practices?
d) instruments of implementation:
   - specifics and innovative instruments (instruments of planning and protection, legal and financial);
   - participation of the population (inhabitants);
   - possibility of co-operation.

The present political and institutional context at the international level looks particularly favourable for the re-launching of the role of spatial planning. In this context we are facing new challenges and new responsibilities.

Let me list just a few of them:
1. to overcome the limits of traditional planning practices, mainly addressed to the design of spatial forms and structures rather than the definition of rules, guiding principles and processes;
2. to overcome the rigidity of traditional procedures and their strict hierarchical structure in favour of a superior flexibility;
3. to realise the convergence and the integration of different planning bodies and tools, acting at different levels of public administration and particularly in different sectors (settlements, transportation, environment, landscape, natural and cultural resources, management of hydrographic basins);
4. to rehabilitate the image and the practice of planning in general, and even more in Eastern European countries where, following the political transition, a very critical attitude was generally taken-up as a result of understandable but purely political reaction to the former regime; the limits of opposite and extreme attitudes towards deregulation and liberalisation are apparent now, and call for more balanced and modern approaches;
5. to enhance the development of advanced and effective forms of participation in the decision-making process.

In these conditions, spatial planning has to take up renewed responsibilities:
– the responsibility for securing territorial cohesion – namely, sufficiently homogenous living conditions in all territories where local communities could pursue their own goals of economic, social and cultural development with similar opportunities; and
– the responsibility for the development of territorial identities, differences and specifics. These elements represent the very goals in themselves and, at the same time, instruments for the achievement of successful integration in the international and the inter-regional division of labour.

The main goal of spatial planning may be indicated in the achievement of territorial sustainability. This goal defines a general and prospective role of spatial planning in a modern and conscious society:
– spatial planning represents an appropriate institutional technical and political context for managing the territorial dimension of sustainability;
– the territorial dimension of sustainable development refers to an ordered resource, resource-efficient and environmentally friendly spatial distribution of human activities.

The main objectives of a strategy of territorial sustainability may be defined as:
– territorial quality – the quality of living and working environment, the relative homogeneity of living standards across territories;
– territorial efficiency – resource efficiency with respect to energy, land and natural resources, competitiveness and attractiveness;
– territorial identity – enhancing "social capital"; developing a shared vision of the future; safeguarding specifics, strengthening productive 'vocations' and competitive advantages

The territorial efficiency, quality and identity represent objectives and values in themselves; any modern society cannot do without them, as they are at the basis of the local collective well-being. At the same time they are preconditions for competing.

Today and tomorrow we are here to hear more about territorial sustainability in specific areas.

The Seminar will end with the elaboration of general conclusions and recommendations, which will contribute to the implementation of the Guiding Principles for Sustainable Spatial Development of the European Continent and to the preparation of CEMAT's 13th Session.

I hope that this will be a new peace in the puzzle of sustainable Europe.

Borislav VELIKOV
Membre de la Commission de l'environnement, de l'agriculture et des questions locales et régionales de l'Assemblée parlementaire du Conseil de l'Europe

Monsieur le Vice-Premier Ministre, Madame la Présidente, Mesdames et Messieurs,

C'est avec la plus grande joie que je m'adresse à vous aujourd'hui, car j'ai le plaisir et l'honneur de représenter l'Assemblée parlementaire du Conseil de l'Europe ici, dans mon pays natal. A mon tour, après le Vice-Premier Ministre, je vous souhaite la bienvenue de la part de l'Assemblée parlementaire du Conseil de l'Europe et de la part de l'Assemblée nationale de la République de Bulgarie.

Nous sommes réunis à Sofia pour discuter des problèmes liés au développement des zones sensibles : les montagnes, les zones côtières et rurales, les bassins fluviaux et les vallées alluviales. Je voudrais attirer votre attention sur les risques écologiques liés à ces zones et sur les responsabilités de chacun de nous d'apprécier, d'éliminer ou d'essayer de réduire au minimum ces risques.

Les catastrophes climatiques, qui ont frappé une grande partie de l'Asie et de l'Europe ces derniers mois et en partie notre pays, posent encore une fois avec une gravité et une urgence la question de la responsabilité de l'humanité concernant ces catastrophes naturelles.

Il suffit de rappeler le rôle du gaz antropogène, le fréon qui a créé le trou d'ozone, ou le réchauffement global du climat au XXe siècle, suite aux gaz nuisibles jetés par la population causant ce qu'on appelle « l'effet de serre ».

Nous pourrions probablement affirmer avec une assez grande certitude, que le réchauffement de la planète est la cause de l'augmentation de la quantité des chutes des pluies (d'environ 0.5 à 1 %, d'après les données des experts). On peut prévoir encore que le réchauffement du climat constaté peut amener probablement une augmentation de la quantité des chutes de pluies et des inondations dans cette zone géographique.

Quand ces catastrophes écologiques attaquent nos pays, notre population et notre patrie avec toutes les conséquences destructrices, bien connues par nous tous, nous ne pourrions pas les classifier comme exception de la situation globale.

C'est justement la raison qui nous conduit à nous sentir obligés de réagir sans tarder et d'une façon adéquate.

Permettez-moi de noter, que nous tous – les fonctionnaires d'Etat et les experts des structures du pouvoir – sommes obligés de nous occuper de ces liens, causant aussi des conséquences résultant de ces changements dynamiques, que nous abordons de plus en plus souvent et de leur influence catastrophique sur les territoires spécifiques.

Notre objectif est de nous orienter vers l'utilisation des méthodes et des technologies sophistiquées, afin de prévenir ou au moins de réduire au minimum le nombre de ces phénomènes dévastateurs de la nature.

Nos pays doivent prendre des mesures radicales et urgentes pour lutter contre la politique de l'urbanisation non-organisée de la planète, dont une des conséquences, qui ne peut plus être conjurée, est la création de conditions pour empêcher les inondations des cours des fleuves.

Nous sommes obligés d'élaborer des règlements, de prévoir et même de limiter ces phénomènes, en prenant des mesures sans appel contre l'urbanisation des plaines, qui sont menacées de subir des inondations.

En même temps, il faut stimuler le développement des régions de montagnes et y attirer des investissements pour la réalisation des projets d'infrastructure.

Les différentes formes qualitatives et durables du tourisme doivent devenir une priorité pour leur développement.

Le besoin bien pressant a surgi d'évaluer à nouveau les pratiques agricoles intensives et leurs conséquences sur l'environnement, mais il faut évaluer aussi les risques qu'elles peuvent provoquer et qui concernent la population.

Que peut-on dire des montagnes, privées de cette façon de leurs systèmes naturels, qui empêchaient l'écoulement de la pluie et de la neige ? Laisser l'eau des torrents s'écouler sans l'en empêcher peut provoquer de grandes catastrophes.

Les événements tragiques de ces derniers mois en Europe centrale ont prouvé encore une fois que la gestion des eaux et la pratique de la gestion durable des territoires sont liées entre elles.

Je pense qu'il est très important, et c'est aussi une priorité pour nos gouvernements, d'adopter des mesures urgentes pour que les événements tragiques de ces derniers mois ne se reproduisent pas ou au moins de ne pas admettre des catastrophes de dimensions aussi importantes.

C'est à nous, les représentants des pouvoirs législatif et exécutif des pays membres du Conseil de l'Europe, de prendre la responsabilité et de faire promouvoir le processus de la création d'une politique d'aménagement du territoire et de leur gestion, qui jusqu'à ce moment ne se rendait toujours pas compte des risques horribles auxquels est exposée notre population et pour ne jamais plus payer en vies humaines et par des destructions irrévocables.

L'Assemblée parlementaire du Conseil de l'Europe suit et soutient le travail de la Conférence européenne des ministres responsables de l'aménagement du territoire (CEMAT) et reconnaît son rôle dirigeant pour l'application des Principes directeurs de la politique européenne du développement durable et de l'aménagement des territoires particuliers.

Persuadé du rôle important de la CEMAT pour le développement du territoire de l'Europe, suite à l'initiative du Président de la Commission de l'environnement, de l'agriculture et des questions locales et régionales, M. Martinez Casan, le Président de l'Assemblée parlementaire du Conseil de l'Europe, M. Peter Schieder a invité la Présidence de la Conférence à discuter de la possibilité que le programme de la CEMAT soit orienté prioritairement vers l'étude du problème des inondations et de définir les mesures à appliquer dans les délais les plus courts. J'espère que notre souhait sera entendu.

Cette demande a été formulée au Président du Congrès des pouvoirs locaux et régionaux du Conseil de l'Europe, car la responsabilité pour l'aménagement du territoire n'appartient pas seulement aux ministres.

La responsabilité des organes territoriaux dans nos pays est grande, car ils sont plus proches de la réalité et définissent les façons d'évaluer et de prévenir les risques.

Aujourd'hui, je suis extrêmement heureux, car le Congrès est aussi représenté ici.

La gestion des territoires spécifiques, les régions des montagnes, les vallées alluviales, les bassins des fleuves et les zones rurales est une obligation pour nous tous.

Pour sauvegarder le patrimoine écologique, assurer le développement durable, réduire au minimum le risque concernant les territoires particuliers, nous devrions mobiliser et unir nos efforts pour prendre des décisions convenables au moment opportun.

Je voudrais souhaiter que tout cela se passe comme je l'ai exposé et je peux vous assurer, que l'Assemblée parlementaire du Conseil de l'Europe va assister tous ces efforts mutuels des différents partenaires dans le cadre de la Conférence européenne des ministres, responsables de l'aménagement du territoire et va y contribuer car nous sommes persuadés, qu'il faut agir pour parvenir à un développement durable de nos territoires.

Merci pour votre attention.

Maguelonne DÉJEANT-PONS,
Chef de la Division de l'Aménagement du Territoire et du Paysage, Conseil de l'Europe

Je souhaite remercier bien vivement le Ministère du développement régional et des Travaux publics de la République de Bulgarie pour son accueil très chaleureux à Sofia, ainsi que pour le travail important accompli en vue de l'organisation de ce Séminaire international. Mes remerciements vont tout particulièrement à Mme Kapka Pantcheva, représentante de la Bulgarie auprès du Comité des hauts fonctionnaires de la CEMAT et à son équipe pour leur aide précieuse.

Ce Séminaire international CEMAT sur «Aménagement du territoire pour le développement durable des espaces européens particuliers : montagnes, zones rurales, zones côtières, bassins fluviaux et vallées alluviales », est organisé conjointement par le Conseil de l'Europe, la Division de l'aménagement du territoire et du paysage, et le ministère du Développement Régional et des Travaux publics de la Bulgarie. Il se situe dans le cadre des travaux du Comité des hauts fonctionnaires de la Conférence européenne des ministres responsables de l'aménagement du territoire des Etats membres du Conseil de l'Europe (CEMAT). Celui-ci rassemble des représentants des 44 Etats membres de l'Organisation, unis dans la poursuite d'un même objectif : le développement territorial durable du Continent européen.

Les activités menées au sein du Conseil de l'Europe en matière d'aménagement du territoire ont été lancées en 1970 à Bonn avec la première Conférence européenne des ministres responsables de l'aménagement du territoire. Elles ont pour origine une préoccupation exprimée par l'Assemblée parlementaire du Conseil de l'Europe dès le début des années 1960 qui s'est manifestée avec la présentation en mai 1968 d'un rapport historique intitulé « Aménagement du Territoire – Problème européen ».

Les activités menées ces dernières années ont été ponctuées par l'adoption de documents fondamentaux qui ont guidé les politiques d'aménagement du territoire : la Charte européenne de l'aménagement du territoire, adoptée à Torremolinos en 1983 et le Schéma européen du développement du territoire présenté à Lausanne en 1988. Ces différents travaux ont été faits en étroite liaison avec l'Assemblée parlementaire du Conseil de l'Europe et le Congrès des pouvoirs locaux et régionaux de l'Europe.

Plus récemment la 12e Session de la CEMAT (Hanovre, septembre 2000), a adopté les Principes directeurs pour le développement territorial durable du Continent européen. Ce texte représente pour les Etats membres du Conseil de l'Europe, y compris leurs régions et communes, un document de référence ainsi qu'un cadre flexible et orienté vers l'avenir, au service de la coopération. Ils constituent une vision ou une conception directrice pour le développement durable du Continent européen.

Le 30 janvier 2002, le Comité des Ministres du Conseil de l'Europe a adopté la Recommandation Rec (2002)1 aux Etats membres sur les Principes directeurs pour le développement territorial durable du continent européen, texte qui reconnaît que les Principes directeurs constituent :

— une contribution importante pour la mise en application de la stratégie de cohésion sociale adoptée par les chefs d'Etat et de gouvernement des Etats membres du Conseil de l'Europe lors de leur 2e Sommet en 1997 ;

— un document d'orientation politique qui prend en compte les travaux pertinents du Conseil de l'Europe et de ses organes, notamment ceux de son Assemblée parlementaire et son

Congrès des pouvoirs locaux et régionaux de l'Europe (CPLRE), dans le domaine de la politique d'aménagement de l'espace à l'échelle du continent, et qui peut contribuer à renforcer le processus d'intégration européenne par la voie d'une coopération transfrontalière, interrégionale et transnationale ;

– une stratégie cohérente de développement intégré et régionalement équilibré du continent européen qui, en se fondant sur les principes de subsidiarité et de réciprocité, renforce la compétitivité, la coopération et la solidarité des collectivités locales et régionales au-delà des frontières, et qui contribue ainsi à la stabilité démocratique de l'Europe.

Le Comité des Ministres recommande ainsi d'utiliser les Principes directeurs comme document de référence pour les mesures d'aménagement et de développement du territoire ; de les mettre en œuvre, d'une manière appropriée, dans les projets d'aménagement du territoire ; et, de poursuivre la mise en place des services gouvernementaux et administratifs régionaux permettant de faciliter une meilleure intégration territoriale des différentes parties de l'Europe.

C'est dans ce contexte qu'il convient d'examiner l'objectif du présent Séminaire, organisé avec le soutien du Projet intégré du Conseil de l'Europe « Les institutions démocratiques en action », accordé afin de permettre une discussion plus poussée sur le thème de la participation de la société civile dans la définition et la mise en œuvre des politiques de développement durable des zones particulières, ainsi que sur l'approche intégrée concernant ces politiques.

Après avoir présenté le cadre des Principes directeurs, il conviendra de voir quelles sont les dispositions spécifiquement consacrées aux montagnes et territoires côtiers et ruraux, bassins fluviaux et vallées alluviales. La question de la coopération transfrontalière dans ces espaces mérite également d'être examinée.

Les Principes directeurs pour le développement territorial durable du Continent européen

Les Principes directeurs tiennent compte, au sens du concept de développement durable, des besoins de tous les habitants des régions européennes sans compromettre les droits fondamentaux et les perspectives de développement des générations à venir. Ils visent en particulier à mettre en cohérence les attentes économiques et sociales par rapport au territoire avec ses fonctions écologiques et culturelles, et ainsi à contribuer à un développement territorial à grande échelle, durable et équilibré. Leur mise en œuvre requiert en conséquence une coopération étroite entre l'aménagement du territoire et les politiques sectorielles qui influencent par leurs décisions les structures territoriales de l'Europe (politique de développement territorial). Les Principes directeurs prennent également en compte la coopération internationale au niveau global, telle qu'elle est effectuée, par exemple, dans le cadre de la Commission pour le développement durable des Nations Unies.

Il s'agit en effet d'identifier les mesures d'aménagement du territoire par lesquelles les populations des Etats membres du Conseil de l'Europe sont susceptibles d'accéder à un niveau de vie acceptable. Ceci représente une condition préalable fondamentale pour la stabilisation des structures démocratiques dans les communes et les régions d'Europe. Il convient de noter que le continent européen est empreint de diversité qui découle de son histoire et de sa géographie, mais que les Principes directeurs doivent être mis en œuvre de manière égale, tant au niveau national qu'aux niveaux local et régional.

Les Principes directeurs sont constitués des six chapitres suivants :

I. La contribution des Principes directeurs à la mise en œuvre de la stratégie de cohésion sociale du Conseil de l'Europe

II. La politique d'aménagement du territoire en Europe : nouveaux défis et perspectives au niveau continental
   1. Relations intercontinentales en tant qu'éléments stratégiques pour l'aménagement du territoire en Europe
   2. La pluralité des cultures
   3. Les grands espaces européens en tant que vecteurs de solidarité et de coopération
   4. Intégration des nouveaux Etats membres du Conseil de l'Europe

III. Le rôle particulier du secteur privé dans l'aménagement du territoire

IV. Principes d'une politique d'aménagement en faveur d'un développement durable de l'Europe
   1. Promotion de la cohésion territoriale par le biais d'un développement socio-économique équilibré et de l'amélioration de la compétitivité
   2. Promotion des impulsions de développement engendrées par les fonctions urbaines et amélioration des relations ville-campagne
   3. Promotion de conditions d'accessibilité plus équilibrées
   4. Développement de l'accès à l'information et au savoir
   5. Réduction des atteintes à l'environnement
   6. Valorisation et protection des ressources et du patrimoine naturel
   7. Valorisation du patrimoine culturel en tant que facteur de développement
   8. Développement des ressources énergétiques dans le maintien de la sécurité
   9. Promotion d'un tourisme de qualité et durable
   10. Limitation préventive des effets des catastrophes naturelles

V. Mesures d'aménagement pour des territoires caractéristiques de l'Europe
   1. Les paysages
   2. Les zones urbaines
   3. Les zones rurales
   4. Les montagnes
   5. Les régions côtières et insulaires
   6. Les eurocorridors
   7. Les bassins fluviaux et vallées alluviales
   8. Les zones de reconversion
   9. ILes régions frontalières

VI. Renforcement de la coopération entre les Etats membres et participation des régions, des municipalités et de la population
   1. Possibilités de conception d'un aménagement du territoire orienté vers le développement en Europe
   2. Développement d'activités de coopération à l'échelle européenne sur la base des principes directeurs
   3. Coopération horizontale
   4. Coopération verticale
   5. Participation effective de la société au processus d'aménagement du territoire

Les Principes directeurs représentent pour les Etats membres du Conseil de l'Europe, y compris leurs régions et communes, un cadre flexible et orienté vers l'avenir au service de la coopération. Ils constituent une vision ou une conception directrice pour le développement durable du continent européen et s'adressent aux organes politiques et sociétaux qui, par leurs activités quotidiennes à l'intérieur et à l'extérieur des gouvernements et des administrations, préparent l'avenir. Le Conseil de l'Europe les a présentés lors du Sommet mondial des Nations Unies pour le développement durable (Johannesburg, été 2002), en tant que contribution à la mise en œuvre du Programme des Nations Unies « Action 21 » adopté à Rio, et notamment de son chapitre relatif à la conception intégrée de la planification et de la gestion des terres, ainsi qu'en tant qu'amorce d'un dialogue intercontinental.

L'aménagement du territoire est une tâche politique de coopération et de participation. Les Principes directeurs servent de fondement à l'évaluation des mesures et projets pertinents en matière d'aménagement et qui concernent plusieurs Etats. La grande diversité des mesures structurelles et territoriales dans le cadre de la politique d'aménagement rend nécessaires une intégration interdisciplinaire et une coopération entre les instances politiques et administratives concernées. Leur fonction consiste à fournir un cadre aux décisions transnationales, interrégionales et interlocales, à éliminer les contradictions et à accroître les synergies. Des conceptions pour le long terme à grande échelle traversant les frontières des Etats devraient fournir une représentation territoriale prospective et intégrative, et servir de cadre de référence pour les mesures et projets individuels. Cela est d'une importance particulière pour les nouveaux Etats membres du Conseil de l'Europe, car le développement concret s'y déroule parfois sur la base de projets promus au niveau local par les organismes internationaux et nationaux, qui ne sont pas encore intégrés dans un cadre de développement plus large et ne sont pas suffisamment accompagnés par une consultation des populations et des instances locales.

L'intégration territoriale de l'Europe est un processus permanent qui s'accomplit à petits pas et dans lequel la coopération au-delà des frontières des Etats membres, tout particulièrement des régions et municipalités européennes, jouent un rôle clé. Les Principes directeurs constituent, en tant que vision d'une Europe intégrée, un document politique de référence pour les nombreuses actions et initiatives d'aménagement territorial sur le continent européen et, en particulier, pour la coopération transnationale et internationale.

Les territoires caractéristiques de l'Europe

Les Principes directeurs préconisent la mise en place de « Mesures d'aménagement pour des territoires caractéristiques de l'Europe ». Parallèlement aux principes d'une politique d'aménagement durable sont ainsi proposées des mesures particulières visant un développement régionalement équilibré et durable pour des territoires spécifiques de l'Europe. Ces espaces sont, par nature, empreints d'un haut degré de diversité et se chevauchent en partie. Déterminer quelle mesure d'aménagement doit être mise en œuvre et avec quelle priorité est une décision qui revient aux acteurs concernés. Sont ainsi notamment concernées : les zones rurales, les montagnes, les régions côtières et insulaires, les bassins fluviaux et vallées alluviales et les régions frontalières.

Les zones rurales

Afin d'assurer un développement autonome des zones rurales en tant qu'espace de vie, d'activités économiques, de loisirs et en tant qu'espace naturel, les mesures suivantes sont proposées, en complément des principes :
- le renforcement de la politique d'aménagement en vue du maintien des équilibres parmi les nombreuses dynamiques qui affectent les zones rurales (diversification des emplois, changements dans les productions agricoles, reforestation, tourisme, protection de la nature) ;
- la conservation et la valorisation des ressources endogènes des zones rurales afin de diversifier la base économique, et de mobiliser la population et les acteurs économiques ;
- la promotion des villes petites et moyennes ainsi que des villages importants comme fournisseurs de services pour leurs arrière-pays ruraux et comme zones de localisation pour les PME ;
- l'accroissement de l'accessibilité des zones rurales, en particulier des villes petites et moyennes, ainsi que des villages importants ;
- l'amélioration des conditions de vie des habitants des zones rurales et l'accroissement de leur attractivité pour tous les groupes de population, tels que les jeunes et les retraités. Cela implique un rôle actif pour les entreprises agricoles, sylvicoles et minières, la valorisation du patrimoine naturel et culturel, l'élimination des atteintes à l'environnement et la fourniture d'une infrastructure suffisante et de services

nouveaux, en particulier dans le domaine du tourisme ;
- l'amélioration de l'offre et du marketing des produits régionaux de haute qualité provenant de l'agriculture, de la sylviculture et de l'artisanat ;
- la promotion d'une utilisation des sols par les entreprises agricoles et sylvicoles adaptée aux contextes locaux et contribuant également à la conservation de la diversité biologique et des paysages traditionnels ; la compensation des intérêts en cas de divergence entre les entreprises agricoles et sylvicoles, d'une part, et la protection de la nature et l'entretien des paysages, d'autre part ;
- la promotion de la création de possibilités d'emploi à haut niveau de qualification dans le cadre de la diversification de la base économique, en particulier en développant les opportunités d'emploi hors du secteur agricole par le biais de l'utilisation des nouvelles technologies de l'information et des communications.

Dans divers pays membres du Conseil de l'Europe, la population rurale représente en effet encore une part significative de la population nationale. Afin de prévenir des flux migratoires indésirables à grande échelle sur longue distance, des politiques efficaces de développement rural sont nécessaires. Elles devraient viser à diversifier les structures d'emploi rural et à créer de nouveaux partenariats ville-campagne. Dans cette perspective, des industries de transformation des produits agricoles ainsi que d'autres possibilités d'emploi (par exemple le tourisme) devraient être développées dans le cadre de l'économie privée. Les zones rurales dans les régions de lacs et d'archipels sont confrontées à des problèmes semblables et nécessitent également une coopération et des échanges d'expériences.

Les montagnes

Les régions de montagne représentent un potentiel exceptionnel de l'Europe et remplissent de nombreuses fonctions écologiques, économiques, sociales, culturelles et agricoles. L'aménagement du territoire devrait prendre particulièrement en compte la protection et le développement des régions de montagne. L'Assemblée parlementaire et le Congrès des pouvoirs locaux et régionaux de l'Europe accordent aux régions de montagne une importance particulière dans le cadre de la stratégie de cohésion sociale.

De nombreuses mesures d'aménagement destinées aux zones urbaines et rurales sont également valables pour les régions de montagne. Une politique intégrée pour les régions de montagne devrait être une composante particulière d'une politique européenne d'aménagement du territoire et devrait nécessairement impliquer des mesures de développement économique et social, la protection et la gestion des ressources naturelles ainsi que le respect des traditions et des cultures locales. Elle devrait prendre en compte le fait que les régions de montagne, en dépit de leur diversité qui devrait être préservée et promue, connaissent des problèmes communs de nature économique, sociale et environnementale issus de leur altitude, de leur topographie et de leur climat. Elle devrait également prendre en considération le fait que la situation de l'environnement des régions de montagne représente non seulement une contrainte, mais également une opportunité pour les populations qui y demeurent, et qu'il est nécessaire de trouver le juste équilibre entre le développement économique et social de celles-ci et la protection de l'environnement. Une politique intégrée devrait également prendre en compte le caractère frontalier de certaines régions de montagne et la nécessité de mettre en œuvre des politiques cohérentes de part et d'autre des frontières. La Convention de Salzbourg de 1991 sur la protection des Alpes et la Stratégie paneuropéenne de la diversité biologique et paysagère contiennent d'importants principes pour un aménagement durable des régions de montagne.

L'aménagement du territoire, en tant qu'activité de coordination, devrait attirer l'attention, sur les conditions spécifiques des régions de montagne, de différentes politiques sectorielles telles que :

- les politiques économiques, qui doivent promouvoir la diversification et la pluriactivité, l'artisanat et les petites et moyennes entreprises, ainsi que la coopération entre ces dernières ;
- l'agriculture et la sylviculture, où les activités de marketing devraient être renforcées, et la politique de développement basée sur des produits de qualité. Les initiatives de gestion agricole et forestière contribuant à la protection et à la gestion de l'environnement devraient être soutenues. La protection, le développement et l'utilisation durable des forêts devraient être encouragés ;
- les initiatives contribuant au développement du tourisme de qualité, respectueux du milieu naturel, économique, social, patrimonial et culturel montagnard, qui devraient être promues et soutenues ;
- la fourniture de services publics sans pratiques discriminatoires à l'encontre des régions de montagne par rapport au reste du territoire ;
- la promotion du transport ferroviaire, en particulier pour le transit international et le trafic interrégional ;
- la protection et la gestion durables des sols, de l'eau et de l'air, des paysages et des zones dégradées, la conservation de la faune et de la flore et de leurs habitats et, si nécessaire, leur réhabilitation ;
- la préservation et la promotion de l'identité des populations de montagne, et la diversité et la richesse de leur patrimoine culturel.

Les régions côtières et insulaires

Les régions côtières européennes ne sont pas seulement des zones de patrimoine naturel sensible. Elles sont en même temps des zones importantes pour les activités économiques et commerciales, des zones de premier plan pour la localisation des industries et des activités de transformation énergétique, un point de départ pour l'exploitation des ressources marines et sous-marines, et des zones particulièrement attractives pour le tourisme.

Etant donné que de nombreux conflits peuvent être engendrés par cette pluralité de fonctions sur les bandes côtières, une politique intégrée d'aménagement du territoire, visant à assurer le caractère durable et couvrant non seulement la bande côtière, mais également l'arrière-pays, est une condition nécessaire. Le concept de gestion intégrée des zones côtières vise à prendre en compte l'interaction entre les activités économiques et sociales et les demandes en matière de ressources naturelles dans ces zones côtières, et donc à faciliter les choix en matière d'investissements. La gestion intégrée des zones côtières doit systématiquement faire partie de la planification régionale à tous les niveaux concernés. La coopération transfrontalière et transnationale par-delà les espaces maritimes est d'une importance particulière.

La plupart des régions insulaires connaissent en outre, en dépit de différences considérables dans leur position géographique et leur niveau de développement, des problèmes de développement supplémentaires en raison de leurs ressources et de leur accessibilité limitées. Le développement durable des régions insulaires dépend étroitement d'une stratégie d'intégration dans les marchés internationaux et européens qui préserve les identités locales et les équilibres entre l'efficacité économique, la justice sociale et la protection de l'environnement. Les éléments suivants sont d'une importance particulière pour le développement durable :

- la diversification des possibilités d'emploi par le biais de la valorisation des ressources endogènes et le développement des services, en particulier dans les îles qui sont trop dépendantes du tourisme. Le développement des emplois permanents doit y être promu prioritairement ;
- l'amélioration de la qualité de l'environnement en tant qu'élément stratégique de l'identité locale et de la compétitivité régionale et internationale. Dans ce contexte, il faut

porter attention aux activités industrielles des pays côtiers, dont les impacts transfrontaliers peuvent affecter la qualité de l'environnement des îles, en particulier en Méditerranée ;
- le développement de systèmes innovants dans le domaine de la gestion de l'eau, de l'énergie et des déchets, prenant en compte la faiblesse des ressources locales et la sensibilité environnementale ;
- l'amélioration des liaisons de transport avec le continent ainsi qu'entre les îles.

Les bassins fluviaux et vallées alluviales

Les bassins fluviaux et les vallées alluviales représentent un défi particulier pour l'aménagement du territoire, car ils sont concentrés sur des bandes de territoire relativement étroites. Ces dernières sont caractérisées à la fois par des éléments naturels importants et de grande valeur (cours d'eau, zones humides avec des écosystèmes riches et sensibles, paysages de grande qualité, etc.) et par des activités humaines intensives et diverses : établissements industriels et urbains, infrastructures de transport et flux de trafic, systèmes de production d'énergie avec des centrales hydroélectriques et nucléaires, extraction de sables et de graviers, régulation des cours d'eau, drainage, équipements et activités de loisirs, etc. Ils constituent fort souvent des paysages ayant pris forme au cours des siècles, et présentent un potentiel économique et écologique considérable. La contribution de l'aménagement du territoire à la réduction des inondations périodiques, dont sont affectés de nombreux systèmes fluviaux européens, est encore trop modeste. Dans ce domaine, il importe de prendre en compte tout le bassin versant. Ainsi peuvent être réduits les dommages économiques.

Des conflits entre les diverses fonctions des bassins fluviaux doivent être anticipés et atténués par un aménagement du territoire intégré, dont les éléments les plus significatifs devraient être :

- la protection des écosystèmes particulièrement fragiles ;
- une gestion plus durable du système aquatique sur tout le bassin versant, avec une attention particulière à la quantité d'eau, prenant en compte la rétention, l'infiltration, la résistance du lit du cours d'eau principal et de ses affluents ;
- l'intégration de la gestion du système aquatique sur tout le bassin versant et de l'aménagement du territoire aux différents niveaux ;
- la protection préventive contre les inondations et la pollution de l'eau par la promotion de la coopération pour une gestion intégrée et durable des bassins fluviaux transfrontaliers et transnationaux ;
- la limitation de l'expansion des zones urbaines dans des zones de valeur écologique et dans celles qui sont potentiellement menacées par les inondations ;
- l'élaboration de programmes visant à conserver le très faible nombre de rivières naturelles et semi-naturelles qui existent encore en Europe, et, en particulier, dans les nouveaux Etats membres.

Les régions frontalières

La coopération transfrontalière dans le domaine de l'aménagement du territoire s'est considérablement développée entre les anciens pays membres du Conseil de l'Europe durant les décennies écoulées sous l'action des Etats, des régions et des municipalités. Dans les nouveaux pays membres, la coopération frontalière représente maintenant un défi particulier, étant donné que les frontières ont été fermées durant plusieurs décennies, que de nouvelles frontières ont vu le jour et que les régions frontalières ont été fortement marginalisées. Le développement de la coopération transfrontalière est une condition préalable essentielle au développement économique des régions frontalières et à l'assurance d'une cohésion politique et sociale, étant donné que de nombreuses minorités vivent de part et d'autre des frontières respectives. Environ 140 eurorégions ont été créées sur l'ensemble du continent européen. Elles font un travail de pionnier dans le domaine de la coopération transfrontalière.

Les tâches spécifiques de l'aménagement du territoire dans les régions frontalières et de la coopération transfrontalière résident dans l'élaboration d'une approche commune transfrontalière, sous la forme de schémas de structure et de plans communs transfrontaliers. Elle devrait reposer sur des études approfondies de tout le réseau des relations fonctionnelles des régions frontalières concernées et être axée sur le développement homogène des territoires d'une même région situés de part et d'autre de la frontière. Dans cette perspective, une attention particulière devrait être accordée:

- au développement des infrastructures et des services de transport et de télécommunication transfrontaliers ;
- à la conservation transfrontalière et à l'utilisation durable des ressources naturelles (en particulier dans le cas des régions de montagne, des zones côtières, des forêts, des zones humides, etc.) et des ressources en eau ;
- à la dimension transfrontalière de la fourniture de services publics et privés ;
- à l'aménagement cohérent des agglomérations, villes et zones d'habitat des communautés ethniques transfrontalières ;
- l'organisation des bassins d'emplois transfrontaliers ;
- à la lutte contre les impacts transfrontaliers des pollutions.

* * *

Prenant en considération les caractéristiques énoncées ci-dessus et l'importance des régions de montagne, côtières et rurales, les bassins fluviaux et les vallées alluviales européennes, le Séminaire mettra l'accent sur les questions suivantes : quelles sont les possibilités de développement durable des régions de montagne, des zones côtières et rurales, des bassins fluviaux et des vallées alluviales, et les possibilités de collaboration transfrontalière pour leur planification et aménagement. Il conviendra ainsi de proposer des conceptions, des stratégies, des modèles et des projets, ainsi que des idées concernant l'aménagement, la gestion et le développement durable de ces espaces spécifiques du continent européen.

Au lendemain du Sommet des Nations Unies sur le développement durable, (Johannesburg, 2002), l'aménagement du territoire doit être examiné en liaison avec le développement durable : pourquoi certaines zones particulières nécessitent une attention, une approche spécifique et quels sont leurs besoins en tenant compte des facteurs naturels, culturels, paysagers, sociaux et économiques ? Comment promouvoir un développement durable et assurer la qualité de vie ? Quelles sont les meilleures pratiques ? Il conviendra d'attacher une attention toute spéciale aux inondations.

Doivent être également examinés les instruments de mise en œuvre des politiques de développement territorial : les instruments spécifiques et innovants (instruments de planification et de protection, légaux et financiers), les procédures favorisant la participation de la population et les possibilités de coopération transfontalières.

Le Séminaire se clôturera par l'élaboration de conclusions générales qui contribueront à la préparation de la 13e Session de la Conférence européenne des ministres responsables de l'aménagement du territoire du Conseil de l'Europe (CEMAT) qui se tiendra à Ljubljana les 16 et 17 septembre 2003 sur « La mise en œuvre des stratégies et perspectives pour le développement territorial durable du continent européen ».

FIRST SESSION

Spatial planning and sustainable development

Chairs:

Borislav VELIKOV, Member of the Committee on the Environment, Agriculture and Local and Regional Affairs of the Parliamentary Assembly of the Council of Europe

Maria José FESTAS, Vice-Chair of the CEMAT Committee of Senior Officials

PREMIERE SESSION

Aménagement du territoire et développement durable

Présidence :

Borislav VELIKOV, Membre de la Commission de l'Environnement, de l'agriculture et des questions territoriales de l'Assemblée parlementaire du Conseil de l'Europe

Maria José FESTAS, Vice-Présidente du Comité des Hauts fonctionnaires de la CEMAT

Paysage, développement durable et aménagement du territoire
Enrico BUERGI, Président de la Conférence des Etats contractants et signataires de la Convention européenne du paysage, Suisse

Paysage – définition et interprétation

J'aimerais aborder ce thème en mettant en exergue quelques éléments majeurs concernant la définition et l'interprétation du paysage.

Le paysage n'est certainement pas un concept indéfini, éloigné et abstrait. Bien au contraire. Le paysage est l'habitat de chacun et chacune, quotidien et concret, élément de nos souvenirs et de nos aspirations. Nous avons besoin d'un espace dans lequel nous nous sentons chez nous. Notre qualité de vie, notre bien-être, notre activité économique et notre prospérité dépendent étroitement du paysage qui nous entoure et de son état.

L'état du paysage, lui, dépend de notre perception collective, de la valeur que nous lui attribuons, de notre façon de penser et d'agir. Nous sommes responsables de la manière dont nous percevons le paysage, de l'importance qu'il revêt à nos yeux et de la façon dont nous agissons envers lui.

Le paysage, c'est ...

... un milieu vital

pour l'être humain comme pour les innombrables autres espèces vivantes.

Toutes les espèces ont le droit de disposer d'espaces vitaux. En tant qu'êtres humains nous avons la responsabilité de respecter la dignité de chaque créature lors de nos diverses activités. La cohabitation nécessite des règles de jeu dont dépend notre avenir commun.

... un espace naturel

La structure géologique et les processus de longue durée marquent le paysage. Les zones qui ont échappé à l'influence humaine sont rares. La dynamique qui subsiste dans les paysages naturels revêt donc une grande importance.

... un espace façonné par l'homme

Le paysage englobe aussi bien la ville que la campagne. Il est la mémoire de notre société. Au cours des siècles, l'exploitation traditionnelle du sol par les communautés paysannes a renforcé la diversité du paysage. Par contre l'évolution économique et sociale des cinquante dernières années n'a souvent pas suffisamment respecté les caractéristiques, la diversité et la beauté du paysage.

... un espace économique

Depuis toujours le paysage est la base de notre économie. Non seulement de l'agriculture et de l'économie forestière mais aussi de l'artisanat, de l'industrie et du tourisme. Nous devons donc aspirer à une exploitation durable afin que le paysage, se maintienne à long terme.

... un espace de découverte

Le paysage représente plus qu'une banale toile de fond qui défile devant nos yeux. Le paysage reste ancré dans notre mémoire : une vue depuis un sommet, la halte à l'ombre d'un tilleul, une baignade dans un lac sont des expériences uniques, que même un monde virtuel ne peut nous procurer.

... un espace d'identification

La diversité et le particularisme sont des éléments clés de notre identité. Nous nous sentons très proches de lieux liés à des moments forts de notre vie et les retrouvons avec bonheur. Un lien de confiance avec l'environnement où nous habitons est essentiel pour que nous prenions nos responsabilités envers lui.

... un témoin de l'histoire de la Terre

Le paysage est témoin de la géologie, du climat et de la vie qui prévalaient il y a plusieurs millions d'années. C'est un capital écologique, scientifique, pédagogique et touristique considérable. Citons par exemple : les structures géologiques rares, les gisements de fossiles et de minéraux, les dolines, les gorges, les plaines alluviales et les deltas.

Le Paysage dans le processus de mise en œuvre du développement durable

La Convention européenne du paysage

L'instrument de référence à l'échelle internationale est la Convention européenne du paysage.

Se basant notamment sur les expériences des politiques paysagères dans différents Etats européens, le Congrès des pouvoirs locaux et régionaux du Conseil de l'Europe a élaboré un premier projet de Convention européenne du paysage. Le texte final de la Convention a été adopté par le Comité des Ministres le 19 juillet 2000. La Convention a été ouverte à la signature à Florence, en Italie, le 20 octobre 2000. A ce jour elle a été signée par 24 Etats et ratifiée par 3 Etats.

La Convention représente aujourd'hui le premier traité international exclusivement consacré à la protection, à la gestion et à la mise en valeur du paysage européen.

Elle s'applique à tout le territoire des Parties et porte sur les espaces naturels, urbains et périurbains. Elle ne concerne donc pas uniquement les paysages remarquables mais aussi les paysages ordinaires du quotidien et les espaces dégradés.

Elle représente donc un instrument actuel, moderne, voué au développement durable et à une meilleure qualité de vie.

Néanmoins, il est essentiel de mettre en pratique au niveaux national, régional et local ce que la Convention préconise au niveau européen.

Le niveau opérationnel de la Convention européenne du paysage

Il faut donc transposer les buts de la Convention du niveau de lignes stratégique à un niveau opérationnel. L'opérationnel relève des Etats, des régions, des communes.

En outre, le degré opérationnel doit être adapté aux responsabilités et aux compétences décisionnelles de chacun de ces trois niveaux d'action.

L'application de critères paysagers à des cas concrets n'est d'ailleurs possible que si l'élément « Paysage » est intégré au juste moment, c'est-à-dire aux phases de planification et de prise de décision.

Par essence le paysage est dynamique. En amont de toute politique paysagère, il importe de réfléchir à la direction à donner à cette dynamique pour respecter les principes de la durabilité. Les instances politiques doivent donc définir l'évolution souhaitée des différents aspects et composantes du paysage. Ces objectifs de qualité du paysage constituent l'outil de référence de la politique de gestion du paysage. Ils servent notamment de base aux discussions avec les acteurs de la transformation du paysage, c'est-à-dire chacun des secteurs d'activité ayant des répercussions, directes ou indirectes, sur le paysage, son développement et la qualité de vie. Avec chacun de ces partenaires, on formulera des critères 'Paysage' spécifiques.

Afin que ce but puisse être atteint, il est essentiel de formuler des critères 'Paysage' pour chaque champ d'action ayant des répercussions, directes ou indirectes, sur le paysage, son développement durable et la qualité de vie.

L'élément central de cette démarche – d'ailleurs en cours dans différents Etats européens – réside dans l'élaboration et la mise en vigueur par les instances décisionnelles de directives spécifiques, appropriées aux situations concrètes de chaque Etat. Ces directives favorisent le processus d'intégration du paysage dans les mesures de mise en œuvre du développement durable aux niveaux national, régional et local, en instaurant et renforçant les ' bonnes pratiques ' dans chacune des activités humaines ayant des répercussions sur le paysage.

Il s'agit donc en premier lieu de renforcer ce processus d'élaboration et de mise en vigueur de lignes directrices, de directives, pour chacune des politiques sectorielles ayant des incidences paysagères. Celles-ci devraient donc couvrir le secteur primaire (activité agricole et rurale, gestion des forêts), les installations et infrastructures, la mobilité, le tourisme, le délassement, etc.

Ces lignes directrices doivent :
- formuler l'évolution souhaitée dans des territoires définis et y désigner les objectifs de qualité (degrés de protection, mesures de valorisation et d'assainissement qualitatif des zones urbaines, péri-urbaines et rurales dans la mesure où ces espaces sont concernés) ;
- expliciter les démarches à accomplir (qui englober, à quel moment, de quelle façon) et thématiser les questions matérielles (critères paysagers à aborder, façon d'en tenir compte) ;
- être formulées par les instances responsables de chacune des politiques sectorielles, en accord avec celles responsables du paysage ;
- être mises en vigueur par l'instance décisionnelle de la politique sectorielle concernée ;
- être communiquées de façon adéquate (journées de formation) aux acteurs impliqués dans l'élaboration concrète des projets ou dans le processus de décision ;
- se baser sur des critères opérationnels simples, compréhensibles, efficaces et vérifiables.

Il s'agit d'une étape essentielle, ces directives étant une aide non seulement aux promoteurs de projets et aux aménagistes, mais aussi aux instances décisionnelles à tout niveau, ainsi qu'un support remarquable pour la formation de professionnels agissant sur le territoire et le paysage.

Il va de soi que l'élaboration de ces directives nécessite un dialogue engagé et continu de tous les partenaires.

Le rôle charnière de l'aménagement du territoire

Le rôle de l'aménagement du territoire dans cette approche est certainement essentiel : les instances chargées de l'aménagement du territoire ont en effet un rôle charnière. Elles sont impliquées et ont une responsabilité majeure dans tout processus favorisant le développement durable et l'amélioration de la qualité de vie, pour tout espace, fût-il transfrontalier, national, régional ou local, et pour toute activité ayant des répercussions sur le paysage et placée sous la responsabilité de la main publique. Ce rôle est encore renforcé du fait que dans beaucoup de législations nationales l'aménagement du territoire a comme propre mandat de favoriser le développement de la qualité du paysage, au même niveau que celui de favoriser le développement de l'économie nationale.

L'aménagement du territoire devrait sans doute assumer un rôle de coordination encore plus marquant dans l'élaboration de directives sectorielles.

Le rôle charnière en faveur de la qualité du paysage qu'assume l'aménagement du territoire est encore appelé à se renforcer à cause de sa fonction croissante d'organe pilote des grandes lignes directrices des conceptions de développement territorial au niveau national.

L'aménagement du territoire occupe donc une position stratégique, et on peut d'ailleurs observer dans maints Etats européens de grands efforts en direction d'une prise en compte du paysage dans ses tâches – efforts qui seront renforcés dans le futur.

Mentionnons en particulier :
- la mise en vigueur de stratégies nationales du développement durable et de conception du paysage, qui englobent des mesures concrètes et opérationnelles, et prévoient un système de rapports régulier ;
- le développement d'une politique d'urbanisation et d'agglomération orientée selon les critères de la qualité de vie et du développement durable ;
- la réorientation des stratégies nationales dans certains secteurs-clé du point de vue du paysage, tels que le tourisme (tourisme doux) et la mobilité (déplacements non motorisés).

Mais, dans l'esprit du précepte « pensée globale, action locale », j'aimerais souligner quelques facteurs-clés de l'opérabilité directe de l'aménagement du territoire sur le paysage aux niveaux régional et local. Ces facteurs méritent d'être thématisés en raison de leurs effets souvent très significatifs sur le paysage ainsi que sur la qualité de vie.

La gestion des goulets

Dès qu'un goulet (par exemple une route trop étroite pour absorber le trafic aux jours de pointe) est supprimé, c'est un autre goulet (par exemple la capacité de transport insuffisante d'une installation de remontée mécanique) qui apparaît. Faudra-t-il maintenir ou bien supprimer à son tour ce goulet ? Sa suppression en fera surgir alors un autre, et ainsi de suite. On déclenche donc une longue chaîne d'interventions, avec des impacts paysagers croissants. L'instance qui décide du maintien ou de la suppression du goulet suivant sera-t-elle la même ou bien une autre autorité est-elle concernée ? Quelles seront alors ses bases de décisions dans le domaine du paysage ? Le maintien d'un goulet pourrait-il être un apport à la mise en pratique des critères paysagers du développement durable ? Quelle influence auront les implications financières ?

La gestion de la ligne qui démarque la zone à bâtir (ligne rouge)

Elle ne doit pas être considérée comme une démarcation à valeur uniquement transitoire en attendant son déplacement, voire l'extension de la zone à bâtir lors de la prochaine révision des plans de zones. Il faut lui donner une valeur nettement plus élevée. Cette « ligne rouge » pourrait d'ailleurs s'avérer importante aussi pour d'autres politiques sectorielles, par exemple la protection contre les crues, empêchant l'urbanisation de surfaces potentiellement inondables.

La réalisation de projets orientés sur la mise en réseau écologique

C'est une mesure essentielle ayant pour but de remédier à l'isolation des sites naturels, régionalement et localement. Elle devrait être englobée dans toute révision de plans d'aménagement.

La gestion appropriée du critère paysager concernant la sauvegarde de l'aspect d'ensemble et des proportions d'un site

Une atteinte ponctuelle dans un site peut être extrêmement gênante, dévalorisant ainsi la qualité intrinsèque du site et par conséquent, affaiblissant le respect qui lui sera accordé par les instances responsables de la gestion des zones.

La revitalisation d'éléments constitutifs d'un site dégradé

Par exemple la revalorisation – sur la base de critères paysagers – d'une route de village est une mesure à englober, avec son financement, lors de la révision des plans de zones communaux. Une mesure pas toujours facile à réaliser, qui nécessite un dialogue engagé avec tous les partenaires et pour laquelle l'aménagement du territoire peut jouer un rôle majeur au niveau de la coordination.

C'est donc l'aménagement du territoire qui peut – et doit – apporter une aide substantielle à l'amélioration de la qualité de vie, à la prévention des détériorations du paysage, à la revalorisation paysagère. En effet, c'est l'aménagement du territoire qui est en première ligne dans la mise en œuvre et du renforcement d'une politique du paysage orientée vers le développement durable. Ceci indépendamment du fait qu'il soit ou non en même temps l'organe responsable du domaine Paysage au niveau national.

L'approche esquissée ici est probablement l'étape essentielle de l'intégration de la thématique du paysage dans toute politique sectorielle et toute activité humaine ayant des répercussions – souvent inconnues à l'avance – sur le paysage et, par ce biais, sur le développement durable ainsi que la qualité de vie.

Les espaces tels que les zones côtières et lacustres, les zones rurales, les montagnes, les plaines et vallées alluviales méritent, en raison de leur haute valeur naturelle et culturelle et comme l'indiquent d'ailleurs les Principes directeurs de la CEMAT, qu'une attention toute particulière leur soit accordée.

Historical analysis of landscape in the framework of Mediterranean coastal development

Ilario PRINCIPE, Professor, Università della Calabria, Dipartimento di Planificazione territoriale, Giuseppe SPINELLI, Director of CSEAAM, Italy

Once upon a time there was... the time. For planning purposes time can be divided into: past, present, future. According to Sant'Agostino time doesn't exist in itself because past has gone and we cannot do anything about it, future has not yet come and we cannot know how, and if, it will be in existence, and present can be seen only as grace of God. We plan the future because we think that one future is expecting us outside the grace of God; and we live in a present that we do not consider to be a gift of any God or Goddess. But what about the past? Is it true that it had gone forever ?

In the Greek mythology Mnemosine was a nymph, to be seen as the personification of the memory (and/or mind). For nine days she had been copulating with Zeus and after nine months there were born nine girls, the Muses. It can be useful to remember that between them a good place was reserved for Clio, the one who makes famous, the history therefore. Why in the group of Muses we don't find painting, sculpture, architecture, and we find on the other hand poetry, drama, lyric, even astronomy (to be intended as art of divination: perhaps something very close to our modern art of planning, with the difference of the type of constellations we look at)? Because memory is repetition, and repetition in the ancient world gives sacrality through words, not through physical existence of any kind of artifact. This is true art, and the only one that contributes to a human's real immortality.

The word history has a specific etymologic meaning in the Greek language: it means research. Research never ends, it is the frame of any human activity, and besides all of that it is the primary attribute of power. Not the power of God of course, as intended Sant' Agostino: power expressed by men and women in social and economic sphere of every specific human community.

Human activities, emotions, beliefs, suggestions, have always in front of them the time of past knowledge. The past can be intended in two ways: the past that is gone and never will be back, the same meaning given by Agostino; and the past as ancient or, to say better, the antiquity. The latter is a very amazing word: it originates from the word antes, that is to say in front of us not behind. So the past as ancient can give to human knowledge the necessary reference for the future: in such a way this kind of past is the primary step for any development activity.

As a conclusion we can say: history is art; art is memory; memory is research; research is knowledge; knowledge prepares the future.

In addition we can point out that not only history is knowledge: technical experience, ideological postulates, gender quailfications, economic necessities, anthropological restraint, social fundamentalisms, and many other human conventions may add (or subtract) knowledge contributing for a more or less clear development activities, that go, among others, toward economic welfare, quality of life, and the spatial planning that we are discussing now.

Historical knowledge can have three main expressions: oral, written and the significance of what we can see directly into the environment, or landscape if you like. The significance is to be analysed by technical data mainly, and checked with the other sources of information. The steps to be followed are briefly:

a. perception, as a result of education and culture inside spatial media;

b. management, as result of political and economic given priorities;
c. sustainableness (bad word, but up-to-date), as a result of perspective knowledge.

A solid bridge can join the two sides of historical and perspective knowledge: the cartography. This source of written information, both ancient and modern, should be the basic data for building the correct perception of spatial reality in its growth and changes but as we can see in most cases in which spatial planning is discussed, historical cartography is often forgotten.

What is historical cartography and its limits are not to be discussed here. We instead suggest two short practical examples that can be followed in modern spatial planning.

The first is applied to a small portion of coast in Calabrian Tyrrhenian sea, just south of the settlement called Paola, from which came, referring to the sanctity mentioned at the beginning and that in our days seems the only way for reaching peace and human dignity, San Francesco, precisely from Paola; it is unpublished, still in progress and submitted here to check the possibility of extending this methodology to other areas that have a similar process of recognisability of their spatial elements through cartography, in other word that have historical maps and plans at scale below the minimum of 1:100.000. The second is the thesis of graduation in the II level of International Master over Management of Natural Parks, held at the Mediterranean University of Reggio Calabria, *Protected Areas and Conservation Policies in Kingdom of Naples (XVIII-XIX centuries)*, published in the summary attached to the present paper (we apologise for the Italian language but yet we have not been able to translate it into one of the languages of the Seminar). Both of them will be followed by a study over Mediterranean coasts undertaken by Dipartimento di Pianificazione Territoriale (Department of Regional Planning) in Cosenza, and Centro Studi di Educazione Ambientale per l'Area Mediterranea (CSEAAM-Studies Centre of Environmental education for the Mediterranean Area) in Reggio Calabria, with a little financial contribution by Italian Research National Council (Cnr) in Rome.

First of all in our opinion it is necessary to point out clearly the exact concept of the Mediterranean: a sea surely European in the northern shores but much more larger than it is usually considered. Attached to the paper is a map showing the extension of hydrographical basins related to the Mediterranean: we can easily see that it includes the whole Black Sea and pushes southward even into the heart of Black Africa. We may neglect this extreme branch along Nile River because the Sahara desert has represented an insurmountable obstacle until recent times, but we cannot forget that the basin of Danube and the coastal countries of Black Sea are to be considered Mediterranean in more than one aspect. The mythology of Golden Fleece remembers it very well. But this is another story.

The case of Paola "pennelli". There is an aereal picture showing the coast between Paola and the southern small town of San Lucido that can be considered as something very near to land art: the shore is broken by several "pennelli", literal translation is brushes, that is small barrages of stones and concrete casted perpendicular to the line of the coast surrounded by sand at the final point into the sea. Why this pennelli? Anyone may suppose that forestation is always a better policy for the conservation purposes: the reality shows us the contrary. Planting forests reduces bringing of solid materials from the high slopes drained by the rivers that flow into the sea, in such a way that the sea can progressively eat the solid coastal land. This process is accompanied by many other factors, e.g. massive excavation of sand in the river beds for constructions, but it is clear that only in recent times it has become unsustainable. Well, historical maps may demonstrate the extension and the pushing of the sea into the land, and may give some answer about the cause of it.

To understand the rule that may cover a historical research in the use of the territory in the contest of nature and resources conservation, we may consider in the Kingdom of Naples the extension of different areas protected in many ways with several purposes, such as royal hunting, forest defence for production of wood, harvest of forest fruits, and so on until simple care and conservation, on which we have incontestable historical records in XVIII-XIX centuries. These areas could be compared to the actual Natural Parks and they were administered as efficient experimental farms being able to promote the developing of the Kingdom. The available documents let us know that those areas were conceptually precursors of the actual protected areas. They were ambits with innovative experimentations in the field of agriculture, farming, breading, first transformation industries, arts and craft. The access of unemployed was permitted only after the king's or royal house administrator's approval, or the chief hunter according to the activities they were engaged in. The great documentation in the archives collects the detailed counts, the annual balances and each correspondence between the local administrator and the royal house's superintendent. Unfortunately with the Italian Unity all the experiments finished and in the majority of cases these areas with their farming and industries experiences, disappeared or remained in a great state of degradation, the extension of which can be easily measured just by historical documents, such as maps, pictures, paintings, drawings, geographical information, studies, statistics, administrative balances, books and various papers, literatures, and of course people's memory.

History is a concept and a tool: these two different natures are not difficult to manage, unless we think that the past has nothing to teach us. If we think the contrary, history could be a good reference for every future action: it is enough to take it into consideration. How? Putting historical documents not in a sort of ancestor gallery but as a basis for every planning project. We therefore suggest, according to the aim of the seminar, that sustainability is not a category of development but a qualification of human behaviour as a result of historical consciousness. In this direction we propose to establish an Institute of Spatial Historical Studies (Isphis), or Institut d'Etudes pour l'Histoire Spatiale (Idephis), to promote and coordinate the acquisition of knowledge and historical documentation, mainly iconographic, cartographic and aerial photo, to allow correct analysis of spatial and landscape evolution (or involution) with the purpose to give suggestions for the correct management of the various European territories, and for all those forms of education useful to make understanding the necessity of conserv-ation for future generations, besides the sustainable development of the present ones.

As the first step in this direction we propose a research finalized to find and get useful for local governments and european agencies all cartographic documents drew at a scale consistent for planning purposes and issued in the last three centuries relative to the coastal areas of the Mediterranean sea, under the concept expressed above, along with the general recognition of all aerial photos that can be compared with the historical cartography. We are sure that an investment on such a picture data bank will be much more remunerative in terms of good planning than anyone may expect.

SECOND SESSION

Examples of good practices: national experiences

Chairs :

Zlatko UZELAC, Representative of Croatia to the CEMAT Committee of Senior Officials

Peter SCHMEITZ, Representative of the Netherlands to the CEMAT Committee of Senior Officials

DEUXIEME SESSION

Des exemples de bonnes pratiques : les expériences nationales

Présidence :

Zlatko UZELAC, Représentant de la Croatie auprès du Comité des Hauts fonctionnaires de la CEMAT

Peter SCHMEITZ, Représentant des Pays-Bas auprès du Comité des Hauts fonctionnaires de la CEMAT

Vers un espace de liberté pour les fleuves
Edith WENGER, WWF-Auen-Institut, Allemagne

Les vallées fluviales se distinguent des autres zones géographiques par leur densité de peuplement, leur fort développement, leur histoire riche de conquêtes et de culture mais aussi par leur fonction d'axe de communication, source de conflit ou de coopération, de colonisation ou d'échanges. En outre, les vallées fluviales se composent d'un amont et d'un aval, entraînent de fait une solidarité à l'échelle du bassin versant (ressources en eau et gestion des crues) et se caractérisent par un fonctionnement très dynamique et l'instabilité de ses composants.[1]

Dans l'espace territorial, les cours d'eau marquent le paysage par leur linéaire encaissé, sinueux ou étalé. La morphologie du cours d'eau et de sa plaine dépend d'un certain nombre de facteurs tels que la pente, la nature des alluvions, le régime hydrologique. La dynamique fluviale, avec l'alternance des hautes et basses eaux, façonne et détermine l'agencement des milieux naturels. Sur les berges poussent des espèces pionnières suivies par la forêt alluviale à bois tendres très fortement liée à la présence de l'eau. Plus en hauteur la forêt à bois durs déploie une diversité d'espèces étagées en nombreuses strates. De manière plus générale, chaque espace de la plaine alluviale – du plus sec au plus humide – est occupé par une communauté végétale. L'ensemble forme une mosaïque de biotopes qui s'inscrit – à l'état naturel – à l'intérieur d'un réseau écologique reliant la variété de biotopes entre eux. Cette variété est source d'une grande richesse : deux tiers de la biodiversité dépendent d'un espace fluvial occupant seulement entre 6 à 8 pour cent au niveau mondial. Dans certains cas, le bassin fluvial peut revêtir une importance toute particulière. En France par exemple, la Loire et ses affluents s'étendent sur un cinquième du territoire.

Biens et services rendus

Les zones humides et les cours d'eau sont essentiels pour la ressource en eau dont dépend toute vie. Bien d'autres services utiles aux hommes découlent d'un bon fonctionnement des écosystèmes fluviaux :

- auto-épuration des eaux à travers leur passage dans la plaine alluviale et par filtration à travers les sédiments avant de rejoindre la nappe phréatique ;
- recharge de l'aquifère souterrain ;
- rétention des crues ;
- production de biomasse, spécialement pour la sylviculture ou l'exploitation des roselières ;
- espaces de loisirs et de détente, éco-tourisme ;
- amélioration du climat ;
- pêche et chasse par les zones de frai, de repos, de reproduction et de nourrissage ;
- fertilisation naturelle des espaces riverains par les crues périodiques.

Ces fonctions naturelles sont bien sûr doublées des fonctions économiques bien connues comme la navigation, la production d'électricité, l'agriculture, l'exploitation de granulats.

Une action anthropique aux impacts dommageables

L'urbanisation, l'aménagement des fleuves, l'exploitation intensive des terres et des

---

[1] « Les cours d'eau sont des systèmes en équilibre dynamique. Leur ajustement permanent, dans l'espace et dans le temps, aux fluctuations des débits liquides et solides, se traduit par une mobilité latérale et verticale. Cette mobilité permet d'éviter des dysfonctionnements hydrauliques et sédimentologiques majeurs. Elle est aussi le moteur d'une dynamique écologique intense, garante de la richesse et de la diversité des milieux naturels ». (Guide technique N° 2. Détermination de l'espace de liberté des cours d'eau, 1998, Bassin Rhöne Méditerranée Corse, page 7).

ressources, la pollution de l'eau ont, en un siècle, dramatiquement réduit et l'espace alluvial et les services qu'il nous rend. 80 % des zones inondables ont ainsi disparu en Europe. Les conséquences en sont bien connues :

- crues exceptionnelles beaucoup plus fréquentes (quatre fois pour le Rhin) ;
- écoulement des eaux deux à trois fois plus rapide ;
- concomitance des crues du fleuve et de celles de ses affluents ;
- disparition des espaces de rétention des crues ;
- abaissement du lit des cours d'eau ;
- déstabilisation de ces lits suite à l'érosion de celui-ci ;
- enfoncement de la nappe phréatique avec pour conséquences l'assèchement des forêts alluviales et la diminution des ressources en eau ;
- imperméabilisation et compactage des sols, ce qui réduit l'infiltration et l'épuration de l'eau dans la nappe ;
- contamination des sols, des sédiments et de la nappe phréatique par des déversements de produits toxiques de sources ponctuelle ou diffuse ;
- réduction de la qualité des eaux de surface ;
- forte réduction voire suppression de la capacité d'autoépuration ;
- diminution des ressources halieutiques ;
- diminution de la biomasse, de la forêt, des roselières ;
- diminution des échanges génétiques et des éléments nutritifs pour la faune ;
- altération des habitats naturels ;
- perte de valeur du paysage et de l'attrait touristique.

De ce fait, l'action anthropique intense entraîne la perte de valeurs naturelles, socio-économiques et culturelles. Lors d'accidents industriels comme ceux de Sandoz à Bâle, Aznalcollar sur le Guadiamar ou d'Aurul à Baia Mare sur la Tisza, des effets catastrophiques peuvent se produire. Les études écologiques ont montré à ces occasions qu'il était fondamental que des connexions entre le fleuve et sa plaine alluviale existent sans obstacle afin de pouvoir recoloniser biologiquement le fleuve.

La perte de valeur naturelle a un coût

La perte de valeur de plaines alluviales fonctionnelles a un coût : une étude datant de 1994 sur le Danube montre qu'un hectare de plaine alluviale a une valeur de 383 euros/an. Pour l'ensemble des 1,7 millions d'ha du fleuve, la valeur atteint 666 millions d'euros. En Ecosse, des experts économiques ont calculé une perte de 15 millions d'euros dus à la réduction de l'agriculture et la modification du système de maîtrise des crues alors que les gains par la haute valeur touristique, la pêche, les économies des dommages dus aux inondations et à la gestion des crues se monte à 21 millions. En Lettonie, la valeur du travail du castor pour le maintien des zones humides et l'autoépuration de l'eau est estimée à 2 milliards d'euros.

Une gestion hétérogène

La gestion des vallées fluviales diffère d'un pays à l'autre. Dans certains cas, elle est organisée par bassin, dans d'autres elle dépend des autorités régionales ou nationales. Cependant il est constant de noter que la multiplicité des usages, parfois conflictuels, montre une gestion difficile lorsqu'on la considère sur le plan du développement durable. Loin d'être intégrée, elle est éparpillée entre différentes administrations, entre services publics et secteur privé. De manière générale, il est fréquent de constater que l'espace fluvial est le plus souvent appréhendé localement voire régionalement mais rarement de manière globale à l'échelle du cours d'eau ou du bassin par les décideurs locaux. Cette vision locale n'intègre pas non plus le long terme. De même, il est peu tenu compte des espaces adjacents dépendant des écosystèmes fluviaux comme les zones humides, les forêts alluviales et le réseau hydrographique secondaire.

Un système à trois dimensions spatiales

On ne peut que constater que, du point de vue spatial, l'hydrosystème dans ses trois dimensions n'est pas encore une unité de gestion. Or l'écosystème fluvial ne peut bien fonctionner que si la dimension longitudinale – le cours d'eau de l'amont à l'aval –, la dimension verticale – les relations nappe alluviale avec le cours d'eau – et la dimension transversale – le cours d'eau avec les espaces dépendants –, sont intégrées dans la gestion. Les multiples interrelations écologiques sont elles-mêmes dépendantes de la dimension temporelle. Un aménagement ou une pollution sur un site ou un secteur fluvial aura des répercussions retardées dans le temps sur les autres secteurs. Dans cet esprit, il est aujourd'hui indispensable de prendre en considération le facteur changement climatique et ses impacts sur le régime hydrologique des fleuves. En effet, il est attendu un renforcement des précipitations et de la fonte des glaciers dues à une hausse des températures, ce qui aurait pour conséquence l'augmentation des crues et inondations.

Directive-cadre européenne pour la gestion de l'eau

La directive-cadre sur la politique de l'eau qui se met en place dans les pays membres et futurs membres vise à coordonner la gestion par bassin et instaure des méthodes de mesures communes afin d'atteindre l'objectif de bon état de conservation de l'hydrosystème. Cet instrument juridique aura une répercussion sur l'aménagement du territoire relativement aux vallées fluviales.

Un nécessaire changement de perspectives pour la gestion des fleuves

Compte tenu des services rendus par le fonctionnement naturel de ces milieux, et que l'on peut constater aussi bien en utilisant l'eau pour la boisson, l'irrigation ou le transport fluvial ou *a contrario* lors de crue exceptionnelle[2], on peut considérer que les écosystèmes fluviaux sont des infrastructures naturelles. Or, si les infrastructures techniques font l'objet d'investissements parfois lourds pour leur construction ou leur maintien, il faudrait consacrer aux infrastructures naturelles qui rendent les services mentionnés le même soin.

Un espace de gestion plutôt qu'un linéaire

Par ailleurs, traditionnellement, la gestion de rivières s'est focalisée sur le lit mineur. Compte tenu des connaissances actuelles sur le fonctionnement des systèmes fluviaux, et en particulier sur la dynamique fluviale[3], et afin de conserver les fonctions naturelles, la liberté de la dynamique morphologique, l'étalement des crues dans les zones inondables, et le maintien des habitats associés au réseau hydrographique, ne peuvent être gérés que dans l'espace du lit majeur à l'échelle du bassin versant. Afin de permettre au fleuve de respirer au rythme des crues et de divaguer au gré du processus d'érosion et de sédimentation des alluvions, un espace de liberté pour le fleuve[4] est indispensable. Il contribuera à la protection contre les crues et à la préservation des fonctions écologiques.

Une gestion différenciée par secteurs fonctionnels

Le fonctionnement écologique, la morphodynamique et les enjeux sont différenciés pour chaque secteur de fleuve. La gestion d'une zone alluviale sera donc différente de celle d'autres milieux. Mais quel que soit le secteur fluvial, tous ont en commun leur fonctionnement à base de régime hydrologique et de dynamique fluviale ainsi que leurs fonctions et les services rendus. Il y a en particulier une solidarité au niveau du bassin pour la ressource en eau et la gestion des crues.

---

[2] Détruire une zone inondable équivaut, en manque à gagner fonctionnel, à détruire un barrage de retenue de capacité équivalente sans compter les autres services fournis par la zone naturelle tels que le stockage d'eau, le remplissage de l'aquifère souterrain, l'auto-épuration, la biodiversité, etc.

[3] Variation saisonnière du niveau d'eau, érosion et sédimentation des alluvions, instabilité des composantes du système fluvial.

[4] Il s'agit de désigner et de réserver les surfaces nécessaires à la protection contre les crues et à la préservation des fonctions écologiques des cours d'eau. Cf. « Garantir l'espace de liberté des cours d'eau », Office fédéral suisse de protection de l'environnement, 2001 ainsi que Programme national de recherche sur les zones humides « Détermination d'un espace de liberté pour le système fluvial ligérien : identification et spatialisation des unités morphodynamiques et écologiques fonctionnelles dans les vals libres et endigués de la Loire, enjeux et acteurs sociaux », Ministère de l'environnement et Agences de l'eau, 2001.

Axes pour l'aménagement du territoire

En matière d'aménagement du territoire, les propositions suivantes peuvent être avancées :

- Garantir un espace latéral au cours d'eau suffisant pour :
  - permettre une variété d'usages du sol compatibles avec le fonctionnement écologique ;
  - assurer une connectivité des habitats naturels terrestres, aquatiques et semi-aquatiques reliés entre eux par des corridors écologiques de différents types (forêt alluviale, haies, réseau hydrographique secondaire, etc.). La création de réseaux écologiques fluviaux est hautement souhaitable[5] ;
  - rendre possible la divagation du fleuve, son processus d'érosion et de sédimentation des alluvions et de rajeunissement des biocénoses ;
  - conserver ou restaurer les espaces de rétention de crue et si possible les agrandir en reculant les digues vers l'intérieur des terres. Ces espaces doivent être impérativement protégés. Ils peuvent l'être par la loi ou la maîtrise foncière et d'usage. Des exemples existent déjà en Suisse (article 21 de l'Ordonnance fédérale sur l'aménagement des cours d'eau de 1999), en France (Plan Loire Grandeur Nature et SDAGE Loire-Bretagne), en Espagne (corridor vert du fleuve Guadiamar), sur le Danube inférieur (un corridor vert doit être mis en œuvre). A ce sujet il est fortement recommandé de systématiser l'élaboration
  - d'atlas des zones inondables comme outil d'aide à la gestion du territoire ;
  - recharger la nappe phréatique et amplifier le processus d'auto-épuration dans la plaine alluviale.
- Eviter l'urbanisation des zones alluviales inondables et envisager à long terme la disparition des constructions existantes.
- Modifier l'usage agricole de ces zones pour le rendre compatible avec les services rendus par l'écosystème en favorisant l'extensification ou le gel des terres, la forêt alluviale et les prairies grâce, notamment, à un système d'incitations financières (au lieu de pollution diffuse (70% de la pollution des cours d'eau), extraction d'eau de la nappe pour l'irrigation, compactage des sols).
- Stopper l'extraction de sables et granulats.
- Organiser la collecte des déchets et l'assainissement en dehors de cet espace.

L'espace de gestion des hydrosystèmes doit être reconnu comme base d'aménagement pertinente et être inscrit dans les documents de planification.

La désignation de tous les cours d'eau et leurs plaines alluviales répondant aux critères de la Convention de Ramsar sur les zones humides d'importance internationale et l'application des lignes directrices pour l'intégration de la conservation et de l'utilisation rationnelle des zones humides dans la gestion des bassins hydrographiques sont fortement recommandées.

Suite aux dramatiques inondations de l'été 2002, il est devenu plus que jamais indispensable de réserver aux cours d'eau leur espace de liberté et de prendre toutes mesures adéquates pour protéger les plaines alluviales. La gestion durable de cet espace et de ses ressources a des effets bénéfiques à long terme aux niveaux écologique, socio-économique et culturel et rend deux services vitaux : la pérennité d'une ressource en eau de qualité et la maîtrise des inondations.

---

[5] Voir Stratégie paneuropéenne pour la diversité biologique et paysagère et la série de publications du Conseil de l'Europe « Sauvegarde de la nature » N° 107, 110 et 129

Instruments of regional planning for mountain and coastal zones

Andrej POGAČNIK, University of Ljubljana, Faculty for Civil and Geodetic Engineering, Chair of Spatial Planning, Slovenia

Introduction

Mountainous and coastal regions have something in common: for centuries they have represented a hostile environment avoided by settlers. Villages and towns in mountain regions were mostly located in valleys between mountain ranges. In coastal regions, hill towns were not located in the vicinity of sea. A small population of mountain farmers and coastal tradesmen or fishermen respectively lived on nature resources of those places. Through the history typical cultural landscapes were created: pastures and fields around small villages in the highlands, terraced cultures, fishermen's houses or urban nuclei around harbours.

In the second half of the 19th century, this historical situation started to change: first, tourist railways, cable cars and hotels entered the high mountains. Sea resorts emerged along the coasts, and seaports grew considerably. Consequently, in the last decades of the 20th century, the situation was quite reversed: high mountains were targeted by mass tourism, summer and winter leisure activities and leisure housing. Traditional farming declined and a substantial degree of old employment was replaced by "urban services" aiming at the new visitors. Traditional cultural landscapes were almost lost. Less attractive mountain regions, however, have faced only the negative consequences of this process: population decline, obsolete housing, afforestation etc.

The situation in coastal regions is similar. The sea coasts all over the world have become extremely attractive with regard to new housing, hotels, leisure homes and enterprises such as sea transport, industries and similar. This linear development has frequently spread out from the historical nuclei, such as old towns or fishermen's villages. The natural environment was changed into an image similar all over the world.

Both mountain regions and coastal regions face severe problems. Spatial development is unbalanced which in turn causes severe social, economic and ecological difficulties.

Spatial development trends in mountain regions

In mountain regions, the majority of population pulls out from less accessible sites and settles down in urban centres situated in large valleys or flatlands. They follow the trail of job opportunities, public services, and enjoy the benefits of general accessibility. In mountain villages, farms, or dairymen's cottages, the population declines and ages, many houses are obsolete. Lack of manpower causes the abandonment of steep pastures or less suitable fields. Forestation is underway, and the nature gradually restores its primordial sceneries. On the other hand, attractive landscapes such as the highest mountains, lakes, glacial formations etc., bring in crowds pursuing sport activities. This opens new job vacancies providing services to tourists, sportsmen and leisure house owners. However, these opportunities include only few percent of those who seek employment. New jobs attract the completely new population from flatlands causing social tension with original settlers. The old economic foundations are disappearing, i.e. mountain farming, forestry, cattle breeding, mining. Regional economy in turn becomes dependent on tourism and daily migrations towards jobs in urban centres. As mentioned before, attractive mountain locations in the vicinity of large towns and traffic junctions have become attractive for housing of urban population daily migrating to large cities.

The mountains have always been the dividing line between states, countries and regions. Their new role as leisure areas, natural resources and ecological reserves brings about a new dimension: the mountains are unique per se (the Alps, the Rockies, the Himalayas, the Carpathian Mountains etc.).

Mountain chains present an obstacle in traffic flows. The increasing, mass transit is one of the phenomena that impose pressure on mountain environments: highways, fast railways, cable cars, and air traffic corridors. On the other hand, new transport systems make mountains more accessible and bring public services closer to remote settlements.

Heavy transit traffic and mass tourism are the cause of severe environmental problems. Mountain regions are more exposed to natural disasters, such as floods, landslides, water erosion, or extreme winds that seem to be more and more severe.

Planning instruments in mountain regions

Which are the necessary steps for moderating the negative trends and for the promotion of regional development in the highlands? The most important guidelines regarding spatial planning are:

Mountains that are geographically uniform must be regarded as regional entities, subject to spatial planning.

Traditional farming, forestry, and cattle breeding must be supported strongly with the view of preserving cultural landscapes for the future and maintaining old farms and villages. In addition, it is necessary to provide new jobs, and to facilitate access to educational, health administrative and other services.

Tourism and sport activities must be subordinated to ecological capacities. Accordingly, the highest mountains, lake districts, gorges, rivers and creeks must be less exposed to human interventions and preserved in its original form. Mass tourism, ski slopes, camping, cable cars, hotels and leisure housing must be situated in less vulnerable locations, generally on forested plains and southern slopes, respectively.

All the necessary measures must be taken in order to diminish natural risks such as building of dams, supporting walls and galleries. All engineered buildings must be designed according to ecological, nature-friendly principles. The role of forestry is complex and it involves prevention from water erosion, natural biodiversity, and the protection of ground waters. Woodcutting must enable natural recycling and the prevention of forest fires at the same time.

Traffic transit routes, i.e. highways, high-speed railways etc. must be designed according to ecological principles. Urban development, industry and commercial enterprises should be located in the vicinity of traffic junctions or interchange points.

Mountains are an important source of renewable energy: water, wind, and forest biomass. The use of energy should be effective, yet subordinated to environmental limitations (high dams, wind power plants, forest exploitation...).

Mountains are an important source of drinking water for the lower flatlands. Therefore, all forms of water reserves must be protected and water pollution must be prevented.

Multifunctional land use must be encouraged in order to bring multiplied effects and benefits: e. g. pastures can take the function of ski slopes; water accumulation function as power plants and provide for water sports at the same time (even accumulation for artificial snowing); forests provide for hiking, cycling, wood production, hunting; urban centres in valleys have to serve for the employment of and public services for the population living in highlands.

Obsolete farms, cottages, haystacks, barns and other traditional buildings of architectural value can be changed into secondary homes in order to avoid destruction. The typical regional appearance of buildings – either in the traditional or modernised form – is one of the more significant tasks for the local architects. Farming should be combined with tourism to provide additional employment and income.

Spatial planning together with the instruments of nature protection must preserve the core areas of mountains, lakes, gorges, wildlife reserves as highly protected areas. Development must be limited to the areas around the central protective zones or to the few corridors that enter or cross the most protected zones. Zoning ordinances must regulate different degrees of possible interventions in space. The activities with strong environmental impact must be placed in less vulnerable places, away from protected areas (mining, energy production, industry, freight terminals). Housing, public services, traffic infrastructures, commercial development and highly productive farms should be placed into moderately vulnerable and relatively attractive spaces. Hotels, ski resorts, camping grounds, and leisure houses should be close to the central core of the protected space or at its edges. Some of the most protected areas should be completely inaccessible (no trails, no mountain huts) and preserved as natural reserves for the future.

Mountain chains most often separate the neighbouring states. This fact makes efficient planning of mountain regions difficult. The co-ordination of activities through bilateral of multilateral agreements between neighbouring states is of crucial importance in the following fields:

- Protection of nature reserves, sustainable use of natural resources;
- Coordinated planning of transport corridors, traffic modes and multi-modal transport (train transport must be strengthened);
- Coordinated land use planning along the borders (forestry, agriculture, tourist centres, skiing areas);
- Control and common agreements regarding the locations of large sources of pollution or land degradation close to state borders (heavy industries, mining, power plants, military grounds, waste disposals);
- Coordinated water management in catchment areas with regard to water supply, flood prevention, risks of water erosion, protection of the water ecosystem and landscapes.

Slovenia is at the starting point of international co-operation in the Alpine mountain region in the so-called "three-lands' corner" (Slovenia, Italy and Austria). In this region, tourism, mountain farming and forestry, nature protection, and sustainable urban development will be the prevailing developmental goals. Several important international actions were launched in this transnational region, e.g. the candidacy for winter games of all three states (Ljubljana–Villach–Tarvisio).

In the Slovenian mountain district, the abandonment of small farms is a critical process. The state has been trying to encourage investments into new jobs, either in nearby towns or "at home" in the form of small manufacture or farm tourism. Only additional jobs enable small farms to survive. All other farms will be forced to enlarge their agricultural land or disappear. The education of young farmers aimed at competitive farming is one of the important instruments. The modernisation of farms must be followed by the change of ownership from parents to their children as soon as possible. Otherwise the young leave their birthplace and find jobs in larger towns. When this process takes place, it is irreversible and extremely negative. The first signs of improving trends are in sight, and young families are deciding to stay and modernise their farms.

Spatial development trends in coastal regions

In coastal regions, a dramatic movement of population and economic development has taken place all over the world in recent decades. People move from the interior towards coastal strips, abandoning old towns and villages. On the other hand, small old harbour towns or fishermen's villages are crowded by new population coming from inland or far away places; tourists, pensioners and secondary home owners contribute to a new, "globalised" mix of population at seashores and lake shores. Along with this process, the natural setting of shores loses its character and beauty, local biotopes tend to disappear, harbours, industries, water traffic, waste water and solid waste "produced" by coastal urbanisation cause severe environmental pollution. The Mediterranean coasts are relatively arid areas. High consumption of water requires new sources of supply from the interior causing shortage in other regions. All economic flows, together with job opportunities, move towards the shores. The pressure on land causes high prices. Therefore, only the rich can afford locations on the shores and in their vicinity – representing a new kind of social injustice.

Planning instruments in coastal regions

Which are the necessary steps in the fields of spatial planning, regional economics and social planning to moderate the negative trends described above? The most important steps are described as follows.

Land use planning must reverse the trends of urban development that should be redirected into the interior by way of corridors from the shore towns and ports towards the hinterland. Polycentric development must also be favoured, giving importance to regional, rural centres away from the shores. The sea, lake and river shores must be reserved for land uses that require water proximity: port facilities, harbours, fishing and yacht clubs, hotels, beaches, water resorts and water amusement parks, water freight terminals, petrol terminals, shipyards, saltpan fields. Equally important is the protection of coastal landscapes, biotopes, sub water natural parks, cliffs, wetlands, historical coastal settlements and so on.

Zoning should steer housing, public services, commercial and other development further into the interior. Industry, traffic terminals, energy production and supply, public utilities, and farming must be placed into less vulnerable areas.

These principles can be implemented in two ways: segmentation of land use along the shores and in the form of zones, parallel to the coast. On the shores, urban development should be limited to the locations of high concentration, leaving large strips of shores for parks, beaches and for natural reserves. Planners have to stop the longitudinal spreading of housing and prevent its linear growth beyond the existing limits.

New jobs in tourism, in harbour activities and other urban employment have a flushing effect for the hinterland. Traditional farming and even fishing is on the decrease. Efforts should be made towards maintaining the economical diversification of coastal regions. The old types of land cultivation (terraced fields), fishing, and salt production must be maintained to preserve the typical cultural landscapes and to support tourism.

The social mix is an inevitable result of those processes described above. The trend today is that the coasts are for the rich, and the hinterland - for the poor. The aged rich population of pensioners that move to the coastal areas from far away is also an aspect of coastal urban development. Economic immigrants from other countries and far-away regions, even continents, bring new values and cultural patterns to the old historical settlements that are rapidly losing their character. In other words, globalisation takes place in coastal regions much faster than elsewhere, with the exception of large metropolises, of course.

Investment policies should develop the coastal zones and the hinterland at the same time. This can be accomplished by different means, as follows:

In addition to the favoured locations for industries and harbour zones, inexpensive and well accessible industrial sites must be offered in hinterland for production clusters and chains.

Multimodal transport should redirect traffic and economic flows from the coast into the interior. New industrial and commercial sites should be created at traffic terminals and junctions.

The coastal tourism has to be combined with the decentralisation of tourist offers: visits to natural monuments and historical sites, amusement parks, hunting, farm tourism.

Agriculture should be developed in order to supply coastal markets, especially in the form of daily supply of fruit and vegetables. Agricultural land with the best natural conditions must be developed for highly productive farming competing in world food markets (vineyards, olive plantations, citrus fruits, cereals). Highly productive "monocultural" farming should not be placed right in the coastal strip. Forestry in the coastal areas is limited to a large extent by the environmental, biological, climatic, aesthetic and recreational functions.

Typical coastal landscapes, biotopes, wetlands, cliffs and underwater landscapes must be preserved not only for tourist purposes but also with regard to their function as natural heritage.

Access to water (beaches, banks, coasts) should be a generally accepted principle. The waters are public goods, and gradually, coast land parcels should be changed to public property by various means (land purchase, priority of purchase by the public sector, expropriation, new land subdivision). If this is not possible, servitude should be enforced, i.e. right of way along the waters. Access to the waters could be limited only in the case of ports, coastal industrial sites, yacht clubs, hotel beaches, protected natural areas, and highly hazardous sites.

Large water surfaces have been separating states and nations to the present day. The seas, great lakes and rivers often act as state borders. This fact makes common planning of the coastal regions difficult, even though they present ecologically and economically unified areas. The Mediterranean, or the Black Sea, the Baltic, and the Danube River are evident examples. The efficient implementation of the CEMAT principles will be possible only through the collaboration of neighbouring states in the following fields:

- Water protection, environmental control, natural parks on both sides of the border;

- Coordinated traffic on waterways, development of integrated and multimodal transport between neighbouring states, unrestricted access to international seas;

- Concentration of port facilities, tanker terminals, oil refineries, and power plants in selected areas with low risks and high environmental absorption,

- Control of natural hazards such as floods, high waves, coastal landslides, extreme weather conditions;

- Coordinated tourist development in certain areas based on sustainable principles together with competitive bids;

- Coordinated land use planning by avoiding incompatible land uses along the same seacoasts or riverbanks. The accessibility of building sites together with land taxation should be similar and coordinated between neighbouring states.

The Republic of Slovenia has 40 km of the seacoast only within its borders. Therefore, the pressure on land use along the coastal strip is extreme. There are several sites of importance: the port of Koper, the tourist centre of Portorož, historical settlements, two large yacht ports (marines) etc.

However, nature protection regulations supported by public opinion, ecologists and various civil movements have succeeded to protect large coast sections: coastal cliffs, old saltpan fields, parts of the sea bottom. The preserved wetlands of the Škocjanski zatok lie almost in the middle of the port facilities of Koper, enhancing the townscape with their interesting biotope and water scenery.

The Sečovlje saltpans that are nowadays almost abandoned will, hopefully, become the area of private investments. The traditional landscape with numerous canals and sea basins will be preserved and sustainable tourist development will take place, mainly based on health treatment and rehabilitation activities.

Conclusion

Within the mountain and coastal regions, the CEMAT principles of spatial development are more difficult to implement than elsewhere. Both of them are proble-matic types of regions, though quite different with respect to the nature of the problems.

Mountains are most often underdeveloped with many negative parallel processes of depopulation, abandonment of agriculture, and afforestation. Coastal regions, on the contrary, identify problems of over-development, high concentration, pollution, traffic congestion etc.

Therefore, the instruments of spatial development differ considerably in these two cases, and so they should. However, both problem areas have one thing in common: the need for special attention of planners and for fast planning action.

Strategic planification and sustainable development in coastal and mountain regions in Bulgaria

Atanas ATANASOV, Director of Directorate "Strategic Planning" at Ministry of Regional Development and Public Works, Bulgaria

Dear Ladies and Gentlemen,

The measures on territorial development concerning the Bulgarian particular types of areas, which are the subject of this paper, are the mountain zones of the country and the Black sea coastline.

Within the context of the "guiding principles for sustainable spatial development of the European continent", the Bulgarian particular types of areas have the following characteristics:

The mountain zones in Bulgaria cover the area of 66 468 km^2. (60% of the country's territory) and are inhabited by 3 466 000 people (41% of the population in the country).

The share of the country's income from the production for those zones is 10.1% and 5.5% is the share from the industry of the country. The concentrated assets are 4.9% from the total amount of the assets in the production sector.

Due to its particularities a prevailing part from the mountain zones is considered underdeveloped and depopulated. In most of them the technical infrastructure is not developed or missing. In those zones there are abandoned agricultural land and depopulated settlements with low life standard.

The status and development of the mountain zones in Bulgaria have the direct influence on the overall development and spatial planning of the country. The big disparities in processes in the different mountain zones provide for a different approach of the government while dealing with them. Nevertheless, as they are particular types of areas, our Government keeps conducting an integrated policy concerning their spatial planning and development by providing conditions for economic and social development simultaneously with the protection and management of natural resources.

By the Spatial Planning Act, which identifies various types of the territorial development plans and by the Draft on the new Regional Development Act where the mountain zones are specified as zones for purposeful influence, the legal grounds are provided for implementation of this integrated policy for sustainable development of mountain zones in the country. The first steps in this regard are already taken. The municipalities which are situated in the mountain zones have elaborated Municipal Development Strategies and Programmes for the implementation of the above mentioned laws. In a great part of municipalities the problems of spatial planning and development include the following:

– Providing prerequisites for opening of new jobs in the three sectors, and the priority will be given to small and medium enterprises;
– Development of various types of tourism;
– Development of the third sector and improving life standard;
– Construction, development and modernisation of the basic engineering systems – transport, energy, water supply and communications;
– Sustainable protection of the environment, renaturisation of forests affected by forest fires, etc.

The big outstanding problem for those territories which are in unequal status compared to the lowland regions in the country is the financing of the above mentioned measures, anchored in the Municipal Strategies. In order to attract investments with a view of solution of the existing problems, the Government has to finance the implementation of infrastructure projects, to propose preferences for the private capital and to attract its attention for the solution of those problems. Extremely important is the role of the municipalities – those self-governing communities, which in most cases are unified in various regional associations, where with joint efforts the problems of the local population are solved.

The Bulgarian mountains are one of the pearls of Europe – with their preserved natural environment, unique forms, mineral springs, cultural and historical heritage, lifestyle and traditions of the population, they will turn into favorite places for many Europeans.

Another particular type of area, subject of this paper is the Bulgarian Black sea coastline. It is one of the most dynamically developing structures of the national territory. It is characterised by a highly developed industry and commerce, all kinds of transport and communications are developed. Extremely important for the Black sea coastline is the development of tourism and the subjected tourist infrastructure.

Bulgarian Black sea coastline covers the territory of 13 609.km². (12% of the territory of the country) and is inhabited by 1 049 000 people (12% of the population in the country). 13.5% of industry, 4,9% of agricultural and 80% of tourist assets of Bulgaria are concentrated there.

Geostrategic location of the Bulgarian Black Sea, which serves as a bridge between the East and the West, between Europe and Asia supposes spatial planning and development in strict adherence to the environmental requirements. The doorway "entrance-exit" of the Black sea is the two ports – Burgas and Varna.

Taking into account the strategic importance of the Bulgarian Black sea coastline, during 1994-1998 there has been elaborated a Special Environmental Programme, financed by the United Nations Global Fund for environmental protection. The territorial development plan for the Bulgarian Black sea coastline has been also elaborated, and based upon this – the territorial development plans for all municipalities along the coastline. Implementing Agency for the provided technical aid was the World Bank, which in co-operation with the Ministry of Regional Development and Public Works set up two main objectives:

– to improve the territorial development planning of the municipalities along the coastline;
– to facilitate the preparations for the future investment projects, related to the sustainable spatial development;

The Programme for the sustainable spatial planning and development of the Black sea coastline includes:

– elaboration of a special Law on the spatial planning and development of the Black sea coastline;
– improvement of the system for control and monitoring of the ongoing processes along the coastline;
– working out a digital model of the contact zone of the municipalities along the coastline;
– applying a new system for technical provision of the planning processes;
– giving an account to the public and private interest in the planning process, etc.

While the mountain zones face the problem of the attraction of investments, the Black sea coastline faces the problem of the streamlining of the investment process with regard to the sustainable development.

With the enlargement of the self-government and restitution of the rights on the private property, the "pressure" on intensive use of the resources has been increased; the investment process has intensified, especially in the field of tourism.

As a result, a number of problems have occurred that would make it difficult to ensure the sustainable development of the Black sea coastline.

The solution of the main problems requires big investments in the field of infrastructure, keeping the sustainable development in compliance with territorial development plans, provision of environmental norms and standards that correspond to the international standards in this field.

The complex overlapping of different functions in one territory, such as dwelling-industry, industry-tourism, tourism-infrastructure-industry, agriculture-tourism-forest industry, etc. have found their concrete territorial development solutions in the municipalities. The adherence to those territorial development solutions that will serve as ground for future development strategies in all spheres will ensure sustainability in integrated development of the Black sea coastline.

Thank you for your attention!

Le Modèle de loi sur la gestion durable des zones côtières et le Code de conduite européen des zones côtières

Maguelonne DÉJEANT-PONS, Chef de la Division de l'Aménagement du Territoire et du Paysage, Conseil de l'Europe

Les actions entreprises par le Conseil de l'Europe dans le domaine environnemental s'inscrivent dans le cadre des Conférences ministérielles « Un environnement pour l'Europe ». Ce processus a débuté en 1991 à Dobřís, s'est poursuivi en 1993 à Lucerne, en 1995 à Sofia, en 1998 à Aarhus, et va continuer à Kiev en mai 2003.

Approuvée à Sofia le 25 octobre 1995 par la troisième Conférence ministérielle «Un environnement pour l'Europe», la Stratégie paneuropéenne de la diversité biologique et paysagère est mise en œuvre par les 55 Etats membres de la CEE-NU. Le Conseil de l'Europe (CoE) et le Programme des Nations Unies pour l'environnement (PNUE) assurent conjointement le secrétariat de la Stratégie paneuropéenne. Celle-ci poursuit quatre buts : réduire sensiblement ou, si possible, éliminer complètement les menaces qui pèsent sur la diversité biologique et paysagère de l'Europe, consolider la solidité de cette diversité, renforcer la cohérence écologique de l'Europe dans son ensemble et accroître considérablement le degré de participation et de sensibilisation du public en ce qui concerne les différents aspects de la diversité biologique et paysagère.

Les défis à relever concernant les écosystèmes côtiers et marins du Plan d'action 1996-2000, étaient ainsi exposés : pertes directes dues à la mise en valeur et à l'occupation des zones littorales à des fins industrielles, touristiques et résidentielles, problèmes de récupération des terres, de barrages et digues, pollution, destruction et surexploitation des systèmes benthiques par la pêche industrielle, destruction des systèmes sédimentaires par l'exploitation minière et la production d'eau potable, et de troubles liés aux activités de loisir. Des objectifs à atteindre au niveau paneuropéen avaient dès lors, été définis :

— élaborer et mettre en œuvre un réseau écologique européen côtier et marin ;

— mettre au point une gestion intégrée des zones littorales dans le cadre de l'exploitation des ressources terrestres et marines, afin de disposer d'un système unique et intégré de gestion et de planification, fondé sur les impératifs de la conservation ;

— élaborer un code de conduite spécial comportant des recommandations claires et des règles de bonnes pratiques pour les autorités responsables du littoral, des aménageurs, des experts ès génie côtier et autres groupes d'usagers.

S'étant penché à plusieurs reprises dans le passé sur la question de la protection des espaces côtiers[6], le Conseil de l'Europe a décidé d'apporter sa contribution à la mise en œuvre de ces objectifs. Le Comité des Ministres a constitué en 1995 un Groupe de spécialistes sur la protection des côtes, qui s'est réuni pour la première fois en 1996. Le Groupe a relevé que de nombreux travaux avaient déjà été réalisés, mais qu'en dépit des efforts entrepris, la

---

[6] Voir les textes adoptés par le Conseil de l'Europe, et notamment : la Résolution (69) 37 du Comité des Ministres relative à la pollution des eaux marines ; la Résolution (73) 29 du Comité des Ministres relative à la protection des zones côtières ; la Résolution adoptée par la Conférence européenne des Ministres responsables de l'aménagement du territoire – CEMAT (Torremolinos, 1983) ; les Résolutions adoptées par la 4e Conférence ministérielle européenne sur l'environnement (Athènes, 25-27 avril 1984) ; la Résolution (87) 2 du Comité des Ministres instituant un groupe de coopération en matière de prévention, de protection et d'organisation de secours contre les risques naturels et technologiques majeurs – Accord EUR-OPA Risques majeurs ; les Recommandations du Comité des Ministres (85) 16 concernant les prés salés et les dunes littorales, (85) 18 relative aux politiques d'aménagement des régions maritimes, et (97) 9 relative à une politique de développement d'un tourisme durable et respectueux de l'environnement dans les zones côtières.

situation des zones côtières continuait à se dégrader. Il a reconnu que ceci était dû aux difficultés tenant à la mise en œuvre du concept de «gestion intégrée» et qu'il devenait nécessaire de proposer des instruments permettant de mieux appliquer les principes d'une gestion et d'une planification intégrée, essentielles en tant qu'instruments opérationnels de l'usage durable des zones côtières. Le Groupe a ainsi proposé que le Conseil de l'Europe lance une action comprenant deux volets :

– l'élaboration d'un code de conduite comprenant des recommandations précises, des principes pratiques et réalistes ainsi que des règles de bonne pratique à l'attention des autorités locales, régionales et nationales, des aménageurs, des experts ès génie côtier et des utilisateurs ; et,

– l'élaboration d'un modèle de loi sur la protection des côtes définissant le concept de la gestion et de la planification intégrées, fondé sur le principe du développement durable, établissant les grands principes à suivre, et faisant des propositions sur les institutions, les procédures et les instruments appropriés pour la mise en œuvre et l'application de la gestion et de la planification intégrées. Il a considéré que ce modèle de loi pourrait être utilisé par les Etats, soit pour modifier les législations existantes, soit pour adopter de nouvelles législations.

Des experts gouvernementaux, représentants de secrétariats de conventions internationales concernant les milieux côtiers et marins ainsi que des organisations internationales, ont participé aux travaux. Les documents préparatoires ont été établis par le Centre de recherches interdisciplinaires en droit de l'environnement, de l'aménagement et de l'urbanisme (CRIDEAU) et l'Union européenne pour la conservation des côtes (UECC).

Lors de la quatrième Conférence ministérielle «Un environnement pour l'Europe» tenue à Aarhus en 1998, les ministres de l'Environnement ont approuvé une Résolution sur la diversité biologique et paysagère dans laquelle ils ont pris note des progrès réalisés en vue d'élaborer un code de conduite paneuropéen des zones côtières et un modèle de loi sur la gestion durable des zones côtières, en tant que source d'inspiration des législations et pratiques nationales. Les travaux ont en effet été menés à bien et, le 9 septembre 1999, lors de sa 678e réunion, le Comité des Ministres du Conseil de l'Europe a pris note du Modèle de loi sur la gestion durable des zones côtières et du Code de conduite européen des zones côtières, en convenant de les transmettre aux Gouvernements.

Le Modèle de loi sur la gestion durable des zones côtières

M. Lauri Nordberg, Président du Groupe de spécialistes sur la protection des zones côtières a, dans son introduction au document présentant le Modèle de loi, souligné que le littoral est l'un des atouts naturels les plus précieux de notre continent, ainsi qu'en témoignent clairement les millions de vacanciers qui se rendent au bord de la mer pour des séjours de durée variable, afin de profiter de l'air tonique, du soleil, d'un cadre naturel particulier souvent spectaculaire, et d'un environnement qui associe délicatement des éléments naturels, culturels et historiques. Mais il a également rappelé que le littoral est aussi un support essentiel pour un grand nombre d'activités économiques indispensables, comme celles qui ont lieu, par exemple, dans quelques grands ports de notre continent. Le littoral étant cependant une ressource non renouvelable, c'est cette vérité première qui conduit à souligner la nécessité d'une exploitation durable de cet espace.

Le Modèle de loi – loi type sur la gestion durable des zones côtières –, a été réalisé afin de servir de source d'inspiration aux gouvernements qui élaborent une loi, amendent une loi existante relative aux zones côtières, aux plans d'occupation des sols, à la conservation de la nature ou concernant d'autres questions ayant une incidence sur l'utilisation du littoral. Il a aussi été réalisé pour que les Etats en transition qui procèdent à une révision de leur législation puissent s'en inspirer.

La structure du Modèle de loi, qui comprend dix-sept titres, est la suivante :

Titre 1 - Définition et politique cadre nationale

   Section 1 - Définitions

      Article 1 - Zone côtière
      Article 2 - Gestion intégrée
      Article 3 - Environnement

   Section 2 - Politique cadre nationale

      Article 4 - Objectifs
      Article 5 - Grandes orientations et priorités
      Article 6 - Intégration de l'environnement
      Article 7 - Evolution du développement des zones côtières

Titre 2 - Principes relatifs aux zones côtières

      Article 8 - Liste et champ d'application des principes
      Article 9 - Développement durable
      Article 10 - Prévention
      Article 11 - Précaution
      Article 12 - Prévision
      Article 13 - Restauration
      Article 14 - Pollueur-payeur, destructeur-payeur et utilisateur-payeur
      Article 15 - Meilleures techniques disponibles et meilleures pratiques environnementales
      Article 16 - Information et participation du public
      Article 17 - Coopération internationale
      Article 18 - Partage équitable et gestion durable des ressources communes
      Article 19 - Aménagement en profondeur
      Article 20 - Protection des aires fragiles ou écosystèmes, habitats et espèces menacés
      Article 21 - Compatibilité entre les diverses utilisations des zones côtières
      Article 22 - Priorité aux activités dépendantes des zones côtières
      Article 23 - Libre accès, lorsque cela est approprié, au rivage

Titre 3 - Délimitation, découpage et cartographie juridique des zones côtières

      Article 24 - Délimitation
      Article 25 - Découpage
      Article 26 - Cartographie juridique

Titre 4 - Mise en place d'organismes appropriés

      Article 27 - Au plan national
      Article 28 - Au plan régional

Titre 5 - Répartition des responsabilités entre les pouvoirs publics

      Article 29 - Compétences
      Article 30 - Coordination

Titre 6 - Connaissance des zones côtières

      Article 31 - Inventaire
      Article 32 - Cartographie environnementale
      Article 33 - Réseaux de sources d'information et d'évaluation
      Article 34 - Comptes du patrimoine naturel et comptabilité environnementale
      Article 35 - Suivi de la zone côtière

Titre 7 - Instruments incitatifs et financiers de gestion des zones côtières

      Article 36 - Principes
      Article 37 - Fonds pour les zones côtières
      Article 38 - Taxes
      Article 39 - Incitations et accords volontaires

Titre 8 - Propriété foncière et zones côtière

      Article 40 - Domaine public maritime
      Article 41 - Expropriation et acquisitions
      Article 42 - Frange littorale inconstructible
      Article 43 - Propriété publique des zones côtières
      Article 44 - Autorisation préalable de certaines activités

Titre 9 - Libre accès au rivage

      Article 45 - Accès des piétons aux plages et aux côtes
      Article 46 - Servitude de passage longitudinale
      Article 47 - Concession d'utilisation des plages
      Article 48 - Circulation en véhicule le long du rivage
      Article 49 - Circulation du public et randonnées

Titre 10 - Planification et aménagement

    Article 50 - Planification régionale ou interrégionale
    Article 51 - Planification locale
    Article 52 - Application généralisée des études d'impact
    Article 53 - Intégration du développement durable dans les politiques et plans sectoriels

Titre 11 - Activités de loisirs

    Article 54 - Chasse, pêche sportive, chasse sous-marine
    Article 55 - Motonautisme et engins de plage
    Article 56 - Navigation de plaisance
    Article 57 - Codes de bonne conduite

Titre 12 - Protection des écosystèmes et des espaces naturels fragiles

    Article 58 - Zones humides
    Article 59 - Eaux souterraines et zones d'interface entre eaux douces et eaux salées
    Article 60 - Dunes
    Article 61 - Parcs et réserves côtiers et marins
    Article 62 - Introduction et réintroduction d'espèces
    Article 63 - Réseau écologique côtier et marin national
    Article 64 - Mesures provisoires de protection

Titre 13 - Lutte contre l'érosion du sol et de la ligne côtière

    Article 65 - Détermination de zones critiques
    Article 66 - Maintien du couvert végétal
    Article 67 - Réglementation des fouilles et de l'enlèvement du sable

Titre 14 - Lutte contre les politiques et prévention des catastrophes

    Article 68 - Assainissement et station d'épuration
    Article 69 - Gestion des déchets
    Article 70 - Propreté des plages et qualité des eaux de baignade
    Article 71 - Suivi et contrôle de la pollution tellurique
    Article 72 - Organisation des secours et plans d'urgences
    Article 73 - Lutte contre les catastrophes naturelles

Titre 15 - Information et participation du public

    Article 74 - Préparation des plans et règles générales
    Article 75 - Mise en œuvre de projets ponctuels
    Article 76 - Recours
    Article 77 - Information, éducation, recherche

Titre 16 - Contrôle et sanction

    Article 78 - Co-ordination des contrôles et suivi des impacts
    Article 79 - Agents habilités à exercer un contrôle

Titre 17 - Coopération internationale

    Article 80 - Gestion des zones côtières adjacentes
    Article 81 - Réserves côtières et marines internationales
    Article 82 - Réseau écologique paneuropéen côtier et marin
    Article 83 - Réseau paneuropéen des centres de recherche

L'ensemble des dispositions du Modèle de loi est d'un grand intérêt pour un développement territorial durable des zones côtières. Peuvent notamment être rappelées les définitions données aux termes de « zone côtière » et de « Gestion intégrée », selon lesquelles :

> [...] on entend par 'zone côtière' un espace géographique portant à la fois sur la partie maritime et la partie terrestre du rivage et intégrant les étangs salés et les zones humides en contact avec la mer. Cet espace inclut au minimum tout ou partie des eaux territoriales ainsi que le domaine public maritime de l'Etat et le territoire des communes riveraines des mers et océans. La zone côtière sera précisément délimitée au niveau national. Elle pourra être étendue selon des nécessités locales spécifiques de nature économique et/ou écologique aux collectivités locales contiguës aux communes riveraines des mers et océans ainsi qu'aux collectivités riveraines des estuaires et deltas situés en aval de la limite de salure des eaux.

On entend par 'gestion intégrée' l'aménagement et l'utilisation durable des zones côtières prenant en considération le développement économique et social lié à la présence de la mer tout en sauvegardant, pour les générations présentes et futures, les équilibres biologiques et écologiques fragiles de la zone côtière et les paysages. La mise en place d'une gestion intégrée des zones côtières exige la création d'instruments institutionnels et normatifs assurant une participation des acteurs et la coordination des objectifs, des politiques et des actions, à la fois sur le plan territorial et décisionnel. La gestion intégrée de la zone côtière impose de traiter les problèmes non pas au coup par coup mais de façon globale et en tenant compte de l'interaction entre tous les éléments qui composent l'environnement.

Les dispositions du Titre 10, intitulé « Planification et aménagement » peuvent notamment être rappelées.

En ce qui concerne la planification régionale ou interrégionale, le Modèle de loi prévoit qu'en s'appuyant sur certains principes[7], la zone côtière devra faire l'objet d'une planification intégrée, c'est-à-dire qui porte sur les espaces terrestres et marins quels que soient leurs statuts juridiques ainsi que sur toutes les activités et tous les milieux. Le plan réalisé à l'échelle d'une ou plusieurs régions, à travers un schéma régional ou interrégional, fixera les orientations de l'aménagement du territoire et du développement des diverses activités économiques et infrastructures, établira des priorités et des objectifs en accord avec la capacité environnementale de l'espace considéré et arrêtera les zones à conserver pour des raisons environnementales et les zones nécessaires à la sécurité des côtes.

En ce qui concerne la planification locale, le Modèle de loi prévoit que des plans locaux mettront en œuvre et préciseront les orientations de la planification intégrée régionale. Ils détermineront les affectations des diverses zones homogènes d'utilisation et de gestion de l'espace prévues en ce qui concerne le « découpage » de l'espace côtier et fixeront les limites exactes et les règles applicables aux espaces naturels. Les schémas régionaux ou interrégionaux et les plans locaux devront avoir une valeur juridique contraignante et s'imposer tant aux autorités nationales et régionales qu'aux collectivités locales et aux particuliers, aussi bien en ce qui concerne les conditions d'utilisation du sol que la réalisation des diverses activités.

Il est prévu en matière d'application généralisée des études d'impact, que tous les travaux et projets, publics ou privés, ainsi que les plans et programmes pouvant porter atteinte de manière sérieuse à l'environnement de la zone côtière, doivent obligatoirement être soumis à une étude d'impact sur l'environnement avant d'être approuvés. Le contenu scientifique de l'étude d'impact devra prendre spécialement en considération la fragilité de l'écosystème des zones côtières. L'étude d'impact dans les zones côtières devra être soumise à l'avis du conseil de rivages et du comité scientifique prévu par le Modèle de loi, pour apprécier si le projet est conforme aux objectifs de gestion durable des zones côtières.

L'intégration du développement durable dans les politiques et plans sectoriels est également essentielle. Il est prévu que dans la mesure où les politiques et plans sectoriels sont applicables dans la zone côtière, une intégration des préoccupations d'environnement et des impératifs du développement durable devra être effectuée systématiquement lors d'une révision de ces plans à effectuer dans les meilleurs délais. Cela concerne entre autres les politiques et les plans sur les établissements humains, l'agriculture, la foresterie, le tourisme, la pêche, les cultures marines, les activités portuaires et industrielles. Des codes de bonnes conduite, contraignants

---

[7] Il s'agit de principes généraux (développement durable, prévention, précaution, prévision, restauration, pollueur-payeur et utilisateur-payeur, utilisation des meilleures techniques disponibles et des meilleures pratiques environnementales, information et participation du public, coopération internationale) et de principes spécifiques aux zones côtières (partage équitable et gestion durable des ressources communes, aménagement en profondeur, protection des aires fragiles ou des écosystèmes menacés, des habitats et des espèces, compatibilité entre les diverses utilisations des zones côtières, priorité aux activités dépendantes des zones côtières, et libre accès, lorsque cela est approprié, au rivage).

ou volontaires devraient être établis par les organes de contrôle devant être mis en place, en concertation avec les divers secteurs d'activités, pour régir ces activités conformément aux dispositions du Modèle de loi.

Le Code de conduite européen des zones côtières

L'élaboration d'un Code de conduite européen applicable aux zones côtières a été effectuée, en complément du Modèle de loi, afin d'aider les autorités, les promoteurs, les aménageurs et autres personnes participant au processus décisionnel à trouver des solutions satisfaisantes, y compris du point de vue environnemental, à un certain nombre de problèmes concrets.

Reconnaissant pleinement que le développement socio-économique des zones côtières va se poursuivre, le Code de conduite fournit des orientations pratiques pour la protection de l'environnement et de la biodiversité de ces espaces. Il couvre à la fois les effets directs (aménagement du territoire et destruction de l'habitat) et les indirects (dégradation de l'habitat et impacts sanitaires sur la vie sauvage et les êtres humains du fait de la pollution). Il est axé essentiellement sur les secteurs socio-économiques clés, bien que certains d'entre eux aient un impact moindre sur les côtes, et comporte une partie sur la protection du littoral. Ces secteurs sont les suivants : conservation de la nature et de la biodiversité, agriculture, protection du littoral, défense, énergie, pêche et aquaculture, sylviculture, industrie, tourisme et loisirs, transport, urbanisation et gestion de l'eau.

Le Code de conduite est constitué des dix chapitres suivants :

 Chapitre I - Introduction
 Chapitre II - Principes stratégiques : application à la protection des zones côtières
 Chapitre III - Conservation de la nature et de la diversité biologique et paysagère
 Chapitre IV - Agriculture
 Chapitre V - Protection du littoral
 Chapitre VI - Défense militaire
 Chapitre VII - Energie
 Chapitre VIII - Pêche et aquaculture
 Chapitre IX - Sylviculture
 Chapitre X - Industrie
 Chapitre XI - Tourisme et loisirs
 Chapitre XII - Transport
 Chapitre XIII - Urbanisation
 Chapitre XIV - Gestion de l'eau
 Chapitre XV - Gestion durable des zones côtières

Un grand nombre de recommandations, figurant dans les chapitres intitulés «Principes stratégiques» et «Gestion durable des zones côtières», sont applicables à l'ensemble de ces secteurs. Les Principes stratégiques incluent des principes directeurs relatifs à la dynamique de la protection du système côtier. En tant que tels, ils méritent d'être appliqués à l'ensemble des aménagements côtiers. Le chapitre intitulé «Gestion durable des zones côtières» donne un aperçu des principes de la gestion intégrée des zones côtières, de l'évaluation d'impact sur l'environnement, de l'utilisation des instruments et incitations financiers, et de l'encouragement à la participation du public à la prise de décisions.

Après avoir rappelé la nécessité de procéder à une évaluation d'impact sur l'environnement, ce dernier chapitre traite de la « gestion intégrée des zones côtières ». Il considère que la gestion intégrée des zones côtières est de plus en plus souvent utilisée comme outil pour promouvoir un aménagement durable. Dans le cadre du Code de conduite, l'expression gestion intégrée du littoral est utilisée comme terme générique pour désigner tout l'éventail des approches concernant l'aménagement et la gestion appliqués aux éléments terrestres et maritimes de la zone littorale.

La méthode de gestion intégrée des zones côtières est destinée à améliorer les modèles d'aménagement et de planification qui concernent des questions isolées ou qui sont mis en œuvre par des unités administratives isolées. Il s'agit d'un processus continu, qui commence avant, dure pendant et se poursuit après l'aménagement sectoriel. Le principe d'intégration englobe donc une grande variété d'éléments :

– intégration de l'aménagement et du développement par toute la gamme des secteurs socio-économiques ;

- intégration des approches aux différents niveaux de pouvoirs publics (international, national régional, local) et/ou entre les différentes unités administratives ;
- intégration des aspects économiques, environnementaux et sociaux ;
- intégration de l'aménagement et de la gestion des différentes composantes géographiques de la zone littorale, englobant les zones terrestres et maritimes ainsi que les zones à l'intérieur des terres qui ont une influence importante sur les processus, en tenant compte des différents paysages et habitats côtiers ;
- intégration de la planification et des stratégies à travers différentes échelles de temps allant du long terme (50 ans et plus) au court terme (base annuelle, par exemple) ;
- intégration des connaissances, des problématiques et des points de vue des différentes disciplines scientifiques, des ONG et du public.

En d'autres termes, le processus est destiné à combiner les éléments physiques, biologiques et humains pour former un cadre unique de gestion englobant les zones terrestres et marines du littoral, de manière à ce que l'on soit assuré que la plus grande attention sera accordée aux questions les plus importantes. Dans le meilleur des cas, il tient également compte de l'écosystème côtier dans son ensemble, indépendamment des différentes administrations ou des différentes unités juridictionnelles. En ce qui concerne l'intégration sectorielle, il est important de remarquer que la gestion intégrée du littoral n'est pas un substitut à l'aménagement sectoriel, mais qu'il évite la fragmentation en mettant l'accent sur les liens entre les différents secteurs.

La mise en place d'un système de gestion des zones côtières exige la réunion d'un certain nombre de conditions. Tout d'abord, il faut qu'il existe une volonté politique de résoudre les conflits au sein de la zone côtière. Ensuite, la prise et l'application des décisions doivent avoir des fondements législatifs, administratifs et réglementaires. Enfin, il faut des mécanismes d'exécution pour garantir le respect des normes fixées. Les avantages de cette démarche de gestion intégrée ne sont pas toujours faciles à définir, en particulier du fait qu'il y a encore relativement peu d'initiatives qui soient passées de la planification à la mise en œuvre, et que pour celles qui l'ont fait, il faudra encore du temps pour juger de leur efficacité. Il est plus facile de décrire les problèmes qui se sont fait jour en l'absence de gestion intégrée des zones côtières, en particulier :

- une gestion inutilement réactive : réponse après coup à des problèmes qui auraient dû être anticipés et évités ;
- les impacts cumulatifs : lorsque les nombreuses petites décisions prises par les différents niveaux administratifs se cumulent pour aboutir à des problèmes majeurs concernant l'environnement côtier ;
- le transfert des problèmes d'un secteur à un autre ;
- la prédominance des intérêts économiques à court terme : souvent aux dépens de la nature et de l'environnement et, dans bien des cas, avec un impact économique négatif à long terme ;
- l'aménagement fragmenté géographiquement : absence de coordination entre les gestionnaires des zones terrestre et maritime, entre les gestionnaires de différentes activités économiques, ou entre collectivités voisines, riveraines d'un même écosystème côtier.

En bref, le Code considère que l'absence d'aménagement et de gestion intégrés aboutit presque à coup sûr à la dégradation de l'environnement côtier et à des tendances économiques négatives à long terme. L'inverse n'est cependant pas nécessairement vrai : la gestion intégrée des zones côtières ne peut promouvoir un aménagement durable du littoral que si cela constitue un objectif explicite du processus de planification. Si cet objectif figure en tête du cahier des charges, la gestion intégrée des zones côtières peut être un outil utile pour éviter les problèmes décrits ci-dessus.

Le Code de conduite traite ainsi :
- de l'élaboration des plans de gestion des zones côtières ;
- des objectifs sociaux et culturels pour garantir la durabilité ;
- de la classification et de la vulnérabilité des paysages côtiers ;
- des instruments et incitations économiques.

Des Principes directeurs pour la gestion intégrée des zones côtières sont par ailleurs énoncés. Les régions côtières sont caractérisées par des processus naturels (biologiques, physiques, chimiques), des évolutions socio-économiques et des modifications environnementales à long terme, telles que l'accélération de la montée du niveau de la mer et la fréquence croissante des orages. La gestion des zones côtières doit prendre en considération ces processus et ces évolutions de façon intégrée.

Le processus de gestion intégrée de la zone côtière exige un cadre juridique et administratif efficace. Dans les pays où il n'existe pas encore, l'élaboration de ce cadre doit être considérée comme une importante priorité. Le Modèle de loi sur la gestion durable des zones côtières constitue à cet égard un document de référence.

Avant d'élaborer un plan quelconque, il est important de se mettre d'accord sur les questions à étudier et sur leur ordre de priorité, par un processus de discussion entre les secteurs concernés. Le mécanisme utilisé pour ce faire est important, car toute personne concernée doit sentir que ses problèmes sont pris en compte. Une méthode permettant d'y parvenir consiste à utiliser le processus de collecte des données comme moyen pour rassembler les différents secteurs dans un espace de discussion neutre, susceptible de contribuer à faire tomber les barrières institutionnelles habituelles et instaurer un dialogue réel.

Les pouvoirs publics nationaux, régionaux et locaux doivent faire en sorte que tout aménagement se fasse dans le contexte d'un plan de gestion intégrée de la zone côtière, dans lequel des zones sont désignées pour certains types d'aménagement ou en tant que zones devant rester exemptes de tout aménagement (quoique les zones ne devant pas être aménagées, nécessitent elles-mêmes une certaine gestion). Un système de zonage conçu en tenant compte de la diversité des utilisations peut être utile à cet égard.

Le plan de gestion intégrée de la zone côtière doit s'efforcer d'établir la capacité de charge de l'environnement côtier et marin, compte tenu de la vulnérabilité des paysages et des habitats côtiers, et assurer la limitation de l'aménagement de manière à ne pas dépasser cette capacité.

Le domaine géographique d'application de la gestion intégrée de la zone côtière doit être suffisamment étendu pour englober l'écosystème dans son ensemble, car il ne suffit pas d'une seule unité municipale ou quelques-unes d'entre elles. La participation et la coopération de toutes les collectivités et de tous les pays voisins doivent être encouragées en reconnaissant la nature transfrontalière de la plupart des questions environnementales. La coopération et l'échange d'informations entre zones côtières soumises à des menaces comparables doivent également être encouragés.

Le Code prévoit des dispositions concernant :
- la participation du public à la planification de l'aménagement de la zone côtière ;
- les instruments et incitations économiques ;
- les zones côtières et marines protégées.

Il est prévu que le Code de conduite devra être adapté aux conditions particulières caractérisant les différents types de systèmes côtiers. Certains des principes directeurs ne sont certainement pas applicables en toutes circonstances. Il est prévu que les utilisateurs du Code exercent leur jugement pour déterminer quelles sont les pratiques appropriées à l'environnement local. Cela vaut tout particulièrement pour les Etats ayant un littoral, les petits pays insulaires et les îles en général qui se heurtent à des contraintes spécifiques.

Le Code de conduite a pour objet de définir une base de travail pour la poursuite d'un processus de consultation régional des organismes et des personnes représentatifs de chaque secteur. A ce titre, il tente de rassembler les courants de pensée exprimés dans les codes existants, les principes directeurs et les plans d'action qui concernent la gestion des espaces côtiers en général et chaque secteur économique particulier. Le Code ne constitue donc pas un ensemble dogmatique d'interdits à l'usage de l'industrie, mais est conçu comme un guide et une aide pratique pour réaliser une gestion durable des zones côtières. Cette approche devrait aboutir à un meilleur dialogue entre les différents secteurs concernés afin de parvenir à une forme plus intégrée et plus durable de gestion et d'utilisation du domaine côtier et marin.

* * *

La communauté internationale doit se mobiliser et agir avec efficacité afin de conserver, de préserver et gérer durablement les espaces côtiers si elle souhaite réellement que la magie qui s'en dégage ainsi que les nombreuses ressources naturelles qu'ils renferment, se perpétuent.

Le Modèle de loi sur la gestion durable des zones côtières et le Code de conduite européen des zones côtières peuvent utilement contribuer à la mise en œuvre des dispositions de la Recommandation Rec (2002) 1 du Comité des Ministres du Conseil de l'Europe aux Etats membres sur les Principes directeurs du développement durable du Continent européen.

Références bibliographiques

Bibliographie générale

Augier (Henry), Inventaire et classification des biocénoses marines et benthiques, Ed. du Conseil de l'Europe, Strasbourg, Coll. Sauvegarde de la nature, 1982, n° 25, 56 p.

Augier (Henry), Les zones marines protégées, Ed. du Conseil de l'Europe, Strasbourg, Coll. Sauvegarde de la nature, 1985, n° 31, 133 p.

Bordomer 92 et 95, Actes des Rencontres internationales d'océanologie côtière, Bordeaux, 30 septembre-3 octobre 1992 et 6-10 février 1995, Unesco (COI), Région Aquitaine.

Cognetti (Giuseppe), Réserves marines et protection des milieux côtiers en Méditerranée, Ed. du Conseil de l'Europe, Strasbourg, Coll. Sauvegarde de la nature, 1990, 90 p.

Conseil de l'Europe, Le développement et l'aménagement des régions côtières – Rapport du Séminaire européen (Cuxhaven, République fédérale d'Allemagne, 7-9 mai 1985), Ed. du Conseil de l'Europe, Strasbourg, Coll. Aménagement du territoire européen – Série d'études, 1986, n° 48, 48 p.

Conseil de l'Europe, Actes du 1er Colloque «Les côtes de la Méditerranée et la protection de l'environnement», Messine, novembre 1988, Publications du Centre NATUROPA, Strasbourg, 94 p.

Conseil de l'Europe, Actes du 2ème Colloque «Les côtes de la Méditerranée et la protection de l'environnement», Izmir, octobre 1989, Publications du Centre NATUROPA, Strasbourg, 50 p.

Conseil de l'Europe, Actes du 3ème du Colloque «Les côtes de la Méditerranée et la protection de l'environnement», L'Escala, novembre 1990, Publications du Centre NATUROPA, Strasbourg, 59 p.

Conseil de l'Europe, Actes du 4ème Colloque sur «Les côtes de la Méditerranée et la protection de l'environnement, Côtes et parcs marins de la Méditerranée», Bastia, juin 1991, Publications du Centre NATUROPA, Strasbourg, 57 p.

Conseil de l'Europe, Actes du Colloque sur les défis pour la société européenne à l'aube de l'an 2000 : stratégies pour un tourisme durable et de qualité, Ed. du Conseil de l'Europe, Strasbourg, Coll. Aménagement du territoire, 1992, n° 53, 170 p.

Conseil de l'Europe, Actes du 2ème Colloque paneuropéen sur «Le tourisme et l'environnement», Développement touristique et protection des deltas, Bucarest, septembre 1992, Publications du Centre NATUROPA, 137 p.

Conseil de l'Europe, Actes du Colloque sur la protection des espaces côtiers de la mer Adriatique (Tirana, 1994), Ed. du Conseil de l'Europe, Strasbourg, Coll. Rencontres Environnement, 1995, n° 23, 182 p.

Conseil de l'Europe, Naturopa «Spécial zones côtières», 1991, n° 67, 31 p.

Conseil de l'Europe, Rapport du Séminaire sur les défis pour la société européenne à l'aube de l'an 2000 : stratégies pour un développement durable des Etats européens du bassin méditerranéen (Athènes, 25-27 avril 1996), Ed. du Conseil de l'Europe, Strasbourg, Coll. Aménagement du territoire, 1992, n° 59, 208 p.

Conseil de l'Europe, Stratégie paneuropéenne de la diversité biologique et paysagère, Ed. du Conseil de l'Europe, Strasbourg, Collection Sauvegarde de la nature, 1996, n° 74, 68 p.

Conseil de l'Europe, Modèle de loi sur la gestion durable des zones côtières et Code de conduite européen des zones côtières, Ed. du Conseil de l'Europe, Strasbourg, Collection Sauvegarde de la nature, 1999, n° 101, 123 p.

Déjeant-Pons (Maguelonne), Protection et développement du bassin méditerranéen – Textes et document internationaux, Ed. Economica, Paris, 1987, 414 p.

Déjeant-Pons (Maguelonne), La Méditerranée en droit international de l'environnement, Ed. Economica, Paris, 1990, 374 p.

Déjeant-Pons (Maguelonne), « L'insertion des droits de l'homme à l'environnement dans les systèmes régionaux de protection des droits de l'homme », Revue universelle des droits de l'homme, 30 novembre 1991, pp. 461-470.

Déjeant-Pons (Maguelonne), « Le droit de l'homme à l'environnement, droit fondamental au niveau européen dans le cadre du Conseil de l'Europe et la Convention européenne de sauvegarde des droits de l'homme », Revue juridique de l'environnement, 1994, n°4, pp. 388-389.

Déjeant-Pons (Maguelonne), « La Stratégie paneuropéenne de la diversité biologique et paysagère », in Les hommes et l'environnement, Mélanges en hommage à Alexandre Kiss, Editions Frison-Roche, 1998, pp. 583-609.

Déjeant-Pons (Maguelonne), Droits de l'homme et environnement, Editions du Conseil de l'Europe, 2002.

Shine (Clare), Les systèmes privés ou volontaires de protection et de gestion des habitats naturels, Conseil de l'Europe, Collection Sauvegarde de la nature, n° 85, 66 p.

Unesco, Commission océanographique intergouvernementale (COI), Guide méthodologique d'aide à la gestion intégrée de la zone côtière, Manuels et guides, Unesco, 1997, n° 36, 47 p.

Bibliographie sur la gestion durable des zones côtières

Anderson, Penny, et al., Roads and Nature Conservation: Guidance on impacts, mitigation and enhancement, English Nature, February, 1993.

Committee for Spatial Development in the Baltic Sea Region, VASAB 2010, Common Recommendations for Spatial Planning of the Coastal Zone in the Baltic Sea Region, Adopted by the Fourth Conference of Ministers responsible for Spatial Planning and Development in the Baltic Sea Region, Stockholm, 22 October 1996.

Department of the Environment (UK), Coastal Zone Management, Towards Best Practice, 1996.

EIA Centre website; www.art.man.ac.uk/eia/lf10.htm, EIA leaflet series, Leaflet 10: Consultation and Public Participation within EIA.

Commission européenne, « Programme de démonstration sur l'aménagement intégré des zones côtières », XI/79/96, février 1996 (y compris la communication de la Commission sur l'aménagement intégré des zones côtières).

Commission européenne, « Ensuring a Common Understanding of ICZM Concepts Within the Teams of the European Demonstration Programme on Integrated Management of Coastal Zones, CZ Demo 96-2, Novembre 1996.

HELCOM PITF MLW, Technical Guidelines on Elaboration of Integrated Coastal Zone Management Plans for HELCOM MLW Task Areas, January 1995.

Kelleher, G. and Kenchington, R., "Guide-lines for Establishing Marine Protected Areas", A Marine Conservation and Development Report, IUCN, Gland, Switzerland, 1992.

Munn, Environment Impact Analysis. Principles and Procedures, 2nd Edition, SCOPE report n° 5. Chichester: Wiley, 1979.

OCDE, Coastal Zone Management, Integrated Policies, OCDE, 1993.

OCDE, Review of Progress Towards Integrated Coastal Zone Management in Selected OECD Countries, ENV/EPOC/CZM(96)1/REV1 (Draft).

Opschoor, J.B., Economische instrumenten in het Nederlandse milieubeleid Milieu, 1995/5: 229-237.

Pate, Jennifer and John Loomis, The effect of distance on willingness to pay values: a case study of wetlands and salmon in

California Ecological Economics 20 (1997).

Pavasovic, A., Experiences and Results of the Mediterranean Action Plan of UNEP in Integrated Coastal Zone Management, in Beukenkamp *et al.*, World Coast Conference 1993: proceedings, Coastal Zone Management Centre The Netherlands, National Institute for Coastal and Marine Management:RIKZ-III. CZM Centre Publication n° 4, ISBN 90-369-0305-X.

Perman, Roger, Yue Ma, James McGilvray, Natural Resource and Environment Economics, Longman, London and New York, 1996.

PNUE, Plan d'action pour la Méditerranée (PAM), Programme d'actions prioritaires (PAP), Commission européenne, Principes de meilleures pratiques pour la gestion intégrée des zones côtières en Méditerranée, 2001, 54 p.

Priority Actions Program (PAP), "Carrying Capacity Assessment for Tourism of the Central-Eastern Part of the Island of Rhodes", Priority Actions Programme, Regional Activity Centre Split, 1993.

Priority Actions Program (PAP), "Guidelines for carrying capacity assessment for tourism in Mediterranean coastal areas", ISBN 953-6429-07-01, Priority Actions Pro-gramme, Regional Activity Centre Split, 1997.

Rigg, *et al.*, Threats and opportunities in the coastal areas of the European Union; a report for the National Space Planning Agency of the Ministry of Housing, Spatial Planning and the Environment, The Netherlands, 1997.

Salm, R. and Clark, J., "Marine and Coastal Protected Areas: A Guide for Planners and Managers", ISBN 2-88032-805-5, IUCN, Gland, Switzerland, 1984.

Schlegelmilch, Kai, Eco Tax Reform - An option for CEE, in: The Bulletin, Autumn 1996.

Sheate, W., Making and Impact: a Guide to EIA Law and Policy, London, 1994.

Sorensen, Jens, National and International Efforts at Integrated Coastal Management: Definitions, Achievements, and Lessons, Coastal Management, 25:3-41, 1997.

UNEP, Guidelines for Integrated Management of Coastal and Marine Areas - With Special Reference to the Mediterranean Basin. UNEP Regional Seas Reports and Studies n° 161. Split, Coratia, PAP/ RAC (MAP-UNEP), 1995.

UNEP, Mediterranean Action Plan, Priority Actions Programme (PAP), White paper "Coastal zone management in the Mediterranean", 74 p.

Weston, Roy F., Matthias Ruth, A dynamic, hierarchical approach to understanding and managing natural economic systems, Ecological Eco-nomics 21 (1997).

World Bank, The Noordwijk Guidelines for Integrated Coastal Zone Management, Environment Department, Land Water and Natural Habitats Division in Beukenkamp *et al.*, World Coast Conference 1993: proceedings, Coastal Zone Management Centre The Netherlands, National Institute for Coastal and Marine Management/RIKZ-III. CZM Centre Publication n° 4, ISBN 90-369-0305-X.

World Bank, European Investment Bank, The Environmental Program for the Mediterranean: preserving a shared heritage and managing a common resource, ISBN 0-8213-1382-7, March 1980.

Tourisme durable dans les aires protégées de la Méditerranée

Felice SPINGOLA, Centro Studi PAN, Italie

Introduction

Plusieurs des aires protégées de la Méditerranée se situent dans des zones de montagnes, elles sont habituellement classées par les socio-économistes comme aires marginales. Cette marginalisation résulte aussi de fortes migrations de populations vers les villes et les sites industriels. Ce phénomène a concerné les montagnes, et pas seulement celles du pourtour de la Méditerranée. Il est surtout apparu à partir de la fin de 2^è guerre mondiale.

Ce changement social et économique de notre époque s'est produit à une vitesse telle – moins de cinquante ans – et a produit de telles transformations dans la gestion du territoire qu'il n'y a pas dans l'histoire d'autres exemples permettant d'effectuer une comparaison.

Il faut souligner aussi que les montagnes de la Méditerranée étaient les plus anthropiques du globe et que ce que nous protégeons dans les parcs naturels est en grande partie le résultat de l'interaction entre activités humaines et environnement. L'abandon des montagnes et des collines les plus enclavées à créé, selon nous, des modifications définitives sur le plan de la gestion du patrimoine naturel et culturel, au sens où ces zones ne seront jamais utilisées, gérées, exploitées comme autrefois et pourtant il faut imaginer une nouvelle gestion des territoires dans les conditions socio-économiques actuelles.

Le fait est qu'aujourd'hui, pour ce qui est des aires protégées, surtout méditerranéennes, il est nécessaire de dépasser le concept menant à une approche de pure conservation et de protection intégrale. Il faut au contraire une approche de gestion raisonnable des aires protégées.

Même si des populations concernées (chasseurs, éleveurs, etc.) ont opposé parfois une résistance farouche à la création d'aires protégées, il est clair que pour la gestion de certaines zones de montagne économiquement marginales mais riches en biens naturels et culturels, on ne peut imaginer à l'heure actuelle aucune autre gestion, si ce n'est par le biais de la constitution de parcs.

Aires protégées et tourisme durable : opportunités et dangers

Eléments théoriques du débat en cours

La constitution de parcs est en soi une hypothèse de développement durable pour les aires concernées. Historiquement, la constitution des parcs en Italie s'est faite dans un contexte de confrontation de deux approches différentes relatives à la problématique du développement dans les aires protégées :

– thèse de la suffisance, soutenue par les écologistes, selon laquelle il est possible de s'habituer à vivre économiquement et technologiquement avec moins que le minimum vital ;

– thèse de l'efficience, soutenue par la majorité des économistes, selon laquelle le développement vers une croissance illimitée et les dommages écologiques constituent un fait marginal négatif, un coût qui sera rémunéré par le profit qu'engendre un développement majeur.

L'incompatibilité au binôme « Environnement et Développement » et le conflit entre écologistes et économistes au sujet de l'efficience semble trouver une solution dans le concept de développement durable ainsi défini :

> L'humanité a la possibilité de rendre durable le développement en faisant face aux besoins de la génération actuelle sans compromettre la capacité des générations futures à satisfaire

celles qui leur sont propres. (Rapport Brundtland, ONU, 1987)

Souvent, en citant le Rapport Brundtland, la plupart des chercheurs oublient le paragraphe qui suit immédiatement, là où le concept de développement durable est étroitement lié à celui de l'équité sociale :

> La Commission est d'avis que la pauvreté n'est plus inévitable. La pauvreté n'est pas seulement un mal en soi, mais le développement durable impose de satisfaire les besoins fondamentaux de tout le monde et d'élargir à tous la possibilité de satisfaire leurs propres aspirations pour une vie meilleure. Un monde où la pauvreté est endémique sera toujours exposé à des catastrophes écologiques et de tout autre genre. (*Ibid*).

Il est évident que cette partie du texte intéresse davantage et prioritairement les pays en voie de développement, mais il est vrai aussi que le problème de l'équité sociale, ou de la « durabilité sociale » concerne tout le monde ; même les poches de pauvreté ou de marginalité des pays développés, des milieux économiquement et socialement marginaux, comme ceux des aires de montagne et donc des aires protégées qui les englobent.

La Déclaration de la Conférence internationale sur « Environnement et Société » (Salonique, 1997) a clairement mis en évidence, à ce propos, que la durabilité doit être vue comme un concept comprenant non seulement l'environnement mais tout autant la pauvreté, la santé, la sûreté alimentaire, la démocratie, les droits de l'homme et la paix.

Le concept de durabilité de l'environnement remet en cause la question environnementale comme thème politique prioritaire, ce dernier offrant une solution au conflit entre exploitation et sauvegarde des ressources, entre croissance économique et protection de l'environnement. Il est bien évident qu'une telle approche au problème du développement conduit à décliner le concept de développement durable en termes de société durable ou de penser le développement durable en soi comme un projet en progrès qui aboutit à une société durable[8].

Le concept de durabilité s'applique d'une façon holistique à l'utilisation de toutes les ressources de l'environnement et bien entendu il requiert la mise en place d'une méthodologie d'application et la définition d'indicateurs spécifiques selon les différents milieux locaux. Du point de vue strictement environnemental et sous l'angle de la gestion technique des activités, il s'agit d'assurer que l'utilisation des ressources naturelles, pour que la production des biens et des services soit à même de permettre la capacité de reproduction et de faire en sorte que l'environnement soit également capable d'en absorber l'impact de manière à garder son capital naturel préexistant. Une telle approche considère l'environnement comme un produit et une force entraînant le développement du territoire, une composante essentielle du capital du territoire, dont la sauvegarde et la valorisation font partie d'une seule stratégie capable de garantir et la compétitivité et le développement durable d'une aire.

Enfin, il nous semble important souligner que le concept de développement durable à partir du Rapport Bruntland de 1987, suivi par la présentation ultérieure du World Conservation jusqu'à la Conférence de Rio de Janeiro de 1992, a intéressé toujours plus les politiques, les programmes, la législation des organismes internationaux de l'Union Européenne et de chaque Etat. Ceci a ainsi conduit à des actions aux retombées touchant même l'échelle locale. De plus, la proposition de la Commission pour le Conseil européen de Göteborg du 15 juin 2001, dont le titre « Développement soutenable en Europe pour la construction d'un monde meilleur :

---

[8] Selon la *Déclaration de la Conférence Internationale sur environnement et société* (Salonique 1997), le concept de développement durable « englobe non seulement l'environnement mais la pauvreté, les populations, la santé, la sécurité alimentaire, la démocratie, les droits de l'homme et la paix ».
Cette autre extension du concept de durabilité n'élimine pas les perplexités parmi les savants ; rappelons entre autres S. Latouche qui définit le débat sur le concept de développement durable comme le dernier gadget idéologique de l'Occident avec lequel on prétend éliminer le conflit d'intérêts entre l'homme et la nature.

stratégie de l'Union européenne pour le développementdurable » où il est déclaré que

> Dans les prochaines années, la stratégie sur le développement durable se devrait d'être le catalyseur pour les politiciens et l'opinion publique, devenant un des moteurs de la réforme institutionnelle et des changements des comportements des entreprises et des consommateurs [9].

Le développement du tourisme et les aires protégées

L'Organisation mondiale du tourisme, dans une étude récente, soutient que l'industrie touristique mondiale est, pour sa capacité de production de la richesse seulement deuxième derrière l'industrie pétrolière. Le secteur touristique représente en effet un des secteurs économiques le plus croissant au niveau global : il déplace cinq milliards de personnes chaque année, occupe 230 millions de personnes au niveau mondial et est destiné à augmenter ultérieurement[10]. Si actuellement l'activité touristique se concentre dans certaines aires de la planète, selon une approche prospective, les activités de loisirs intéresseront toujours plus d'aires nouvelles et plus vastes, ce qui comporte des risques majeurs pour l'environnement naturel et culturel.

L'Italie et les pays du bassin méditerranéen sont les gardiens d'un des plus vastes patrimoines artistiques et culturels du monde et constituent l'aire la plus exposée à l'impact du tourisme. Cela a bien sûr aussi comme conséquence le fait que le phénomène est concentré surtout dans certaines zones à certaines périodes de l'année. C'est à partir de ces données que, non seulement pour ce qui est du tourisme, mais pour l'ensemble des activités humaines liées à l'usage des ressources, un débat s'est développé parmi les communautés des savants, que de nombreuses associations environnementales sont nées et que, par conséquent, des activités normatives et pratiques ont été établies pour la sauvegarde de l'environnement [11].

Les parcs et les aires protégées en général ont, paradoxalement, été les premières victimes de ce phénomène. Il a été démontré que l'institution d'une aire protégée suscite une augmentation évidente de présence touristique et une augmentation de 30% environ des valeurs de productions et des services offerts aux touristes ; un phénomène économiquement et socialement sûrement très positif, mais qui, s'il n'est pas géré de manière stricte, peut produire des dommages irréversibles à l'économie et au territoire[12].

---

[9] Le développement durable s'annonce comme un des plus gros défis pour le prochain millénaire dans le domaine environnemental, social, politique et économique, puisqu'il s'implique lui-même dans la construction d'une société sachant conjuguer la sauvegarde de l'environnement, le développement social et économique des communautés locales, dans une distribution plus équitable des richesses et dans le maintien – la préservation – des ressources pour les générations futures. La planification est reconnue comme l'instrument permettant d'aboutir à la construction d'une société durable. Cela, à la suite des éléments qui en ont permis une révision et une modification, en l'orientant vers la durabilité, c'est-à-dire la reconnaissance d'une réalité écosystémique unitaire (paysage), le relief pris par les dimenions locales (développement locale), le niveau d'implication de la population dans les décisions (participation), le choix de l'échelle optimale des politiques et des interventions (global-local).

[10] Il serait possible de procéder à une analyse des changements socio-économiques qui ont investi l'Europe et l'ensemble des sociétés post-modernes à la base du phénomène du développement touristique au niveau mondial. A ce propos il convient de préciser ci-après quelques-uns de ces phénomènes :
– la réduction du temps de travail qui a allongé le temps des loisirs avec la création de nouvelles occupations ;
– le développement de nouvelles professions qui sont en train de supplanter les structures affirmées de la vieille division sociale du travail ;
– l'affirmation de la culture environnementale.

Pour les données relatives à la croissance du phénomène touristique, voir - Legambiente: VI congrès National - documents thématiques: *Pour un tourisme soutenable et durable*.

---

[11] G. Rigone: *Tourisme, Institut de l'Encyclopédie Italienne*, Rome 1998, la situation de la Sicile et du reste de l'Italie est dramatique. Celle de nos côtes est alarmante, seulement 4,5% (412km) peuvent être définies comme encore sauvages. Cela signifie que, en parcourant les rives de la péninsule, en partant de Vintimille, la première aire encore sauvage rencontrée est celle de la zone de Punta Ala et ensuite le Parc de l'Uccelina, en Toscane. Pui, il faut descendre ensuite jusqu'à la mer Ionnienne pour rencontrer le bois de Policoro, en Basilicate. En remontant long du versant adriatique, la dernière côte sauvage est celle des dunes du lac Lesina, dans les Pouilles.

[12] G. Rigone, dans l'ouvrage cité, écrit : « Face aux risques de dégradation des patrimoines historiques, artistiques et environnementaux, une des réponses possible, au moins pour le moment, semble être celle du "numéro fermé" ou programmé, une réponse qui consiste à contrôler les présences touristiques. Le problème de l'engorgement touristique a de fait récemment mis en évidence

Le tourisme est devenu une véritable industrie qui, dans ses applications de masse et de luxe, a souvent produit des effets négatifs non seulement sur l'environnement, mais aussi sur la diversité du territoire, affectant les identités, les mœurs et les traditions locales. Si d'une part cela a contribué au développement socio-économique et culturel des aires à vocation touristique, d'autre part, cette activité a endommagé l'environnement, le secteur touristique étant un secteur dans lequel les ressources naturelles constituent la plus grande source d'attraction. La jouissance touristique des aires protégées, dans une optique de durabilité du développement, est toujours plus importante dans la programmation des interventions réalisées à l'intérieur et a acquis progressivement un rôle central dans le domaine des politiques régionales et nationales et de l'Union européenne. En effet, toutes les interventions favorisant un contrôle de l'image touristique des aires protégées, la promotion du patrimoine naturel et culturel local et celles encourageant la requalification des activités touristiques concernant la programmation des aires protégées. Cette activité entre pleinement dans les lignes directrices tracées au niveau de l'Union européenne en matière de tourisme dans les aires protégées. En effet, la promotion d'un développement harmonieux, équilibré et durable des activités économiques et le haut niveau de protection de l'environnement et l'amélioration de celle-ci sont indiquées dans le Traité d'Amsterdam comme un des objectifs de l'Union européenne.

Concernant l'application aux activités touristiques du concept de durabilité, l'on se rapporte aux deux documents fondamentaux produits au niveau de l'Union européenne. La Charte pour un tourisme durable, adoptée par la Conférence mondiale tenue à Lanzarote en 1985, selon laquelle le développement touristique doit se baser sur le critère de la durabilité, c'est-à-dire écologiquement durable à long terme, économiquement convenable, éthiquement et socialement équitable au regard de la communauté locale. La Charte européenne du tourisme durable, adoptée au cours du Sommet de la Terre (Rio de Janiero, 1992), dans laquelle les organismes gérant les aires protégées et les agents du secteur touristique manifestent leur volonté de favoriser un tourisme conforme aux principes du développement durable – défini comme une forme de développement quelconque, aménagement ou activité touristique qui respecte et garde à long terme les ressources naturelles, culturelles et sociales et contribue de façon équitable et positive au développement économique et à l'épanouissement des personnes qui vivent, travaillent et séjournent dans les aires protégées – constitue un point de référence pour toute programmation d'activités touristiques. Dans cette optique, le thème de l'équité sociale assure que les politiques publiques du tourisme dans les aires protégées doivent tendre à la croissance et à la distribution du revenu, à la disparition de la marginalité et de la pauvreté dans les milieux ruraux[13]. De plus, il est appréciable que les populations résidentes participent à la naissance du projet dès le début et cela non pas simplement pour la fonction d'acquisition du partage mais comme valeur en soi.

Une prospective donc qui réconcilie l'homme à son milieu et qui suppose une façon différente de gérer le territoire, de le concevoir socialement et économiquement capable d'assurer avant tout le développement local.

Une approche holistique aux problèmes de développement du tourisme durable nécessite des synergies plurielles au niveau local afin de favoriser une intégration systématique avec ceux qui prennent les décisions sur le territoire : institutions, parc, communauté de la montagne, institutions locales, provinces, régions. Ceux-ci peuvent contribuer à la construction d'une nouvelle approche du

---

l'exigence de considérer, outre les bénéfices dérivant de l'activité touristique aussi les coûts de cette activité et de définir pour cela un seuil optimal de présence afin d'en accroître une "prise de conscience même des touristes".

[13] Il faut se rappeler que la quasi-majorité des aires protégées en Italie et surtout dans les régions méridionales sont localisées dans des zones agricoles marginales dans lequelles, vu les conditions socio-économiques actuelles, il n'y a selon nous pas d'autre possibilité d'exploitation que de créer des parcs afin d'en sauvegarder et d'en valoriser la spécificité et la diversité.

développement durable dans les aires données et en particulier dans le secteur touristique.

Une telle approche concernant l'usage des ressources dans les aires protégées suppose une gestion consciente capable de dépasser d'une façon dialectique la polarisation égocentrisme/anthropocentrisme qui a caractérisé l'éthique et la politique environnementale exercée jusqu'ici. Malgré le fait que les institutions gérant les parcs et les aires protégées fassent la promotion d'initiatives en faveur d'un développement durable du tourisme, elles n'ont en réalité presque jamais soutenu une politique consciente et intégrée à cet égard. Cela ne signifie pas que les parcs et les aires protégées se sont équipés d'instruments ponctuels pour le développement et la gestion du tourisme. Au contraire, le développement d'activités touristiques durables, en l'absence d'indicateurs précis, est devenu une « couverture que chacun tire à soi ».

Ceci apparaît pour ce qui est de la politique concernant le tourisme dans la quasi-totalité des parcs et des aires protégées en Italie et dans la Méditerranée. Il est donc urgent de dépasser ce fossé résultant de la demande toujours plus élevée de tourisme naturel. Sinon, on risquerait, précisément dans les aires protégées, un impact environnemental fortement destructif dans certains cas, du fait des activités touristiques et de ce qu'elles induisent, promues et gérées de façon inopportune. L'écotourisme peut avoir des impacts négatifs sur le milieu naturel et sur les systèmes locaux, dans lesquels la promotion d'activités économiques peut mener à des monocultures au détriment de la biodiversité naturelle d'origine anthropique.

Une gestion consciente et réfléchie des activités touristiques

Se doter de plans pour le développement et la gestion des activités touristiques durables dans les aires protégées, comme nous l'avons précédemment défini est absolument indispensable aux organismes gérants, aux acteurs et aux populations locales, du moment que le tourisme durable est une ressource ayant de remarquables retombées économiques et sociales : augmentation de l'occupation, valorisation des ressources locales, protection et valorisation de la biodiversité, agriculture biologique, agritourisme.

Ces problématiques ont rendu nécessaire l'élaboration de nombreux documents, au niveau de l'Union européenne et d'autres organismes internationaux, afin d'expliciter les orientations en matière de tourisme durable.

Il est clair qu'un processus d'une telle envergure n'est pas garanti par les règlements en vigueur et que le développement du tourisme durable implique d'associer culture et nature, dans le sens où ses objectifs sont adaptables au système environnemental et dans le même temps aux systèmes sociaux. Ils ne peuvent avoir du succès que s'ils associent les sujets localement concernés à une stratégie exécutive amplement partagée par les individus et la communauté locale[14].

Une approche holistique du problème suppose en outre interaction des compétences nécessaires à la réalisation d'un système local offrant un tourisme durable. Elle implique aussi que les populations locales soient associées au projet dans un processus d'apprentissage circulaire apte à engendrer une culture et un style de vie nouveaux, localement pensés et donc gérés. Il s'agit donc d'impliquer complètement la société civile locale pour orienter ses activités vers la durabilité environnementale et d'améliorer le bien-être de ceux qui souhaitent jouir des ressources naturelles et culturelles. La participation de tous les agents impliqués dans la gestion du tourisme est à canaliser. Il va de soi que l'implication de la population est primordiale en matière de soutenabilité.

---

[14] La Convention européenne du Paysage, signée à Florence le 20 novembre 2000, définit ainsi le paysage : une partie bien définie du territoire, ainsi qu'elle est perçue par les populations, dont le caractère dérive de l'action des facteurs naturels et/ou humains et de leurs interrelations. Une telle définition programmatoire impose la révision et l'abandon de modèles spécialistes – savants – en faveur du savoir des locaux et revient utile dans l'explicitation d'une politique finalisée au développement du tourisme durable.

Ces considérations remettent au centre de la question les parcs italiens, le problème du développement local, du fait que les aires protégées constituent en Italie la quasi-totalité des territoires subissant de fait un vrai et authentique phénomène de changement social.

Ce changement social ne concerne d'ailleurs pas seulement les aires protégées mais interagit et s'ouvre aux alentours.

C'est dans la direction du développement durable local « d'aires vastes », que plans et programmmes au niveau local commencent à être élaborés, encouragés même par les politiques nationales et par l'Union européenne.

Le Programme INTERREG IIC – PROJET PAN, système méditerranéen des itiné-raires des parcs naturels et culturels pour un tourisme durable, a saisi la potentialité, la spécificité et les limites de la promotion du tourisme durable dans les aires protégées de la Méditerranée. Il met en relief la nécessité d'impliquer à la fois localement les alentours des parcs dans le système d'offre touristique locale et de la renforcer en créant un système méditerranéen d'offre touristique culturelle et naturelle. Il est intimement convaincu qu'il est nécessaire de favoriser la reconversion des modèles touristiques de la Méditerranée pour les conduire vers des critères de durabilité.

Dans cette perspective, il est nécessaire d'adopter les mesures suivantes :

— une politique touristique axée sur une tolérance environnementale comptant sur une diversification de l'offre touristique en permettant de favoriser des zones et des périodes de l'année moins fréquentées – désaisonna-lisation des flux touristiques ;
— une gestion du territoire, selon des conditions économiques et culturelles données, capable de concilier la sauvegarde des aires protégées et leur développement ;
— l'élaboration d'une offre touristique qui, tout en respectant les diversités essentielles des sujets qui se présentent en Méditerranée, intègre à un produit de haut niveau la jouissance de toutes les offres – naturelles et culturelles – disponibles ; en ayant présent à l'esprit que le tourisme dans les aires protégées est confronté à deux problèmes :

- il peut conduire à la congestion, la pollution, le développement d'infrastructures de services dans des zones sensibles, à la modification des paysages, des modes de vie, des cultures locales ;
- il peut cependant avoir aussi des effets opposés : plus d'attention à la conservation du milieu, moins de congestion des sites très touristiques, la spécification des vocations touristiques des lieux en fonction d'une plus grande variété et d'une prise de conscience des intérêts, de mise en valeur de ressources locales, etc.

Le travail de recherche mené dans les Régions partenaires du Projet INTERREG, a mis en évidence la nécessité de créer une offre touristique de système de l'ensemble des potentialités des aires protégées au moyen de :

- la constitution d'un réseau télématique entre les parcs partenaires, capable d'interagir instantanément au niveau de chaque parc, zone ou système, pour faire connaître l'offre existante – itinéraires, réceptivité, manifestations, etc. –, présenter les activités à l'intérieur des parcs – centres d'accueil, centres d'observation, etc. –, construire un système d'information à réservation commune – paquets touristiques, publications, etc. –, perfectionner des accords pour la mise sur réseau des zones concernées et pour la promotion commune sur le marché européen et mondial ;
- la certification des biens et services – hôtellerie, territoire, etc. – des aires protégées, selon des indicateurs communs à une activité d'étude et de recherche ;
- une action d'éducation/informa-tion à l'environnement des visiteurs mais aussi des populations résidentes pour une

gestion concertée des flux touristiques ;
- une formation d'experts aux fins de gestion du tourisme durable dans des contextes fragiles ;
- la création d'une bourse pour développer le tourisme des parcs et favorisant la loi de l'offre et de la demande.

Pour conclure, dans un contexte international où la demande de tourisme de qualité bien géré dans les aires protegées suppose un tourisme de qualité par excellence, il est nécessaire de développer une gestion consciente de cette ressource au moyen de politiques adéquates.

The Danube Region: bridging some gaps for more sustainability

Reinhard BREILING, Secretary General, International Association for Danube Research, Department for Landscape Planning, Technical University, Vienna, Austria

Abstract

Neglected landscapes or polluted waters are indicators of a non sustainable development. Ecological, social and economic criteria have to be considered together if we aim for sustainable development throughout the Danube region with 18 European countries involved. There is a public consensus on ecological principles like in the Danube Protection Convention of 1994, but economic and social standards differ dramatically.

Some basic figures related to water and the use of water on the Danube basin scale conducted from different sources are presented to provide a basic understanding why a regional sustainability is not in view in the near future. However, regional sustainability will alter if we succeed in narrowing the existing gaps of today in a continuous process.

Beside the heterogeneity of this region, a major issue is the scale of intervention. Recent European frameworks from the year 2000, the water framework directive on the overall scale and the European Landscape Convention on the community scale can develop commonly to an efficient public instrument, if they set common priorities for interventions.

Introduction

Within the framework of the Council of Europe and in particular the activities of the European Conference of Ministers responsible for Regional Planning – CEMAT –, we came to Sofia to discuss the possibilities for a more sustainable development with better land management in Europe. Four different types of land were identified by the organisers: mountains, coastal, rural and flood planes. For me these four types are sufficient to describe any area in Europe including urban ones. The differences can be analysed by the patterns of flow and shape of water bodies. Without the organisers of this meeting mentioning it explicitly, these types of classification refer to a smaller scale within the territory of a local authority. My intention is to combine this approach with larger scale approaches of the European water Directive.

The European Union agreed on the Water Framework Directive in 2000 and certain procedures became obligatory for all EU countries. The ecological and chemical states of European rivers have to be described until 2006 with the aim to preserve a good and to improve a bad state by water management plans. Until 2015 a harmonised approach should be on the way. So far, the efforts concentrated on involving the national and provincial authorities in this process. Others should follow later on.

One of the recent elaborates of the Council of Europe was the European Landscape Convention, which was signed by 24 Council of Europe Member Countries in Florence in October 2000. Natural and cultural aspects are equally important. The contextual embedding of several factors is central, and water is a most important one within them. The Landscape Convention resembles the local Agenda 21 approaches initiated by several European countries after the World Summit in Rio in 1992. The Landscape Convention is directed to the smallest public authority scale, the communal councils. Until October 2002, Ireland, Moldova and Norway had ratified the European Landscape Convention. It is expected that others will follow soon.

I will follow the idea of combining the water framework directive and the Landscape Convention in two ways. First, I consider the extension of planning scales and position regional sustainability within a range of spatial scales. Second, I describe the Danube region to illustrate the peculiarities of this region.

Extension of planning scales and sustainable development over spatial scales

Since the Stockholm Conference in 1972 and more distinctly since the Rio Conference in 1992, sustainable development with economic, social and ecologically sound development is promoted everywhere in the world. The Agenda 21 program became a major concern all over the globe with the basic question: "Under what conditions is economic growth not harmful to the ecosystem?" All recent international agreements of environmental quality are related to sustainable development. In practical terms this means the common definition of environmental thresholds or procedures.

From a planning point of view, sustainable development is a process. It will not end in a steady state. Periodically, there is a need to reformulate the meaning and interests of sustainable development as new issues are continuously entering the debate.

Figure 1: Extension of planning scales

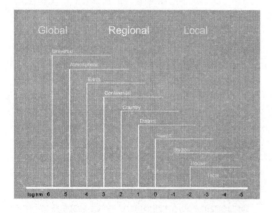

Global, regional and local planning scales. The bottom line shows diameters of spatial extensions in log km scale. 2 corresponds to a diameter of 100 km length or 10^2 km, 1 to 10^1 km or 10km, 0 to 10^0 km or 1km, -1 to 10^{-1} km or 100 m and so on. The advantage of this presentation is that we see global and private scale phenomena on one chart. The Danube region extends approximately at 3 (10^3 or 1000 km length) and includes 1 million km² if we anticipate the form of a square. It is situated in an international regional scale, the largest of the regional scales. The atmosphere is global and stretches over 100,000 km. The local scale starts with 1 km in diameter and private scale starts with 100 m and goes down to the diameter of 10 cm at the point 4. When I sit on my desk, I am within any scale at the same time.

The interaction of spatial scales, global, regional, and local ones are obvious. Sustainable development on the global scale builds on a sustainable development within regional scales. A sustainable regional development builds on local sustainability. In homogenous parts of the scale there is a higher likelihood of foreseeing development. In heterogeneous parts there is a higher likelihood of discovering surprises, often the reason for major changes and innovations. Gaps should neither become too large nor should they disappear.

Still the actors in planning concentrate on a few scales and integrate larger scale developments into local plans, are just at the beginning. The issues of sustainability are mixed and depend on the spatial scale we address.

Reducing greenhouse gases is one interest of a sustainable development on the global scale. The Kyoto Protocol to protect the atmosphere with the stabilisation and reduction of greenhouse gases is an important international agreement. Despite the recent withdrawal from obligations by some countries the issue never received so much attention before. This issue pulls all other issues that are in focus on the smaller scales.

Water becomes a key interest on the international regional scale. The European water framework directive was established to enforce concerted actions all over Europe. Physical, chemical, zoo- and phytoplankton and bacteriological indicators describe the quantity and the quality of water.

The use and shape of water bodies need adequate attention and for this the smaller regional scale is more appropriate. Landscape and the composition of water as landscape element with diverse water bodies providing habitats for all kind of organism are an interest on a much smaller regional scale related to communities.

We can regard sustainable development as a continuous process to improve planning by enlarging the range of topics from all spatial scales. Any new framework addressed on a particular scale of relevance that is taken seriously by a critical mass of decision makers will contribute to more sustainability. The smooth interaction from global, regional and local scales will lead to more overall sustainability. Figure 2. Regional sustainability and the range of the water framework directive and landscape convention.

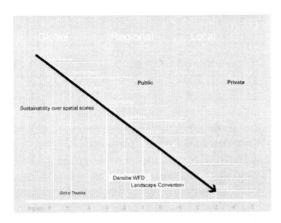

Figure 2 explains the idea of sustainability over many spatial scales. The line from global to local is the ideal that we want: sustainability from large scale to small scale. The water framework directive and the landscape convention support spatial planning efforts of the public sector within regional scales. While the water directive covers the larger scale, the landscape convention covers the smaller regional scale. In combination both frameworks cover what we generally consider as regional and public.

The two European frameworks of water and landscape cover each a particular range, where they intend to get the attention of the relevant actors in scale. In Figure 2, the range of the water framework directive for the Danube basin covers 3 to 2 or an overall area of about 1 million km² including smaller units with an average size of 10,000 km². The landscape convention deals with overall areas of several 10,000 km² - the size of nations undersigning it – consisting of smaller scale administrative units with a size of approximately 100 km² covering objects of the private scales.

Regional sustainability in the Danube River Basin

The aim is to assess the issue of regional sustainability. The mental image of sustainability is larger in scale than the practical effort. The frameworks designed for public scales management collect or stimulate wanted initiatives from the private scales. Best practice approaches from viewpoint of the water and landscape directive get more value in the program. What is considered as sustainable on the local scale can multiply on the regional scale. The framework at a larger scale is the water framework directive. The framework at a smaller scale is the landscape convention.

The issue of regional sustainability started long ago during the cold war in 1980 with the Bucharest declaration for protecting the Danube River. The situation changed drastically after the break down of the communist block in 1989. The Danube Protection Convention was signed in Sofia in 1994. It led to the establishment of an international agency in 1997, the International Commission for the Protection of the Danube River, ICPDR. The European water framework directive of 2000 gave a legal basis for setting up water management plans. Those plans are expected to be completed by 2006.

The second half of the last century was characterised by rapid transformations and accelerated change. Within the Danube region, we find modifications with land use changes, increase of overbuilt areas for settlements and traffic, construction of large river reservoirs with transformations of river beds, intensified agricultural land management practices with irrigation, drainage systems and multiplication of chemical inputs, growth of urban sewage, increasing demands in water supply in industries and services combined with an increase in waste water.

The Danube river basin contains 0.2% of the Earth surface or 0.5% of the global landscape. With 817,000 km² it is the 22nd largest river basin in the world and the second largest in Europe. With a length of 2857 km it is globally the 27th longest river. From its source in Germany up to Budapest, the Danube flows through mountainous and hilly terrain, from Budapest downwards to the Danube Delta where there are primarily lowlands. The highest point in the Danube basin is in the Swiss Alps with 4047 m altitude (Piz Bernina). Beside parts of the Alps, we find fractions of Carpathian and Balkan mountains. The central parts of the Danube river basin consist of fertile planes and the delta.

There is a geo-physical division (IHP UNESCO, 1999) of the Danube into three segments, the upper Danube from the source to the castle of Devin/Bratislava, where the river Morava flows into the Danube, the central Danube from Devin to the Iron Gate at the border of Yugoslavia and Romania, and the lower Danube covers the Danube after the Iron Gate until the Danube Delta.

The Danube basin lies in a favourable climate zone of the world. The average annual temperature is about 9° C. The longitudinal range for temperature is ±1°C within the basin and about -1°C for 200m increase in altitude. Monthly temperature differences stretch over 20° C along the year. Annual precipitation is varying from a maximum of 2000 mm in mountainous elevations to a minimum of 300 mm in lowlands, in average some 680 mm a year.

Some 0.5% of the world precipitation amounting for 550 km³ water is raining or snowing within the Danube river basin. About 0.7% of global river runoff or 270 km³ derive from the Danube and 0.4% of the global evaporation or 280 km³ (own estimate based on global and European estimates of L´vovich and White, 1990) happen over the land cover of the Danube river basin. The Danube has a mean discharge of 6,400 m³s^{-1}. The estimated mean sediment load is 19 million tons per year and the mean dissolved load is 60 million tons per year (Douglas 1990).

Around 1.5% of the global population of 83 million people (ICPDR 2002) are living in the Danube river basin. With about 100 inhabitants per km² the Danube river basin is about three times more populated than the world average. Compared to other European regions, e.g. the Rhine region, the Danube region can still be considered as scarcely populated. The inhabitants have in general good access to water resources. Assuming a high average daily demand of 600 l freshwater per inhabitant, some 20 km³ are annually converted into waste water. While it seems that the quantity of freshwater can easily be supplied, the seasonal availability of water can be a problem. In some years there can be a drought, in others a flooding.

The recent results stated in the report of the Joint Danube survey (ICPDR 2002) in particular the phytoplankton and zooplankton measurements demonstrate that general pollution levels of the Upper Danube and Lower Danube countries are generally less than the ones of central Danube countries. We find several and diverse ways of using and managing land and water in the Danube river basin, primarily based on the economic possibilities of the countries. Austrian and German cities have sewage treatment plants almost entirely built in, while Budapest and Belgrade do not have yet a satisfying system to treat waste water at relatively high levels of polluting substances like detergents. The downstream countries have neither a high level of polluting inputs nor sewage treatment plans.

Economic disparity is large. The average person in Switzerland – the leading country in terms of income - has some 30,000 US$ GNP per person a year, the average income of a person in Moldova – the poorest country - is 500 US$ GNP per person a year. Based on economic figures we find three sectors: a) the economically rich upstream sector, eg. Austria, Germany, Switzerland, the b) moderate rich middle sector, eg. Czech Republic, Slovakia, Hungary, Slovenia, Croatia and c) the less rich sector, eg. Yugoslavia, Bosnia-Herzegovina, Bulgaria, Romania, Moldova and Ukraine (Fischer Verlag, 2001). In addition, we find four more countries, Italy, Poland, Albania and Macedonia with minor shares – less than 1000km² - of their countries within the

Danube river basin. Former Yugoslavia was reported to have higher income disparities within its borders than the European Union had. A sustainable regional development with so large economic differences is impossible.

In many parts of the world we find tendencies of globalisation and unifications of larger regions. In contrary to the global tendency, the Danube region is characterised by divided segments, first with the reminders of the old East-West division and second with the recent war division of former Yugoslavia. The effects of war are destroyed houses, bombed industries or bridges, mines on abandoned land and the devaluation of the land one was fighting for. Visa procedures limit the traffic of people and goods in the former unified country. From the social point of view, we are far away from a regional sustainability.

The segmentation is perhaps not bad from the viewpoint of ecology. The shortage of inputs to intensive agriculture led to the decrease of pollution levels. Measurement undertaken in irrigation channels of Voyvodina (Matavuly 2000) prove a better water quality than before the war. Without intention, wide agricultural areas would today qualify for organic food production and help to satisfy the demand on the European market that can not be supplied now. Sarcastically, the intended aims of local Agenda 21 initiatives to reduce water pollution in rich countries (Breiling 1997) – where they failed opposing economic interests – were successful in war areas.

The flow of people is against the flow of the Danube current, from poor to rich. We find Moldavians working in Romania, Romanians working in Serbia, Serbians working in Hungary and so on. Economically it makes sense for many people to move, regardless of whether it is legal or not. This in turn puts pressure on local labour markets in richer countries and can be a reason for animosity between locals and newcomers. Another problem is a wide-ranging lack of interest from rich countries towards poor countries of the region. Here it can be a key concern to stimulate more frequent contacts to improve a general understanding.

The smaller scale of regional sustainability should be promoted by the European landscape convention. The ensemble of the landscape is in focus. The shape, functionality and beauty of water bodies are particularly important in a landscape perspective. While the large scale of the Danube region is abstract for many inhabitants. Most inhabitants of the Danube region have not visited other parts of the basin. They lack a basic understanding for such different conditions. The small scale of their landscape is their point of understanding and identification.

Single projects are essential to move regions towards more sustainability. They call for co-ordinated administration of planning and for major in depth analysis of landscape and water on the smaller regional scales. Many people should contribute and become actors to ensure the success of a program for more regional sustainability. Here is a hard piece of work in convincing the local people, who have to carry out these projects. Sustainable projects are not likely to become rich within a short time, but they can give an appropriate income in the long run and keep economically less favourable places populated.

Conclusions

A single framework like the water directive caring for harmonised environmental standards throughout the region gives visions for a sustainable regional development. A complementary framework at a smaller scale that considers the particular context of water in the overall environment is needed. We propose the landscape convention, as landscape includes nature and culture with all ecological, economic and social foundations that contribute to sustainability.

So far the development is not comparable throughout the Danube region. Primarily the economic differences are responsible for an unsustainable regional development. The economic and environmental thresholds are different in each country and district of the Danube river basin. A successful implementation of the Euro-pean frameworks will contribute to a more sustainable development within the Danube region.

References

Breiling (1996). The Use of Geographic Information Systems (GIS) in Local Planning and Possible Contributions to Integrated Water Management in Sweden.

Council of Europe (2000). Draft European Landscape Convention. Strasbourg.

Douglas I. (1990). Sediment Transfer and Siltation. In "The Earth as Transformed by Human Action" ed. B.L.Turner II, W.C.Clark, R.W.Kates, J.F.Richards, J.T.Mathews, W.B.Meyer. Cambridge.

Ernte Verband (2001). Personal communication on organic farming potential in Europe.

European Union. The Council. (1999). Amended proposal for Council Directive establishing a framework for community action in the field of water policy.

Fischer Verlag (2001). Weltalmanach 2002.

IAD (2000). Water Quality Map of the Danube.

ICPDR (2002). Joint Danube Survey. Technical Report of the International Commission for the Protection of the Danube River. Pp.

IHP UNESCO, Regional Co-operation of the Danube Countries (1999). The Danube River Channel Training. Description of Regulative Measures and Flood Control on the Danube River basin.

L´vovich M., G. White et al. (1990). Use and Transformation of Terrestrial Water Systems. In "The Earth as Transformed by Human Action" ed. B.L.Turner II, W.C.Clark, R.W.Kates, J.F.Richards, J.T.Mathews, W.B.Meyer. Cambridge.

Marusic I. (2001). Report on "First Conference of the Contracting and Signatory States of the European Landscape Convention". Ljubljana.

Matavuly M. (2001). Personal communication in connection with POWER EU FP5 project proposal.

Schmedtje U. (2001). Water Framework Directive revolutionises water management. In Danube Watch No. 1/2001. Vienna.

Westermann multimedia (1999). Klimagramm V. 1.0. Klimainformationssystem.

WWF (2002). Waterway Transport on Europe´s Lifeline, the Danube. Vienna.

L'évolution de la propriété foncière, prémisse fondamentale de la configuration du paysage en Roumanie

Manuela HOINARESCU, Magdalena BANU, Irina PAVELET, Călin HOINARESCU Association roumaine pour Villages et Bourgs-ECOVAST (Conseil européen pour le Village et la Petite Ville), Roumanie

En 1995, lorsque le Congrès des pouvoirs locaux et régionaux de l'Europe a initié le développement de la Convention européenne du paysage, l'Association roumaine pour villages et bourgs fondée en 1990 y a adhéré avec enthousiasme et a effectué de nombreuses démarches qui ont réussi à soutenir et appliquer cette initiative en Roumanie.

J'ai eu la chance de participer à Strasbourg en novembre 1995 à une réunion consacrée au texte de la future convention. Les principales organisations non gouvernementales paneuropéennes dans ce domaine y étaient invitées. Nous avons compris l'importance particulière de la démarche du Conseil de l'Europe. Dans le cadre de l'Association de notre pays, nous avons initié d'une part les études pour le fondement et la cristallisation de la méthodologie. D'autre part, dans le département de Prahova, où se déroule notre activité, nous avons réussi à convaincre les autorités locales de la nécessité d'encourager les plans urbains généraux en cours d'élaboration au moyen d'études de consolidation soulevant et promouvant les problèmes du paysage.

Nous avons également souhaité faire état de ces travaux lorsque l'occasion s'est présentée dans le cadre des réunions internationales (Leipzig, octobre 1998, expositions internationales : Bruxelles en octobre 2000, Budapest en avril 2000), ainsi que lors de multiples expositions et symposiums en Roumanie, afin de familiariser l'opinion publique à ce sujet.

Nous avons été très heureux de pouvoir signer la Convention européenne du paysage à Florence en octobre 2002, même si texte a été quelque peu dilué par rapport à la variante initiale.

Moralement et techniquement soutenue par le groupe de travail ECOVAST et par son Secrétaire Général d'alors, M. Michael Dower, notre organisation a mené des démarches nombreuses (émissions sur les chaînes nationales de télévision, discussons lors d'expositions avec les représentants du ministère de la Culture et des Cultes, les parlementaires et la Présidence du pays), afin que le Gouvernement de la Roumanie ratifie cette Convention.

Nous sommes satisfaits du fait que le Gouvernement de la Roumanie ait accepté le texte de la Convention, que le Parlement l'ait ratifié et que le Président l'ait promulgué. De la sorte, la Convention européenne du paysage est déjà devenue une loi en Roumanie.

Dans le cadre des Plans urbains généraux des localités urbaines et rurales du département de Prahova, le collectif d'auteurs a continué d'aborder les problèmes concernant l'identification, l'étalonnement, la gestion et la protection du paysage de plus de trente unités administratives sur les cent que compte le département : Ploieşti, Sinaia, Câmpina, Slănic, Filipeşti de Târg, les communes de Ceraşu, Drajna, Izvoarele, Apostolache, Măneciu, Lapoş, Boldeşti-Grădiştea, Fântânele, Baba Ana. Ceci a été possible grâce au soutien accordé par le Conseil du département de Prahova et au support financier des mairies de ces communes.

Au cours de cette fervente activité, quelques éléments importants ont été mis en évidence. Nous essayons actuellement d'en soulever les questions-clés, qui figureront dans le guide rédigé par l'équipe de travail pour le paysage de l'ECOVAST, dirigée par Arthur Spiegler : il sera adapté en particulier aux conditions propres au territoire de notre pays. A cet égard, nous avons élaboré un programme concernant la propriété foncière du territoire du département de Prahova, étayé par les documents des archives nationales (textes et cartes). Il constitue la base de nos recherches, des études théoriques et des propos concrets relatifs à la formulation des règlements adéquats en matière de construction.

Ces investigations ont donné jour à des perspectives inédites et spectaculaires sur l'évolution des types de propriété foncière du département de Prahova, élément déterminant et spécifique de la configuration du paysage local et régional.

Si l'idée de l'existence et de la permanence de la propriété paysanne autonome a été clairement prouvée du point de vue documentaire par notre grand historien Nicolae Iorga et discutée avec compétence et profondeur par le sociologue Henri H. Stahl dans son ouvrage majeur *Satele devălmaşe din România* (Les villages autonomes de la Roumanie), – publié en 1965 et republié en 1998 –, l'ampleur de ce type de propriété a pu être illustrée seulement après que les périmètres des propriété aient été localisés et délimités sur la base des textes et des documents cartographiques.

Un autre aspect à souligner est celui de la viabilité de l'organisation sociale déterminée par ce type de propriété et sa continuité au fil des siècles. Elle s'est maintenue jusqu'à nos jours, survivant même pendant les cinquante années de la collectivisation forcée de l'agriculture. Constitué comme modèle d'organisation sociale et rurale quasi-générale pour les vastes territoires européens, ce type de propriété a évolué rapidement en Roumanie vers une vraie société rurale à actions, parvenant au XVIe siècle à une modalité foncière-financière efficace dans l'acception moderne du terme.

Attestée comme propriété foncière globale (par exemple la zone de Vrancea concernant quatorze villages, dont la structure dirigeante était l'assemblée générale des habitants des villages, ou plus fréquemment des partis de propriété organisés par de grands groupes de familles, descendants d'ancêtres généralement connus de toute la communauté), ce type de propriété a engendré d'une part des règlements dans le comportement social, économique et juridique et d'autre part des formes spécifiques d'organisation du territoire, du réseau des sites, de la configuration du village et du bourg, repères caractéristiques du paysage de notre pays.

La propriété foncière communautaire paysanne, attestée par des privilèges émis par les chancelleries voivodales juste après la formation des villages roumains au milieu du XVIe siècle et présente dans les actes depuis les sept derniers siècles, apparaît confirmée comme entité juridique fondamentale auprès des autres types de propriété : voivodale, des boyards, des monastères et plus récemment celles individuelles.

Selon les spécialistes, les limites des propriétés sont antérieures aux premiers documents écrits, au milieu du XVIe siècle, ce à quoi nous souscrivons tout à fait.

L'élément déterminant de la configuration des sites engendrés par ce type de propriété réside dans la détention de la volonté organisatrice et l'autonomie de la décision par le groupe social : le propriétaire du territoire, respectivement la communauté des paysans.

Les règlements urbains parus plus récemment (fin du XVIIIe et début du XIXe), de même que les réformes agraires (prise de possession des terres par les paysans en 1864 et 1919), sont des formes de l'immixtion de la volonté organisatrice centralisée sur la base desquelles se sont constitués et développés des sites et des parties de sites, sans que le noyau cristalllisé autour de la propriété autonome paysanne ne soit dissolu.

Il y a sans doute aussi de nombreux sites qui ont déplacé leur zone d'habitation ou subi des alignements et des réorganisations par le Règlement organique de 1831 ou plus récemment encore. Dans cette situation, la configuration des villages est dépendante de la nouvelle position organisatrice du pouvoir : ils se trouvent situés sur les propriétés des voivodies, des boyards et des monastères.

Dans la situation des villages allignés, il arrive parfois que leur organisation soit due à l'intervention d'un arpenteur qui transpose sur le terrain la volonté d'organisation du propriétaire.

La caractéristique fondamentale des sites développés sur les propriétés paysannes autonomes est qu'elles fonctionnent comme un organisme, les rues n'étant que des espaces pour la circulation, sans connotation liée à l'importance sociale de l'organisateur. Ils suivent habituellement des trajets sinueux, circulaires (le cercle étant le périmètre incluant la surface maximale) ; les maisons ne sont pas alignées à la rue mais orientées vers les points cardinaux favorables et les zones à l'abri des intempéries. La maison du paysan et le manoir du boyard appartiennent à la même famille des fermes modelables : elles restent libres à l'intérieur de la propriété et ne sont ni alignées, ni jointes ni en enfilade. Les annexes ménagères sont groupées par zones fonctionnelles et agencées séparément, à proximité de l'habitation.

Parmi les zones construites incluant les annexes, des surfaces restreintes de terrain agricole se sont maintenues jusqu'à présent, pour des plantations diverses (potagers, vergers, parcelles de céréales). Le noyau du site est constitué par les églises, au début en bois ou en verges collées avec de l'argile pour la plupart (les recensements du début du XIXe siècle dans le département de Prahova font état de plus de 300 églises en bois et en lacerie de vergers). Près de l'église, se trouvaient l'auberge et d'autres magasins ainsi qu'un espace où l'on organisait les fêtes de la communauté.

La configuration des sites ayant l'aspect d'un organisme de ce type vient du fait qu'au début l'intra-muros de la localité a été distribué aux noyaux famillaux constituant la communauté, de manière homogène et égalitaire, sans préférence ni préjugé. Plus tard, ce système parcellaire original a subi des divisions, selon le nombre de descendants de chaque famille, mais toujours de manière égalitaire, cherchant chaque fois la meilleure solution pour les candidats, lorsque la densité de la population venait à trop s'accroître. Les jeunes familles se déplaçaient toujours à la périphérie de leur village (parfois, des sites saisonniers devenaient à cette occasion des villages indépendants).

Par la suite, ces sites acquéraient du domaine initial une partie distincte où la nouvelle communauté bâtissait les dotations nécessaires (église, auberge, etc.), obtenant finalement un statut de site autonome. De la sorte, le village *Cerașu* sur la vallée Teleajen et ensuite le village *Slon* se sont détachés du village *Ogretin*. Ainsi également se sont constitués sur le domaine du village Starcheojd les hameaux voisins. C'est de cette façon qu'a évolué organiquement et spontanément le réseau de localités sur la propriété paysanne libre, qui, aux dires des auteurs de l'étude, occupait au début du XVIe siècle plus de 80% du territoire du département. Même le partage administratif, conséquence de la Loi communale de la fin du XIXe siècle, lorsque les territoires des communes ont été délimités, a assumé la grande partie des frontières des anciennes propriétés foncières.

Après 1600, la propriété voivodale, boyarde et du monastère s'est développée en dépit de la propriété des paysans libres, mais elle détenait encore au début du XIXe siècle plus de 25% du territoire du département.

A proximité des zones construites, les territoires agricoles composés de surfaces d'utilisation communale (champs labourables, lacs, étangs, paturages, prés), et des terrains détenus en régime privé, confèrent au paysage son dynamisme et sa spécificité. Si le terrain agricole des villages non collectivisés a gardé encore sa qualité de territoire traditionnel, la suppression des frontières et l'apparition de la monoculture sur des surfaces passées au régime de la collectivisation ont malheureusement mité l'aspect d'origine des sites respectifs.

L'espoir demeure néanmoins qu'après la rétrocession des propriétés foncières confisquées aux paysans, une fois fusionnées et devenues support de monocultures sur de grandes surfaces, le paysage retrouvera son aspect normal. Les sites développés sur des domaines des boyards ou des monastères, où ont eu lieu des alignements de villages et où les paysans avaient pour utilisation personnelle le seul espace entourant leur maison, ont acquis la configuration spécifique aux formes d'organisation de type rationaliste qui ont imposé au territoire un schéma rigide de distribution des parcelles de terre. Ces cas sont plus fréquents dans les zones de champs, là où la propriété villageoise autonome a disparu depuis longtemps, mais se rencontrent également dans les zones des collines.

Le noyau de cette catégorie des sites délimite la position des enceintes des manoirs des boyards du village (c'est le cas des localités Filipeşti, Măgureni, Mărgineni) et devient le symbole du site. La rue acquiert ainsi une importance sociale majeure en tant que représentant de la volonté organisatrice du territoire (le boyard, le supérieur du monastère). Les maisons des paysans s'alignent à la rue sur des parcelles de terre qui deviennent de plus en plus petites au fil du temps de par division entre les descendants. Le terrain agricole distribué par le propriétaire à chaque famille est placé habituellement à l'arrière des cours. Les localités et les zones développées par parcellement lors de la distribution des terres aux paysans par les réformes agraires ont aussi la même structure.

S'il ne tient pas compte de cette variété de configuration des sites – engendrée par le type de propriété – tout règlement d'urbanisme risque par des prévisions hasardeuses de dissoudre l'identité des zones gardant encore la matrice du village des paysans libres : en alignant les maisons à la rue, en rendant rectangulaire la trame des rues, en occupant le terrain agricole de l'enceinte de l'intra-muros, en faisant apparaître des monocultures sur de grandes surfaces, en défrichant ou en faisant appel à d'autres mesures contraires à la mentalité de base du noyau d'origine.

Les études de consolidation et la méthodologie de l'identification, de l'étalonnement et de la gestion des territoires en vue de la protection de la spécificité locale doivent avoir comme base des investigations historiques consistantes, offrant des prémisses adéquates à la formulation des règlements urbains et d'aménagement du territoire.

En fait, le territoire est l'inscription la plus importante que les ancêtres aient léguée à leurs descendants : on peut la lire seulement dans la mesure où l'alphabet de cet immense document est déchiffré.

Il est nécessaire de constituer des comités d'experts (conformément aux articles 10 et 17 de la Convention européenne du paysage), afin de réunir de spécialistes que détiennent les organisations non gouvernementales de Roumanie et d'autres pays, pouvant participer à l'élaboration d'un guide du paysage adapté aux particularités régionales, nationales et locales, contrôlant l'exécution et soutenant les administrations locales dans la mise en œuvre de ladite Convention. Il peut être utile que ces spécialistes acquièrent officiellement le statut d'expert du Conseil de l'Europe et, pourquoi pas, un support financier minime.

Un aménagement du territoire rural wallon compatible avec le développement durable

Pierre GOSSELAIN, Inspecteur Général a.i., Division de l'Aménagement du territoire et de l'Urbanisme, Ministère de la Région wallonne, Belgique

Résumé

Les instruments de planification spatiale et urbanistique (SDER, plan de secteur, règlement régional d'urbanisme), d'aménagement opérationnel (développement rural) et de protection du patrimoine de niveau régional, devraient permettre de mettre en œuvre un aménagement du territoire rural conçu dans un souci de développement durable. De même, des articulations entre l'aménagement du territoire et d'autres législations qui ont pour finalité la protection du patrimoine naturel et la protection de l'environnement rural devrait renforcer un aménagement du territoire compatible avec le développement durable.

Mots-clés

Aménagement du territoire, développement durable, législation, Région wallonne

L'espace rural en perte d'identité

Jusqu'à la seconde guerre mondiale, la ville et la campagne constituaient encore deux mondes séparés. Le voyageur qui quittait la ville par le train traversait des banlieues souvent déshéritées mais entrait ensuite dans le monde rural jusqu'à la gare suivante. Les quelques privilégiés qui possédaient une voiture découvraient des cités bien circonscrites dans leur site (colline, fleuve, plaine). Elles apparaissaient soudainement du haut de la colline ou au dernier virage de la route sinueuse. Les modes de déplacement dans les pays d'Europe occidentale ont fondamentalement changé pendant les trente dernières années. La diffusion en masse de la voiture individuelle et le coût peu élevé de l'énergie ont provoqué un étalement des agglomérations sur les zones rurales environnantes. Mais fait plus grave, alors que le chemin de fer et le tramway, par la rigidité de leurs supports et la nécessité de limiter le nombre de points d'arrêt avaient entraîné une extension contrôlée des zones urbaines, la voiture automobile en se répandant sans entrave sur toutes les routes, a provoqué l'éparpillement des constructions sur la totalité du territoire et le « mitage » de la campagne. L'individualisme de la population de Wallonie est un fait connu mais il ne suffit pas à expliquer le phénomène de la maison isolée. Dans cette affaire comme en tant d'autres, l'homme ignore son aliénation ; la villa sur parcelle n'est peut-être que l'avatar abâtardi du château du prince dans son domaine. Bien d'autres facteurs peuvent expliquer l'envahissement de la campagne : le faible prix des terrains ruraux sis à front de voirie équipée, le mythe de la ruralité, les nuisances (bruit, poussière, insécurité), des villes, etc. Quels sont les instruments légaux et réglementaires dont dispose la Région wallonne pour promouvoir un aménagement durable ?

Le monde rural formé de champs, de prés, de bois, de villages et de hameaux occupe encore en Wallonie un espace considérable : plus de 85% de la superficie du territoire wallon est couverte par ces éléments. Les changements qui ont affecté le patrimoine de la ruralité au cours des dernières décennies ont été importants et souvent appauvrissant : banalisation des paysages, dégradation de l'habitat traditionnel, dévitalisation du patrimoine naturel.

Les causes de cette dégradation sont multiples et en interaction. Les mutations de l'économie agricole ont eu des effets sur l'utilisation des constructions anciennes, sur les sites formés par les fermes et leurs abords. La modification radicale des équipements techniques, l'utilisation intensive des produits de la chimie ont entraîné une hausse considérable des rendements des terres cultivées et pâturées et un accroissement de la productivité des cultivateurs. Cependant, si ces facteurs ont permis la réduction de la population active occupée dans l'agriculture, la population rurale n'a pas diminué, en particulier dans les communes situées aux abords des villes. Car les activités urbaines pénètrent dans les villages et d'autres utilisations du sol que celles de la production de nourriture et de fibres s'installent. L'ensemble de ces changements produit une modernisation mal contrôlée entraînant une transformation souvent malencontreuse ou une dégradation par manque d'entretien du patrimoine immobilier, surtout celui qui autrefois servait à la production. Ainsi sont parachevées la dénaturation et la perte d'originalité du monde rural.

Dans les années 1980, la Communauté européenne avait pris des mesures pour limiter la production du lait et des betteraves par l'instauration du système des « quotas ». En 1992, en application des accords sur le commerce mondial dits du G.A.T.T. et également pour rencontrer les difficultés de trésorerie résultant de la crise économique, la Communauté a adopté le plan « Mac Shary » instaurant la réforme de la politique agricole commune. Celle-ci vise essentiellement à améliorer la compétitivité des exploitations agricoles et à cet effet comporte des mesures portant sur les prix de soutien des céréales qui sont diminués et sur le volume de la production dont la réduction est encouragée. En même temps, la réforme comporte un ensemble de mesures dites « agri-environnementales » tendant à protéger l'environnement en territoire rural, passablement malmené au cours des trois décennies antérieures marquées par le productivisme. Ces objectifs ont été traduits dans les règlements 2078/92 et 2080/92 du 30 juin 1992 du Conseil de l'Union européenne instituant des régimes d'aides aux agriculteurs :

- Les aides sont accordées aux agriculteurs pour autant qu'ils s'engagent à adopter « des méthodes de production agricole compatibles avec les exigences de la protection de l'environnement ainsi que l'entretien de l'espace naturel ». Certaines d'entre elles contribueront directement à accroître la biodiversité, par exemple :

  procéder au retrait des terres agricoles pour au moins vingt ans en vue ... de constituer des réserves de biotopes ou des parcs naturels ou pour protéger les eaux, procéder à une extensification des productions végétales y compris fourragères ... ou à une reconversion des terres arables en herbages extensifs ... (2078/92).

- En instituant un régime d'aide au boisement de terres agricoles, le second règlement poursuit plusieurs objectifs : réduire les capacités de production agricole, accroître les ressources en bois, favoriser la diversification de production des exploitations, assurer une gestion équilibrée de l'espace rural, contribuer à l'absorption du dioxyde de carbone et lutter contre l'effet de serre. (2080/92)

Parmi les mesures destinées à remédier à cette surproduction, la Communauté a préconisé le « gel des terres ». Puisque la production devrait être réduite, il ne serait plus indispensable de maintenir intact le support de la production agricole, la terre arable. Ainsi la lutte pour la sauvegarde des terres agricoles menée tant par les syndicats agricoles que par le Ministère de l'agriculture et par l'Administration de l'aménagement du territoire risquait de devenir sans objet. A cette démarche, on peut opposer plusieurs arguments qui militent pour le maintien de la vigilance. Tout d'abord rien ne prouve que cette évolution de l'économie agricole des pays du Nord (les Etats-Unis sont confrontés au même problème d'évacuation des surplus agricoles) soit irréversible et que demain la demande extérieure ne se rétablisse pas. Ensuite, les rendements élevés atteints par l'agriculture en Europe du Nord trouvent largement leur origine dans l'utilisation abondante de produits de l'industrie chimique : fertilisants, engrais, désherbants, produits phytopharmaceutiques, à telle enseigne que la terre est en fait devenue un support matériel pour l'industrie de la chimie. Cette industrialisation de l'agriculture, qui n'a d'ailleurs pu se réaliser que grâce au faible coût de l'énergie primaire utilisée, essentiellement le pétrole – a provoqué en retour des conséquences dommageables pour le patrimoine naturel, par exemple la pollution des eaux souterraines par les nitrates due à l'excès d'utilisation des engrais, l'eutrophisation des eaux dormantes, etc.

Il serait vraisemblablement possible d'obtenir une production agricole équivalente à celle atteinte aujourd'hui en Belgique avec une charge moindre d'adjuvants de la chimie, à condition précisément de répartir cette production sur des espaces plus vastes de manière à laisser régulièrement la terre en repos. Cette agriculture moins intensive aurait au moins l'avantage d'éviter la surproduction, la dégradation de l'écosystème et le gel des terres. Les dépenses que la collectivité devra consentir pour restaurer la nature pourraient aussi bien être affectées à combler la réduction de revenus que les agriculteurs subiraient en se livrant à une exploitation plus extensive des terres. En réalité, moins de 100 ha de terres agricoles ont été plantés entre 1992 et 1998. La réforme de la PAC a eu pour principale conséquence de favoriser non pas un recul des superficies agricoles mais au contraire leur augmentation. « Les agriculteurs adaptent leur superficie afin de répondre aux exigences imposées pour bénéficier des aides compensatoires au revenu octroyées en fonction non plus des volumes produits mais des superficies exploitées, par la reprise de terres d'autres agriculteurs voire de terres délaissées, évitant ainsi leur urbanisation. En réponse aux exigences de la PAC, on peut s'attendre, d'ici 2010, à une augmentation des besoins en terres agricoles estimée entre 110.000 et 180.000 ha. Le second facteur fondamental de l'augmentation des étendues agricoles repose sur la recherche de compétitivité qui conduit et vise à exploiter des étendues plus vastes, à utiliser des machines plus puissantes » (Hanin, 2001). Le développement d'une agriculture plus écologique postule donc que les terres arables continuent à être protégées.

Le Code wallon de l'aménagement du territoire, de l'urbanisme et du patrimoine

Lorsqu'il fut établi par l'arrêté de l'Exécutif régional wallon du 14 mai 1984 portant codification des dispositions législatives et réglementaires relatives à l'urbanisme et à l'aménagement du territoire applicable à la Région wallonne, le Code comportait :

- la loi du 29 mars 1962 organique de l'aménagement du territoire et de l'urbanisme, modifiée par les lois et décrets ultérieurs, ainsi que les arrêtés d'application ;
- la loi du 27 juin 1978 relative à la rénovation des sites d'activité économique désaffectés, les décrets modificatifs et les arrêtés d'application.

Depuis 1984, le Code s'est enrichi de dispositions législatives dont les quatre plus importantes sont:

- le décret du 6 mars 1985 relatif à la révision partielle des plans de secteur, abrogé par le décret du 27 novembre 1997 ;
- le décret du 27 avril 1989 sur la décentralisation et la participation ;
- le décret du 27 novembre 1997 modifiant le Code wallon de l'aménagement du territoire, de l'urbanisme et du patrimoine, entré en vigueur le 1er mars 1998 ;
- le décret du 1er avril 1999 relatif à la conservation et à la protection du patrimoine.

Comme la loi organique de 1962, le Code prévoit que l'occupation de l'espace et les modes de construction sont réglés par quatre documents principaux :
- le plan d'aménagement,
- le règlement d'urbanisme,
- le permis d'urbanisme,
- le permis de lotir.

Les décrets des 27 avril 1989 et 27 novembre 1997 ont respectivement introduit dans le Code les concepts de schéma de structure communal et de schéma de développement de l'espace régional.

Quatre démarches paraissent avoir animé la réforme du Code opérée par le décret du 27 novembre 1997.

- Tout d'abord la protection accrue des patrimoines tant naturel que culturel devient un objectif fondamental assigné à l'aménagement. Elle est annoncée dès l'art. 1er nouveau dans lequel le concept de patrimoine apparaît et par l'emploi de nombreux mots qui y renvoient.

On peut, en particulier, relever le souci de protéger les paysages ruraux, qui est rappelé dans toutes les prescriptions urbanistiques attachées aux zones non urbanisables.

- La deuxième démarche importante sous-tendant la révision est celle du raccourcissement des délais à l'issue desquels le citoyen est informé de la décision prise par les pouvoirs publics sur sa demande, qu'il s'agisse de l'octroi des permis ou de la procédure de recours, ramenée à deux niveaux : la commune et la Région.

- Le troisième motif est celui de la rationalisation d'un code de l'aménagement du territoire devenu passablement compliqué au cours des deux dernières décennies, notamment en ce qui concerne les instruments de planification spatiale.

- Enfin, les moyens mis à la disposition de l'aménagement opérationnel sont renforcés. Les pouvoirs publics disposent du droit de préemption et seront en état de promouvoir une politique dynamique d'assainissement des sites reconnus d'intérêt régional et des paysages dégradés.

Avec la réforme du Code, les documents réglementaires et d'orientation sont ramenés à six, trois au niveau de la Région et trois au niveau de la commune. Il s'agit :

pour la Région :

- du schéma de développement de l'espace régional (SDER)
- du plan de secteur (P.S.)
- du règlement régional d'urbanisme (R.R.U.)

pour la commune :

- du schéma de structure communal (S.S.C.)
- du plan communal d'aménagement (P.C.A.)
- du règlement communal d'urbanisme (R.C.U.)

Les schémas sont des documents d'orientation. Les plans et les règlements sont des documents à valeur régle-mentaire.

La loi organique avait prévu quatre niveaux de planification spatiale : deux au niveau régional (le plan régional et le plan de secteur) et deux au niveau communal (le plan général et le plan particulier d'aménagement). Aujourd'hui le plan de secteur à l'échelon de la Région et le plan communal d'aménagement à celui de la commune sont les documents planologiques qui, en pratique, règlent la planification spatiale en Wallonie.

Depuis le vote du décret du 27 novembre 1997, le Code a encore fait l'objet de trois modifications moins substantielles par l'adoption des décrets des 23 juillet 1998, 16 décembre 1998 et 6 mai 1999. Elles marquent un recul dans la volonté d'aménager le territoire avec rigueur par l'introduction de dispositions à caractère laxiste.

Enfin, en 1999 le ministre de l'aménagement du territoire a décidé de procéder à une nouvelle modification du Code, baptisée « optimalisation », qui poursuit deux objectifs principaux et introduit quelques réformes d'importance secondaire.

La première modification vise à accroître la responsabilité des communes dans le processus de décision conduisant à l'octroi des permis d'urbanisme et de lotir. L'avis émis par le fonctionnaire délégué sur les demandes, en application de l'art. 108 du Code, ne serait plus « conforme », entendant par là que le Collège ne serait plus tenu de se conformer à un refus de permis de ce fonctionnaire, sous réserve de motiver sa décision. Cette nouvelle réforme du Code étendra pratiquement à toutes les communes de Wallonie le régime de décentralisation fixé par le décret du 27 avril 1989 sur la décentralisation et la participation sans qu'elles doivent respecter les trois conditions que le décret avait mis pour qu'une commune puisse en bénéficier, à savoir disposer :

– d'un règlement communal d'urbanisme approuvé par le Gouvernement ;
– d'un schéma de structure communal adopté par le Conseil communal ;
– d'une commission consultative communale d'aménagement du territoire instituée par le Gouvernement.

Le deuxième objectif poursuivi consiste en la transposition dans la législation régionale de la directive 2001/42/CE du 27 juin 2001 du Conseil de la Communauté européenne relative à l'évaluation des incidences de certains plans et programmes sur l'environnement. Le Gouvernement a décidé de la transposer immédiatement en ce qui concerne les plans et programmes prévus dans le Code lors même que le délai imparti aux gouvernements nationaux par la directive ne vient à échéance que le 21 juillet 2004. Il faut observer que la transposition de cette directive en droit wallon ne se limitera pas à la modification du droit régional de l'aménagement du territoire et de l'urbanisme, le législateur de la Région sera amené à modifier toutes les dispositions législatives visées par la directive en ce qui concerne les incidences des plans et programmes sur l'environnement.

A. Le schéma de développement de l'espace régional

Aux termes de l'art. 13 du Code, « le schéma de développement de l'espace régional exprime les options d'aménagement et de développement pour l'ensemble du territoire de la Région wallonne ».

Le document a l'ambition d'être un « instrument stratégique et transversal de développement territorial » intégrant les objectifs fixés par au moins trois autres « plans » ou documents qui en tiennent lieu :

- le plan d'environnement pour un développement durable adopté par le Gouvernement wallon le 06 avril 1995 ;
- le plan de mobilité et de transports de Wallonie adopté le 06 avril 1995 ;
- le contrat de gestion passé entre la Région wallonne et la Société régionale wallonne du Logement le 18 septembre 1997.

En revanche, s'il tient compte des objectifs que se sont assignés les principaux acteurs de l'économie, en fonction des informations qui ont pu être récoltées auprès d'eux, le SDER ne peut en aucun cas être considéré comme un instrument de planification économique. C'est normalement un document servant de référence au Gouvernement pour mettre en œuvre les politiques de développement territorial et celles qui sont menées, par secteur d'activité, pour harmoniser les choix opérés dans les budgets et pour localiser les priorités d'intervention.

En ce qui concerne le territoire non urbanisé de Wallonie, le schéma distingue des aires rurales qui sont définies comme des espaces présentant des caractéristiques socio-économiques, des formes de sociabilité et de culture spécifique. Il s'agit des aires rurales hennuyère, brabançonne, de Hesbaye, du Pays de Herve, condruzienne, de Fagne-Famenne, ardenne et de Lorraine belge, qui correspondent aux régions géographiques de Wallonie établies par le Professeur Christians.

Le projet de structure spatiale soulève cependant de nombreuses interrogations :

- absence de définition claire du concept de structure spatiale ;
- multiplication des catégories de communes : pôles majeurs, pôles régionals, autres pôles, pôles d'appui en milieu rural, pôles d'appui transfrontaliers, pôles d'appui sur le plan touristique, sans définition d'objectifs pour les communes concernées ;
- introduction dans la planification spatiale de notions floues telles que les « eurocorridors », les axes majeurs de transport, les axes et les nœuds de communication, sans distinction claire entre elles et sans objectif précis ;
- combinaison de ces notions floues conduisant à des notions telles que « points d'ancrage dans un corridor », « points d'ancrage sur un nœud de liaison », « points d'appui touristique » dont la distinction avec les pôles d'appui est malaisée.

Ce projet de structure spatiale qui mêle les situations existantes et les projets est la partie faible du SDER, tant il pèche par manque de rigueur.

Les objectifs poursuivis par le SDER sont au nombre de huit :

1. structurer l'espace wallon ;
2. intégrer la dimension suprarégionale dans l'aménagement spatial de la Wallonie ;
3. mettre en place des collaborations entre les acteurs de l'aménagement ;
4. répondre aux besoins primordiaux ;
5. contribuer à la création d'emplois et de richesses ;
6. améliorer l'accessibilité du territoire wallon et gérer la mobilité ;
7. valoriser le patrimoine et protéger les ressources ;
8. sensibiliser et responsabiliser l'ensemble des acteurs.

On verra en particulier dans quelle mesure les objectifs 4, 5 et 7 du schéma rencontrent ceux du développement durable en milieu rural.

B. Le plan de secteur

Les principes qui ont sous-tendu l'établissement des avant-projets de plans de secteur élaborés entre 1969 et 1987 et les projets adoptés entre 1977 et 1987 étaient les suivants :

— coordonner les diverses décisions relatives à l'affectation du sol en tentant d'éviter les conflits ;
— arrêter la dispersion de l'habitat ;
— protéger les espaces ruraux nécessaires à la viabilité et à la rentabilité de l'agriculture et de l'élevage ;
— veiller à la sauvegarde des forêts et des espaces boisés, de la flore et de la faune ;
— prévoir judicieusement les zones nécessaires à l'expansion économique ;
— prévoir les orientations propices au réaménagement des sites d'ancienne activité industrielle ;
— protéger les sites naturels ;
— rencontrer les besoins du tourisme et des loisirs.

« Le plan de secteur s'inspire des indications et orientations contenues dans le schéma de développement de l'espace régional » (art 22).

Le schéma n'ayant pas valeur réglementaire, il n'existe pas de véritable hiérarchie entre le SDER et les plans de secteur. Toutefois, il n'est pas dépourvu d'effets juridiques et aurait valeur de directive à l'égard des plans de secteur, comme le schéma de structure l'a vis-à-vis des plans communaux d'aménagement (Bouillard, 1998).

- Article 23, 1er alinéa : « Le plan de secteur comporte :

1. les mesures d'aménagement requises par les besoins sociaux, économiques, patrimoniaux et environnementaux du secteur ;
2. la détermination des différentes affectations du territoire et les prescriptions particulières qui s'y rapportent ;
3. le tracé existant et projeté du réseau des principales infrastructures de communication et de transport de fluides et d'énergie ainsi que les mesures d'aménagement qui s'y rapportent ».

- Article 23, 2ème alinéa : « Le plan (de secteur) peut notamment comporter :

1. les périmètres où une protection particulière se justifie pour des raisons culturelles, sociales, historiques, esthétiques, économiques, paysagères ou de protection de l'environnement : ...
2. des prescriptions complémentaires d'ordre urbanistique ».

- Article 23, 3ème alinéa : « Le Gouvernement peut déterminer la présentation graphique du plan de secteur ».

1. La division du plan de secteur en zones

- Article 25 : « Le plan de secteur comporte des zones destinées à l'urbanisation :
1. Zone d'habitat (art. 26)
2. Zone d'habitat à caractère rural (art. 27)
3 Zone de services publics et d'équipements communautaires (art. 28)
4. Zone de loisirs (art. 29)
5. Zone d'activité économique (art. 30)

6. Zones d'activité économique spécifique (agroéconomique, grande distribution, risque majeur) (art. 31)
7. Zone d'extraction (art. 32)
8. Zone d'aménagement différé (art. 33)
9. Zone d'aménagement différé à caractère industriel (art.34) ;

et des zones non destinées à l'urbanisation :

1. Zone agricole (art. 35)
2. Zone forestière (art. 36)
3. Zone d'espaces verts (art. 37)
4. Zone naturelle (art. 38)
5. Zone de parc (art. 39). »

Le Code modifié confirme explicitement une option fondamentale qui était à la base de la politique de mise en oeuvre des plans de secteur selon laquelle le sol étant un patrimoine non reproductible, une limite physique doit être tracée entre les espaces qui peuvent être consommés par l'urbanisation sous toutes ses formes et les espaces ruraux. Ainsi les plans de secteur fixent, par le zonage, les limites entre d'une part les zones d'urbanisation affectées à l'habitat, aux activités économiques, aux équipements communautaires, aux loisirs et d'autre part les espaces réservés à l'agriculture, à la forêt et à la conservation de la nature, qui doivent être protégés de l'urbanisation.

Lorsque l'élaboration ou la révision d'un plan de secteur a pour objet l'inscription d'une ou plusieurs zones d'urbanisation telles que visées à l'article 25, al.2 "... le Gouvernement fait réaliser une étude d'incidences ..." dont le contenu est repris à l'art. 42, al. 2, pts 1 à 7.

Si elle doit observer une souplesse qui assure sa compatibilité avec l'évolution de l'économie, la planification régionale doit aussi garantir la poursuite à long terme des objectifs que la société s'est fixée. Parmi ceux-ci la nécessité d'économiser le sol reste primordiale. Cette option est particulièrement justifiée en basse et moyenne Belgique où la densité d'occupation est forte (480 hab./km²). Elle postule que la zone agricole ne soit pas envahie par des constructions qui n'ont aucune nécessité de s'y trouver ; celles-ci découpent les terres agricoles, augmentent leur fragilité, rendent leur exploitation de plus en plus problématique pour les agriculteurs, accroissent de manière excessive les coûts d'équipement supportés tôt ou tard par la collectivité et provoquent inéluctablement la dégradation des sites et de l'écosystème. Tout projet d'occupation de terres dont l'objet s'écarte de l'accomplissement de l'une des trois fonctions de l'espace rural, à savoir : la production de nourriture et de fibres, la sauvegarde des écosystèmes et des paysages, la conservation du capital d'espace devrait en principe être découragé. On désigne par là les actes et travaux se traduisant par l'urbanisation rampante ou brutale de l'espace agricole : habitations, équipements collectifs, équipements de loisirs, activités artisanales, industrielles, commerciales déguisées. Ces actes et travaux doivent normalement être accomplis sur des terrains inscrits dans les zones « d'urbanisation » des plans en vigueur : plan de secteur et plan communal d'aménagement.

La politique de gel de terres arables est parfois invoquée comme argument pour justifier l'affectation en zones industrielle, artisanale ou de services, en zones d'équipement communautaire ou de loisirs voire même en zone d'habitat, de terrains inscrits en zone agricole aux plans en vigueur. Il convient de rejeter avec la plus grande fermeté ce genre d'argument et de rappeler le prescrit de l'art. 1er al. 2 du Code qui recommande « d'assurer la gestion parcimonieuse du sol ».

2. Les périmètres

Article 40. Le plan peut comporter en surimpression aux zones précitées les périmètres suivants dont le contenu est déterminé par le Gouvernement :

1. de point de vue remarquable,
2. de liaison écologique,
3. d'intérêt paysager
4. d'intérêt culturel, historique ou esthétique,
5. de risque naturel prévisible ou de contrainte géotechnique majeure,
6. de réservation,
7. d'extension de zone d'extraction,
8. de remembrement légal de biens ruraux,

9. de prévention de captage,
10 de bien immobilier classé,
11 de protection visée par la législation sur la protection de la nature.

A l'encontre de leur appellation, ce sont des surfaces destinées à couvrir en surimpression une ou plusieurs zones d'affectation. Ces périmètres instituent des servitudes de fait sur les zones qu'ils couvrent soit en vue de protéger un patrimoine (rubriques 1, 2, 3, 4, 8, 10, 11) soit pour sauvegarder l'exploitation d'une ressource (rubriques 6, 9) ou encore pour éviter des accidents (rubrique 5).

Remarquons cependant que lors de l'adoption du décret « d'optimalisation » modifiant le code quatre périmètres seront supprimés : le périmètre de remembrement légal de biens ruraux (8) ; le périmètre de prévention de captage (9) ; le périmètre de bien immobilier classé (10) ; le périmètre de protection visé par la législation sur la protection de la nature (11).

a. Le périmètre de liaison écologique

Au cours des dernières décennies, les milieux semi-naturels de notre pays ont été endommagés par divers facteurs : la pratique de l'agriculture intensive, l'extension des agglomérations, la création de zones industrielles, la construction d'infrastructures. Pour enrayer cette évolution néfaste, une législation relativement abondante, en particulier la loi sur la conservation de la nature et ses arrêtés, a tenté de protéger soit des espèces soit des biotopes déterminés. La conception qui sous-tend cette législation conduit à laisser les activités humaines se déployer partout sans entrave excessive sauf en certains lieux présentant une richesse biologique reconnue.

Sur le plan spatial, ces législations ont conduit à constituer des îlots de nature à la biodiversité spécialement riche, mais isolés, entourés d'espaces plus ou moins artificiels. Cette démarche est inefficace si l'on veut sauvegarder ou accroître la biodiversité sur l'ensemble d'un territoire. En effet, certaines espèces végétales ou animales ont besoin d'un espace plus vaste que celui d'une réserve naturelle et vivent en dehors de celles-ci. D'autre part le fait que certains biotopes soient tels des îles perdues dans des milieux à la biodiversité pauvre empêche tout échange des gènes et peut conduire à la disparition d'espèces par dégénérescence (phénomène « d'insularisation »). L'observation de ces phénomènes a conduit les biologistes à adopter une nouvelle méthode pour tenter de conserver la biodiversité. Cette option consistant à développer celle-ci en tous lieux où cette possibilité existe et non plus dans quelques zones de protection est d'ailleurs commune à plusieurs pays d'Europe : Pays-Bas, Allemagne.

Pour traduire cette démarche dans les méthodes, des termes nouveaux ont été adoptés : réseau, sanctuaire, structure, maillage, zone, etc. dont la profusion pourra sembler excessive.

Le réseau écologique est l'ensemble des habitats susceptibles de fournir un milieu de vie temporaire ou permanent aux espèces végétales et animales, dans le respect de leurs exigences vitales, et permettant d'assurer leur survie à long terme (Centre Marie Victorin).

L'une des missions de l'aménagement du territoire consiste à forger et à mettre en œuvre les instruments d'ordre réglementaire et opérationnel destinés à sauvegarder ce réseau c'est-à-dire à en assurer la permanence et, dans la mesure la plus large mais compatible avec d'autres aspirations de la société, à en favoriser l'extension. Ce réseau comprend trois types de zones : les zones centrales, les zones de développement et les zones de liaison formant le « maillage écologique ».

b. Le périmètre de point de vue remarquable et le périmètre d'intérêt paysager

Selon la Convention européenne du paysage adoptée à Florence par les Etats membres du Conseil de l'Europe le 20 octobre 2000, le paysage désigne « une partie du territoire telle que perçue par les populations, dont le caractère résulte de l'action de facteurs naturels et/ou humains et de leurs interrelations ».

Quoiqu'elles participent toutes deux de la politique de sauvegarde du patrimoine naturel, la protection des paysages et celle de la biodiversité doivent être distinguées. Un paysage qualifié de beau par un grand nombre de personnes peut être constitué d'un ensemble de sites présentant peu d'intérêt pour le biologiste. Ainsi un paysage à dominante rurale formé de champs bien peignés, de bois de feuillus imposants et d'un cours d'eau en lacets pourra être d'une grande beauté et en même temps d'une biodiversité pauvre. En y regardant de plus près, le biologiste, voire l'aménageur averti, constateront peut-être que les champs sont crevés d'engrais, que les bois sont des produits de foresterie industrielle et que le ruisseau sinueux est une anthologie de polluants. Inversement l'intérêt que peut présenter pour le biologiste un milieu naturel ne sera pas nécessairement partagé par le peintre, ni même par le géographe et a fortiori par la masse de la population. « Commettent une … erreur les naturalistes qui, réduisant le paysage à l'environnement, professent que la nature est belle quand les écosystèmes tournent rond. L'écologie qui nous permet de juger de l'environnement reste appliquée au monde de l'objet ; pourtant, elle ne nous fonde pas à juger de la beauté du paysage dont les symboles mettent en jeu la subjectivité humaine individuelle et collective … » (Berque, 1993).

Le souci de sauvegarder le patrimoine naturel et celui de protéger les paysages sont également légitimes. Lorsque les tenants de ces disciplines s'accordent à considérer qu'un site possède à la fois une valeur biologique et une qualité paysagère, sa protection pérenne par les instruments juridiques adéquats sera la bienvenue.

Cependant, toute zone d'affectation ou de surimpression d'un plan comporte un périmètre en dehors duquel la prescription urbanistique qui y est attachée n'est pas d'application. En dehors des périmètres d'intérêt paysager, les actes et travaux pourraient-ils être faits sans porter attention au paysage ? En fait, c'est la totalité du territoire régional qui devrait être aménagée avec le souci de sauvegarder et si possible d'améliorer la qualité des paysages, démarche qui conduirait à … la suppression des périmètres d'intérêt paysager. Le civisme n'ayant pas encore atteint cette maturité en Wallonie, la délimitation de ces périmètres restera nécessaire, même si elle sera toujours marquée par une certaine subjectivité.

3. La révision du plan de secteur

Le décret du 6 mars 1985 (art. 40 § 1er et 40 bis du Code ancien) stipulait que pour des opérations d'intérêt public, les plans régional ou de secteur pouvaient faire l'objet d'une révision partielle. Pendant les 15 ans d'application de ce décret (de 1985 à 2000), quelque 360 dossiers de révision partielle de plans de secteur ont été ouverts et 140 d'entre elles ont fait l'objet d'une adoption définitive par arrêté de l'Exécutif régional ou du Gouvernement.

Les révisions partielles ayant pour origine « les travaux et ouvrages dont l'utilité publique est reconnue par arrêté » ont le plus souvent conduit à l'inscription au plan de zones d'activité économique sur des terrains antérieurement repris en zone agricole.

Aucune révision partielle n'a été mise en œuvre en vue d'accroître la protection de la nature par la planification spatiale. Leur multiplication portait atteinte à la crédibilité des plans de secteur.

Sur la proposition du Ministre ayant l'aménagement du territoire dans ses attributions, l'Exécutif régional wallon a pris en séance du 23 avril 1993 la décision de principe de mettre en révision totale l'ensemble des 23 plans de secteur de Wallonie. Les objectifs fixés par le Gouvernement de l'époque peuvent être regroupés selon deux orientations principales :

- actualiser l'affectation de l'espace wallon en ce qui concerne les zones d'habitat et toutes les zones que l'on peut ranger dans la catégorie des zones d'activité économique ;
- sauvegarder les espaces non bâtis et renforcer la protection de l'environnement et des paysages.

La méthodologie d'élaboration de l'avant-projet de plan révisant totalement un plan de secteur est fondée sur les articles 1er, 19, 20, 22, 23, 25 à 41 du Code.

- L'article 1er du Code exprime la philosophie qui anime l'aménagement du territoire en Région wallonne et dès lors celle qui fondera la révision totale des plans : « La Région et les autres autorités publiques ... rencontrent les besoins ... par l'utilisation parcimonieuse du sol et de ses ressources et par la conservation et le développement du patrimoine ... ».

- En son article 20, le Code donne aux pouvoirs publics la possibilité de s'opposer aux intérêts des propriétaires fonciers : « Les prescriptions des plans peuvent impliquer des restrictions au droit de propriété, en ce compris l'interdiction de bâtir ou de lotir ».

- L'art. 22 dispose que « le plan de secteur s'inspire des indications et orientations contenues dans le schéma de développement de l'espace régional ». Si le SDER comporte nombre de considérations intéressantes sur la philosophie de l'aménagement, la planification spatiale, l'urbanisme, la participation des citoyens, etc., deux pages seulement sur les 230 que compte le document sont consacrées à la révision des plans de secteur, alors que ceux-ci constituent (avec les plans communaux) les seuls documents crédibles d'aménagement du territoire en Wallonie. La 1^è page est consacrée à l'énoncé des articles du Code rappelés ci-dessus et à l'invocation de la « structure spatiale » de la Wallonie. Celle-ci est malheureusement sans utilité pratique pour la révision des plans de secteur attendu qu'elle consiste en un classement des communes et agglomérations de la Région par ordre d'importance et une description des grandes infrastructures, le reste du territoire étant réparti selon le découpage classique en régions géographiques. La seconde page comprend quelques recommandations d'ordre général telles que : éviter la dispersion de l'habitat, recycler les terrains à l'abandon (friches, sites d'activité économique désaffectés) et veiller à la protection des ressources naturelles du sol et du sous-sol.

Le SDER n'émet aucune considération sur les zones d'habitat mais s'attache un peu plus longuement aux zones de loisirs dont il est dit qu'il est nécessaire de reprendre en zone non constructible les localisations inadaptées et aux zones d'activité économique mal localisées qui devront être réaffectées. Enfin le SDER rappelle la nécessité de prendre en compte la réversibilité de l'usage du sol, de réguler le cycle de l'eau, de programmer l'exploitation des ressources naturelles dans le cadre d'un développement durable, de protéger la qualité des paysages, du patrimoine bâti et du patrimoine naturel. Le document ne donne aucune proposition sur une méthodologie portant sur la révision des plans de secteur.

Lors de la révision des plans, l'analyse des espaces inscrits en zone agricole révèlera probablement que certaines terres marginales du point de vue de leur valeur pédologique sont en réalité des sites d'intérêt biologique qu'il conviendra dès lors d'affecter en zone naturelle. D'autre part, le boisement de terres agricoles étant l'un des moyens prévus par la Communauté européenne pour appliquer la nouvelle politique agricole, il convient d'être attentif aux conséquences de cette politique. Le souci d'interdire le boisement, qui peut paraître aller à contre-courant de l'opinion largement répandue selon laquelle « planter des arbres est toujours une bonne opération », peut trouver son origine dans diverses préoccupations d'ordres esthétique ou écologique. Ainsi le boisement peut perturber la qualité de certains paysages ou encore introduire des coupures regrettables entre des groupes d'habitations d'un même village, en particulier en haute Belgique. D'autre part, le boisement systématique des terres soustraites à la production diminue les possibilités d'enrichir le capital de biodiversité. Dès lors, aux plans de secteur qui seront mis en révision totale, les affectations qui seront données aux terrains actuellement inscrits en zone agricole devront être choisies en prenant simultanément en compte leur valeur sur les plans de la pédologie, de la biodiversité et de l'économie.

Au cours des quatre dernières décennies marquées dans notre pays par une appréciable augmentation de la richesse matérielle mais aussi par le gaspillage, la dilapidation des ressources naturelles et la détérioration du milieu de vie tant urbain que rural, les plans de secteur ont été les principaux instruments réglementaires d'aménagement qui ont contribué dans une mesure non négligeable à contenir les atteintes portées à l'environnement naturel et construit. Souvent, ils ont également permis d'orienter les investissements publics vers les sites les plus adéquats compte tenu des mentalités qui prévalaient à l'époque où ils ont été élaborés.

La révision totale devrait être menée en abandonnant la démarche qui avait conduit lors de l'élaboration des projets de plans de secteur à réserver de trop grands espaces à l'urbanisation et à affecter à la ruralité le solde du territoire ainsi découpé. Pour rencontrer les objectifs de gestion parcimonieuse du sol, de recentrage, de protection des patrimoines, il conviendrait de déterminer d'abord les parties du territoire qui ne devraient pas être urbanisées pour de multiples motifs : protection des terres agricoles de valeur, des bois, du patrimoine biologique, du sous-sol, des paysages, non-occupation des zones de contrainte physique majeure (zones inondables, zones karstiques, terrains en pente, etc. ...) et ensuite de déceler dans le solde du territoire, les terrains les plus propices à l'extension de l'urbanisation, pour autant que celle-ci réponde à une nécessité.

C. Les règlements d'urbanisme

Depuis le vote des lois de réforme institutionnelle des 8 août 1980 et 8 août 1988, les deux niveaux de décision en aménagement du territoire et en urbanisme sont dans notre pays la Région et la commune. Le Code prévoit en ses articles 76 à 83 que les autorités de ces aires territoriales peuvent adopter des règlements généraux ou communaux d'urbanisme. Il existe à l'heure actuelle six règlements généraux d'urbanisme : trois d'ordre technique et trois d'ordre urbanistique qui sont les suivants :

– le règlement général sur les bâtisses applicable aux zones protégées de certaines communes en matière d'urbanisme (art. 393 à 405 du Code) ;
– le règlement général sur les bâtisses en site rural (RGBSR, art. 417 à 430 du Code) ;
– le règlement général relatif aux enseignes et aux dispositifs de publicité (art. 431 à 442 du Code).

Le RGBSR a été adopté par arrêté du Gouvernement wallon du 10 juillet 1985. Celui-ci poursuivait un double but : lutter contre la médiocrité des constructions érigées aujourd'hui dans les villages et décourager la prolifération des maisons isolées. Les deux phénomènes dénoncés sont l'absence de référence à l'architecture régionale et le gaspillage d'espace sont dans une large mesure liés. C'est la possibilité de construire sur parcelle large qui incite le maître d'ouvrage à personnaliser à l'excès sa maison sans souci de l'environnement construit. Or le plus souvent les moyens financiers limités dont il dispose ne lui permettent pas de s'assurer la collaboration d'artistes ou d'artisans de valeur. Dès lors la personnalisation de sa construction s'exprime dans la forme agressive, les ajouts dérisoires, les matériaux inappropriés.

Le RGBSR comporte des règles urbanistiques générales et des règles urbanistiques particulières caractéristiques de l'habitat rural dans les huit régions géographiques définies par Christians pour la Wallonie : Plateau limoneux hennuyer, Plateau limoneux brabançon, Hesbaye, Pays de Herve, Condroz, Fagne-Famenne, Ardenne, Lorraine.

Les règles urbanistiques générales ont trait :

– à l'implantation des volumes et à l'aménagement de leurs abords,
– à l'installation des garages,
   – au traitement des volumes des toitures et des cheminées,
   – au traitement des baies,
   – à la tonalité et à la texture des matériaux,

– au traitement des volumes secondaires.

Les règles urbanistiques particulières applicables à chacune des huit régions reposent sur trois caractéristiques fondamentales : le mode d'implantation, le gabarit, les matériaux.

L'objectif poursuivi est de favoriser, lors des demandes de permis d'urbanisme, l'intégration au contexte naturel et bâti des nouvelles constructions ou des transformations, par l'application des dispositions du règlement spécifiques à la région géographique dans laquelle la demande est introduite. Il vise non seulement à sauvegarder les immeubles ou groupes d'immeubles dont la morphologie respecte les caractéristiques du bâti de la région, mais aussi à remodeler les immeubles dégradés et à favoriser la construction de maisons dans le respect de ces caractéristiques. Des dérogations sont prévues à toutes les dispositions du règlement.

Des arrêtés ministériels ont fixé la liste des 145 territoires communaux auxquels le règlement s'applique. Ceux-ci sont inscrits en zone d'habitat ou d'habitat à caractère rural, ou d'équipement communautaire aux plans de secteur, mais aucune des dispositions du règlement n'interdit qu'il soit appliqué à des constructions situées en zone agricole. Enfin, il est courant qu'il soit imposé comme conception du bon aménagement par l'autorité communale ou régionale même en dehors des 145 zones dans lesquelles il est formellement d'application.

Le règlement général en site rural se borne à régler les modes de construction, par des prescriptions ayant trait à l'implantation, au gabarit, aux matériaux, aux percements et aux couleurs. Il est muet en ce qui concerne l'espace public de l'habitat rural, méconnaissant le fait que le village, le hameau sont confrontés eux aussi aux problèmes posés par la vie moderne : intrusion exorbitante de la voiture, embarras de stationnement, perturbation du gabarit des voiries, enlaidissements produits par l'installation des réseaux (électricité, téléphone, télédistribution), publicité commerciale anarchique, imperméabilisation inutile du sol, etc. Or ces problèmes ne sont pas mieux résolus dans les villages que dans les villes par suite de l'illusion qui prévaut chez les urbains ... et les ruraux qu'à la campagne, les problèmes d'encombrement n'existent pas. Il serait donc opportun de compléter ce règlement général par un ensemble de dispositions traitant de l'espace public des agglomérations rurales, notamment par l'adaptation à ces dernières des dispositions figurant dans le règlement général sur les bâtisses applicable aux zones protégées en matière d'urbanisme.

Le règlement d'urbanisme d'ordre esthétique rencontre souvent une opposition qui s'exprime de diverses façons pour le rejeter. Certains invoquent l'exercice de la liberté individuelle, nombre d'architectes en appellent au droit du créateur, de bons esprits émettent des doutes sur la capacité qu'il aurait d'améliorer la qualité esthétique des constructions ou d'éviter la dégradation des sites. Ces objections sont partiellement fondées. La difficulté de s'accorder tient évidemment au fait que les matières réglées par ce type de règlement ne sont que partiellement quantifiables, qu'elles relèvent de la sensibilité, du goût (bon ou mauvais), de la culture dominante. Toutefois, on peut répondre que le droit de bâtir sa maison, qui appartient à chacun, doit être tempéré par le « droit au paysage » qui appartient à la collectivité.

D. La protection du patrimoine rural par le classement

Les dispositions contenues dans le livre III du Code wallon modifié par le décret du 27 novembre 1997 ont été remplacées par le décret du 1er avril 1999 (art. 5 et 6) relatif à la conservation et à la protection du patrimoine.

L'article 196 du Code dispose que le Gouvernement peut classer des biens immobiliers à titre : a) de monument, b) d'ensemble architectural, c) de site, d) de site archéologique tels que définis à l'article 185, al. 2. Il peut également inscrire sur une liste de sauvegarde les biens immobiliers tels que définis à cet article 185 pour une période de douze mois prenant cours à la date de l'inscription (art. 193).

Les effets des mesures de protection ne sont pas négligeables. Les arrêtés de classement de biens culturels immobiliers (monument, ensemble, site) pris par le Roi ou le Gouvernement, de même que les arrêtés inscrivant ces biens sur une liste de sauvegarde comportent un article interdisant aux propriétaires, sauf autorisation préalable du Roi ou du Gouvernement, d'apporter ou de laisser apporter au bien aucun changement définitif qui en modifie l'aspect. Lorsqu'il s'agit de sites, ces restrictions s'appliquent le plus souvent à des biens inscrits au plan de secteur en zones agricole, forestière, d'espaces verts ou naturelles.

En application de l'art. 208, tous les effets du classement s'appliquent provisoirement aux biens immobiliers faisant l'objet d'une procédure de classement pendant une période d'un an prenant cours à la date à laquelle le Gouvernement entame la procédure. L'inscription sur la liste de sauvegarde produit vis-à-vis du bien les mêmes effets que s'il était classé.

En fin d'année 2000, la Wallonie comptait :

- 2700 bâtiments, classés comme monuments ;
- 45 groupes de bâtiments, classés comme ensembles architecturaux, dont 23 ne comportaient aucun monument ;
- 1200 biens immobiliers classés comme sites, dont 600 ne comportaient aucun monument ;
- 4 sites archéologiques.

En ce qui concerne les sites classés, leur superficie varie entre plusieurs dizaines d'hectares et celle occupée par la projection au sol de la ramure d'un arbre.

Ainsi que le prescrit l'article 207, al.2, la pratique de l'agriculture ne peut être entravée sur un bien agricole lorsqu'il est inscrit sur la liste de sauvegarde ou classé comme site « ... à l'exception toutefois des haies, des bosquets, des allées et des bois, des zones humides, des zones protégées pour l'intérêt que présente leur végétation ou leur faune, ainsi que du sol couvrant des sites archéologiques ».

Le classement comme site est une procédure qui a été utilisée pour protéger certains espaces suffisamment homogènes et présentant un intérêt scientifique. Depuis le vote de la loi du 12 juillet 1973 sur la conservation de la nature, les instruments réglementaires de protection de la biodiversité ont été multipliés et il semble bien que le classement comme site doive plutôt être réservé à la protection des sites présentant un intérêt historique, paysager, artistique, social ou technique et non pas à ceux offrant un intérêt biologique. C'est d'ailleurs la position prise par l'UNESCO dès 1972 pour définir les sites faisant partie du patrimoine culturel, il s'agit « d'œuvres de l'homme ou (d') œuvres conjuguées de l'homme et de la nature qui ont une valeur universelle exceptionnelle du point de vue historique, esthétique, ethnologique ou anthropologique ».

Le classement comme site peut paraître d'une grande utilité dans la politique de protection de certains paysages qui présentent une valeur particulière sur le plan de la géomorphologie, de la géographie ou de l'histoire. Le recours au classement soulève cependant la même question que celle rencontrée par le naturaliste lorsqu'il érige une partie de territoire en réserve naturelle. Tant le paysage classé que la réserve étant appelés à se transformer sous l'effet de multiples facteurs, le conservateur devra intervenir sur ces espaces pour y maintenir les caractéristiques (d'ordre paysager, historique ... ou biologique) qui étaient au fondement du classement ou de la mise en réserve. C'est le cas des réserves naturelles dirigées.

L'apport de l'aménagement opérationnel au développement durable en milieu rural

Les plans d'aménagement (de secteur, communal) de même que les règlements régionaux et communaux d'urbanisme relèvent de la planification à caractère réglementaire, ils n'imposent leurs prescriptions que dans la mesure où une activité (essentiellement celle de bâtir) s'exerce. La police des constructions (les permis d'urbanisme et de lotir) permet à l'autorité d'empêcher la réalisation d'actes contraires aux destinations fixées par les plans et aux dispositions contenues dans les règlements. Pour mettre en œuvre la conception de l'aménagement réglementaire, les pouvoirs publics doivent faire de l'aménagement opérationnel.

Les principales activités qui relèvent de cet aménagement en Wallonie sont les suivantes :

- l'équipement des zones d'activité économique ;
- la rénovation des sites d'activité économique désaffectés ;
- la rénovation urbaine ;
- la revitalisation urbaine ;
- le développement rural ;
- le remembrement légal de biens ruraux.

Ces activités ont pour fin générale d'accroître la prospérité matérielle et d'améliorer le cadre de vie.

A. La rénovation rurale

Les mutations du monde rural depuis la 2ᵉ guerre mondiale ont conduit les pouvoirs publics de Wallonie à mettre en œuvre une politique de rénovation du territoire rural. Les premières opérations de rénovation rurale ont ainsi été promues à partir de 1975 dans 8 communes pilotes dont la totalité, ou une partie importante du territoire, présentait les caractéristiques de la ruralité, essentiellement par la présence d'exploitations agricoles et la typologie de l'habitat rural. En 1990, quelque 37 communes avaient conclu avec le Ministère de la Région wallonne des conventions destinées à leur permettre de bénéficier de subsides à la rénovation. En fait, toutes les communes rurales de Wallonie sont concernées par la rénovation de leur patrimoine tant naturel que culturel ou simplement bâti. A l'exception du « sillon industrialisé » de Wallonie et des noyaux agglomérés des quelque 80 villes petites et moyennes formant le réseau urbain réparti au nord et au sud de ce sillon, tout le reste de la région peut être considéré comme une zone potentielle de rénovation rurale.

Menée dans le but d'améliorer la qualité du patrimoine naturel et construit, prenant en compte les projets de diversification de l'économie, coordonnée avec le remembrement de biens ruraux s'il en existe, la rénovation est une action prioritaire à laquelle les communes rurales devraient consacrer une part appréciable de leurs ressources.

Progressivement le concept de rénovation rurale a fait place à celui de développement rural. En effet, l'attention portée à un mode de vie original qui fut celui de nos sociétés pendant des siècles, le souci de sauvegarder un patrimoine naturel et bâti menacé de destruction, la volonté d'accroître la participation des citoyens ont conduit le conseil régional à adopter une législation spécifique à la ruralité, concrétisée dans le décret du 6 juin 1991 relatif au développement rural. (cf. Noel, 2001).

B. Le remembrement légal de biens ruraux

L'objectif principal poursuivi par la loi du 22 juillet 1970 relative au remembrement légal de biens ruraux, modifiée par les lois des 12 juillet 1976 et 10 janvier 1978 et par le décret du 28 février 1991, est de rendre plus aisée la mise en valeur des terres agricoles et d'améliorer les structures des exploitations.

Le remembrement comporte généralement deux opérations destinées à améliorer les structures des exploitations agricoles :

1. Le relotissement des terres comprises dans un périmètre déterminé, afin de remédier au morcellement spontané, conséquence des ventes et des successions.

2. L'exécution de travaux d'équipement (réseau de voiries permettant de désenclaver le plus grand nombre possible de parcelles) et de travaux de bonification foncière (régulation de voies d'écoulement d'eaux, irrigation, drainage, nivellement, etc.)

Le remembrement peut également réaliser des travaux d'intérêt général destinés à améliorer le milieu de vie rural par :
- la création de meilleures liaisons entre les villages ou de chemins de promenade ;

- la mise en valeur de sites présentant un intérêt écologique ;
- la réalisation de travaux d'adduction d'eau et d'électricité.

Le plan de secteur ou le plan communal peut s'écarter des dispositions planologiques prises en exécution de la loi du 22 juillet 1970 relative au remembrement rural et inversement. Il s'agit de deux législations indépendantes qui n'ont pas la prééminence l'une sur l'autre. Il y a donc cumul de leurs prescriptions. Le gouvernement procède le cas échéant à la révision du plan de secteur ou du P.C.A. dont le contenu serait contraire aux dispositions prises ultérieurement en exécution de cette loi (art. 24, al.6).

Les terrains ayant fait l'objet, aux frais de la collectivité, d'opérations de regroupement de parcelles et de bonification foncière ont été choisis dans l'immense majorité des cas en raison de leur valeur pédologique et de leur relief. Dès lors que l'opération de remembrement soit ou non achevée, il n'existe aucune raison de livrer ces terrains à une quelconque forme d'urbanisation.

S'ils ont certainement contribué à améliorer les structures des exploitations agricoles par le relotissement des terres et l'exécution de travaux, les remembrements ont souvent suscité chez les protecteurs de la nature scepticisme voire réprobation. En fait la législation ne prenait que faiblement en compte la protection des sites d'intérêt biologique compris dans le périmètre de remembrement.

La protection des sites peut se faire à plusieurs étapes de l'opération de remembrement :

- La loi a tout d'abord prévu une mesure de sauvegarde en son art. 2 qui stipule : « Ne sont pas compris parmi les biens à remembrement : ... 2° les sites classés par arrêté royal en vertu de la loi du 7 août 1931, sauf autorisation de la Commission royale des Monuments et des Sites ».
- L'article 4 dispose : « Le Ministre de l'Agriculture peut, après consultation du ministre ayant l'aménagement du territoire dans sa compétence, décider qu'il sera procédé à une enquête sur l'utilité du remembrement... ».
- Enfin, l'art. 12 prévoit en son al. 7 que : «Une copie de l'arrêté royal (décrétant qu'il y a lieu de procéder au remembrement des biens), accompagné du plan parcellaire et de la description sommaire des travaux à effectuer, est adressée par le Ministre de l'Agriculture à la Commission royale des Monuments et des Sites, aux fins de recueillir son avis sur l'incidence éventuelle de ces travaux sur la conservation du site ainsi que de sa flore et de sa faune naturelles... ». Toutefois la dernière phrase de l'alinéa 7 est ainsi libellée : «Le Comité tient compte de cet avis dans la mesure où il juge compatible avec la réalisation du remembrement », restriction qui diminue fortement l'utilité de la consultation.

Pour tenter de rencontrer les soucis de sauvegarde des paysages et de conservation de la nature, la circulaire ministérielle du 22 février 1977 (Califice) relative aux conditions et procédures à appliquer par les comités de remembrement en matière de travaux d'aménagement des sites dispose que ces travaux comportent deux phases distinctes faisant l'objet de plans :

- le plan d'évaluation du site à remembrer dont le but est de « servir de guide pour le comité de remembrement et la commission consultative lors des études de relotissement et des travaux à exécuter en matière de voirie, de voies d'écoulement d'eau, d'aménagement du parcellaire, d'assainissement et de bonification foncière".
- le plan d'aménagement du site qui a pour but de restaurer les sites altérés par les opérations de restructuration foncière, de marquer les éléments négatifs altérant le paysage, d'aménager et de parfaire les sites existants valables, d'aménager des « brisevent » en vue d'assurer une meilleure production agricole.

Il peut arriver que le périmètre du remembrement rural englobe des sites de grand intérêt biologique. Leur protection rencontre de nombreuses difficultés.

- L'élaboration des plans d'évaluation et d'aménagement est menée non pas préalablement mais au cours de la procédure de remembrement. Ces plans, s'ils sont communiqués à la commission consultative, ne sont pas soumis à enquête publique.

- Dans ses décisions, le comité de remembrement n'est pas tenu au respect du plan d'évaluation, ni du plan d'aménagement, il ne « doit motiver sa décision que, dans les cas où la loi sur le remembrement requiert l'avis de la Commission consultative et dans la mesure où cette décision déroge à cet avis ». (art. 15, al. 5)

- Dans l'hypothèse la plus favorable où les plans prescrits par la circulaire s'attachent à protéger les sites d'intérêt biologique, ni la loi sur le remembrement, ni la circulaire du 23.12.1976 ne prévoient que ces sites puissent recevoir un statut spécial de protection tel que la mise en réserve naturelle en application de la loi sur la conservation de la nature; ils ne peuvent recevoir une autre affectation que celle de l'agriculture.

- Si le comité est disposé à favoriser la création d'une réserve naturelle, la loi permet d'attribuer les parcelles en cause uniquement aux propriétaires existant avant le remembrement. Le comité ne peut soustraire des parcelles de la superficie comprise dans le périmètre que pour la création de nouveaux chemins, nouvelles voies d'eau et ouvrages connexes (art. 24).

La seule solution laissée à une association de protection de la nature pour créer une telle réserve naturelle dans un remembrement est, soit de devenir propriétaire des parcelles formant le site à protéger, soit de passer des accords avec le(s) propriétaire(s) disposé(s) à gérer de leur plein gré le site de manière à ce qu'il garde sa valeur biologique.

Les articulations entre le code de l'aménagement du territoire et les législations sur la protection de la nature

Dans les domaines de l'aménagement et de l'environnement, l'abondance des lois, décrets et règlements, et leur diversité sont devenues telles qu'une même activité peut être soumise à des décisions administratives relevant de législations différentes ayant des objectifs propres : protection de l'environnement, gestion des ressources en eau, aménagement du territoire, politique agricole, etc. Cette diversité des législations peut-elle conduire les pouvoirs publics à mener des politiques qui seraient contradictoires ?

En 1974, le Conseil d'Etat a posé en principe l'absence de prééminence d'une législation sur une autre à défaut d'indication en sens contraire (C.E. arrêt Huriaux-Ponselet, n° 16.236). Ainsi une réglementation relative à l'aménagement du territoire ne peut l'emporter sur une réglementation poursuivant des objectifs voisins mais différents tels que ceux de la protection de la nature. Mais la jurisprudence est venue nuancer cette position de principe et le législateur a pris de nombreuses dispositions qui tendent à éviter ces contradictions. Tantôt il procède à une unification des décisions existantes, ou il dispose que des prescriptions ne doivent pas être appliquées si elles entrent en contradiction avec d'autres prescriptions, ou encore il stipule que c'est la décision la plus récemment adoptée qui a la primauté etc. (Jadot, 1989).

A. La loi du 12 juillet 1973 sur la conservation de la nature

Modifiée par le décret du 11 avril 1984, cette loi est complétée par des dispositions particulières pour la Région wallonne, par le décret du 7 octobre 1985 et par les décrets du 7 septembre 1989.

Cette législation vise à sauvegarder le caractère, l'intégrité et la diversité de la nature par des mesures de protection de la flore, de la faune, de leurs habitats ainsi que du sol, du sous-sol, des eaux et de l'air. La loi prévoit la possibilité de créer des réserves naturelles (section 1) des réserves forestières (section 2) et des parcs naturels (section 3).

1. Les réserves naturelles et forestières

La réserve naturelle « constitue une aire protégée » qui peut être :

– intégrale, si le but poursuivi est « d'y laisser les phénomènes naturels évoluer selon leurs lois » (art. 7) ;
– dirigée, lorsqu' « une gestion appropriée tend à la maintenir dans son état » (art. 8) ;
– domaniale, lorsqu'elle est érigée « sur des terrains appartenant à la Région wallonne, pris en location par elle ou mis à sa disposition à cette fin » (art.9). agréée, lorsqu'elle est « gérée par une personne physique ou morale autre que la Région, reconnue par l'Exécutif (le Gouvernement wallon), à la demande du propriétaire des terrains et avec l'accord de leurs occupants » (art.10).

Les réserves naturelles domaniales au nombre de 45 en Wallonie, couvrent une superficie d'environ 5.150 ha. Elles ne représentent pas la totalité des habitats d'un grand intérêt biologique existant en Wallonie (Schoonbroodt, 1994). Nombre de terrains présentent ces qualités, qui appartiennent aux pouvoirs publics, devraient être érigés en réserve domaniale en sorte de bénéficier d'une gestion qui les mettent à l'abri de la destruction ou de la banalisation.

Les réserves naturelles agréées, érigées par le Gouvernement wallon à l'initiative d'associations, ont une superficie totale d'environ 400 ha. Ces associations gèrent de leur côté des réserves naturelles qui s'étendent sur environ 5.000 ha.

La réserve forestière « est une forêt protégée ... dans le but de sauvegarder des faciès caractéristiques ou remarquables, des peuplements d'essences indigènes et d'y assurer l'intégrité du sol et du milieu » (art. 20). Les réserves forestières de la Région couvrent environ 250 ha.

Les pouvoirs publics de Wallonie n'ont pas montré un zèle excessif dans la constitution de réserves naturelles ; toutes catégories confondues, elles ont une superficie totale d'environ 12.000 ha, soit moins de 1% du territoire wallon (16.840 km²). Les réserves naturelles et forestières, reprises dans les « zones centrales » du réseau écologique, seront normalement inscrites en zone naturelle aux plans de secteur mis en révision totale.

La loi du 12 juillet 1973 dispose en son art. 42 : « La création des réserves naturelles domaniales et des réserves forestières, ainsi que l'agrément des réserves naturelles visées à l'article 10 de la présente loi, ne peuvent aller à l'encontre des prescriptions des plans d'aménagement et des projets de plans régionaux et de secteur ». Cette disposition n'infirme pas le principe d'absence de prééminence d'une législation sur une autre, attendu que c'est par une disposition expresse que le législateur de l'époque (1973) a entendu affirmer la primauté des prescriptions d'aménagement sur celles de la protection de la nature. Selon Jadot : « Le législateur écarte toute contradiction quand il limite le pouvoir d'appréciation d'une autorité en raison de la conformité à assurer à des décisions précédemment arrêtées dans le cadre de réglementations autres » (Jadot, 1989). En fait, l'art. 42 tend à orienter la constitution de réserves naturelles vers les terrains repris au plan de secteur en zone non destinée à l'urbanisation (agricole, forestière, espaces verts) qui représentent certainement une superficie potentielle considérable, et à négliger les autres. En effet, si les prescriptions des zones « d'urbanisation » du plan de secteur comportent la possibilité d'y créer des espaces verts, et même l'imposent, la création de réserves naturelles ou l'agrément de celles-ci dans ces zones n'est que rarement envisagée alors que nombre d'éléments du maillage écologique (haies, bosquets, mares, landes, pelouses, vergers à haute tige) y subsistent et que dans l'état actuel de la législation le statut de réserve naturelle est le seul qui puisse assurer une réelle protection des sites naturels. Rappelons toutefois que le P.C.A. présente une précision telle que ces éléments du maillage écologique doivent être repris dans le plan de situation existante et être inscrits dans la zone adéquate du plan de destination.

2. Les parcs naturels

La loi du 12.07.1973 prévoit la possibilité pour une commune, une intercommunale, une province ou la Région de créer de tels parcs.

Le décret du 16 juillet 1985 définit le parc naturel en son art. 1er comme étant : « ... un territoire rural, d'un haut intérêt biologique et géographique, soumis ... à des mesures destinées à en protéger le milieu, en harmonie avec ... le développement économique et social du territoire concerné. Tout parc naturel couvre une superficie minimum de 5.000 ha d'un seul tenant ».

En son art. 11, le décret dispose que : « Si le parc naturel n'est pas inscrit dans un plan d'aménagement ou si le plan de gestion comprend ... des modifications à apporter à un plan d'aménagement, l'arrêté par lequel l'Exécutif décide la création d'un parc naturel, décide également la mise en révision du plan d'aménagement conformément à l'article 40 du Code » (art. 46 du Code modifié). Ainsi, 12 ans après la loi du 12 juillet 1973, la démarche du législateur quant aux articulations à établir entre aménagement du territoire et protection de la nature avait changé : si le plan n'est pas conforme aux objectifs poursuivis par la création du parc naturel, le plan doit être modifié.

Le décret accorde un rôle considérable à la commission de gestion du parc prévue par l'art. 7. L'art. 12 stipule que les permis de bâtir relatifs à certains travaux de construction dans les parcs naturels ne peuvent être délivrés sans son accord préalable : construction et exhaussement de barrages destinés à la production d'eau potable, construction d'oléoducs, gazoducs et lignes à haute tension, construction, élargissement et modification du tracé d'autoroutes ainsi que de voies ferrées, construction et extension d'installations militaires et d'aérodromes.

A ce jour, le territoire de la Région wallonne comporte neuf parcs naturels qui couvrent 315.880 ha.

B. La décision de l'Exécutif régional wallon du 2 novembre 1987 désignant des zones de protection spéciale

Elle est requise par l'art. 4 de la directive européenne n° 79/409 du 2 avril 1979 concernant la conservation des oiseaux sauvages. La directive prescrit en son art. 2 qu'« il appartient aux Etats membres de prendre toutes les mesures nécessaires pour maintenir ou adapter la population de toutes espèces d'oiseaux ... à un niveau qui corresponde aux exigences écologiques, scientifiques et culturelles compte tenu des exigences économiques et récréactionnelles ».

Le dispositif de protection est instauré à deux niveaux :

a) d'une part la décision désigne des « périmètres-cadres » dans lesquels la protection porte sur des habitats spécifiques : zones humides y compris tourbières, landes humides et sèches, prairies humides et prés de fauche, broussailles thermophiles, ruisseaux et leurs rives, pelouses sèches, haies semi-naturelles, forêts de feuillus indigènes, etc. Ces périmètres-cadres, au nombre de 13 en Wallonie, occupent une superficie totale de 334.500 ha, soit le cinquième de la superficie du territoire wallon, couvrent des terrains inscrits dans leur majorité en zones forestière, agricole ou d'espaces verts, mais aussi pour partie en zones d'habitat, d'activité économique ou de loisirs aux plans d'aménagement en vigueur (plan de secteur ou P.C.A.).

b) d'autre part, à l'intérieur des périmètres-cadres, la décision désigne les sites les plus sensibles ou « zones-noyaux ». Le Gouvernement wallon n'ayant pas fixé par arrêté ces sites les plus sensibles, le prescrit de la directive européenne s'applique à la totalité des zones de protection spéciale, selon la jurisprudence de la Cour de Justice des Communautés européennes. Dans son arrêt du 02 août 1993 (n° c-355/90 Commission/ Espagne), la Cour a indiqué que, dans la mise en œuvre de la directive, certaines dispositions sont impératives : « ... les Etats membres ne sont pas habilités à invoquer, à leur gré, des raisons de dérogation tirées de la prise en compte d'autres intérêts pour pallier l'exécution de leurs obligations européennes en la matière ». Cette jurisprudence particulièrement restrictive de la Cour de Justice a été prise en compte par le Conseil d'Etat lorsqu'il fut appelé à se prononcer sur les modifications partielles de plan de secteur ayant pour objectif la création ou l'extension d'entreprises industrielles ou de loisirs à l'intérieur du périmètre-cadre des zones de protection spéciale. Le Gouvernement wallon sera conduit à résoudre ce problème en conciliant les exigences d'ordre écologique posées par la directive et les intérêts d'ordre économique souvent défendus par les autorités locales. Les zones de haute protection écologique ou « zones-noyaux » seront normalement inscrites en zone naturelle aux plans de secteur qui seront mis en révision totale.

C. L'arrêté de l'Exécutif régional wallon du 8 juin 1989 relatif à la protection des zones humides d'intérêt biologique

Aux termes de l'art. 1er de cet arrêté : « Les zones humides d'intérêt biologique sont des étendues de marais, de fagnes, de tourbières ou d'eaux naturelles ou artificielles, permanentes ou temporaires, où l'eau est statique ou courante, et dont la valeur écologique et scientifique est reconnue par arrêté du ministre chargé de la conservation de la nature ... ».

Les art. 2 et 3 décrivent un ensemble d'actes et de travaux qui sont interdits dans ces zones humides et l'art. 5 dispose que : « L'Exécutif peut ... accorder des dérogations individuelles aux art. 2 et 3 du présent arrêté, ... exclusivement pour les motifs ci-après : ...

2. pour prévenir les dommages importants aux cultures, au bétail, aux forêts, aux pêcheries et aux eaux ;
3. pour la protection de la flore et de la faune ».

Douze zones ont été désignées en tant que zone humide d'intérêt biologique, au sens de l'arrêté de l'Exécutif régional wallon du 8 juin 1989. Ces zones humides d'intérêt biologique seront reprises en zone naturelle aux plans de secteur mis en révision.

D. La directive 92/43/CEE du Conseil du 21 mai 1992, concernant la conservation des habitats naturels ainsi que de la faune et de la flore sauvages

Dite directive « Habitats », elle fut modifiée par la directive 97/62/CE du Conseil du 27 octobre 1997 portant adaptation au progrès technique. L'article 2, al.1 dispose : « La présente directive a pour objet d'assurer la biodiversité par la conservation des habitats naturels ... sur le territoire européen des Etats membres où le traité s'applique » et l'article 2, al.3 : « Les mesures prises en vertu de la présente directive tiennent compte des exigences économiques, sociales et culturelles, ainsi que des particularités locales et régionales ». En Wallonie, cette directive concerne la conservation de 44 types d'habitat dont 10 types prioritaires de l'annexe I et 31 espèces animales et végétales de l'annexe II de la directive. Celle-ci fixe la procédure de création du « Réseau Natura 2000 », réseau européen de sites protégés comprenant :

– les zones de protection spéciale (ZPS)
– les zones spéciales de conservation (ZSC).

Chaque état membre de l'Union a été invité à préparer des listes de sites d'intérêt naturel, parmi lesquels des sites d'importance communautaire (SIC) seront sélectionnés sur base de plusieurs critères (rareté, qualité) et désignés en zone spéciale de conservation (ZSC) avant juin 2004.

Au 13 septembre 2000, quelque 10.800 sites, s'étendant sur une superficie d'environ 370.000 km² soit 11,6% du territoire de l'Union européenne, étaient proposés par les états membres.

En mars 2000, la Région wallonne a proposé 165 sites, soit 1,3% du territoire régional, alors que la proportion de 10% de ce territoire consacrée au réseau « Natura 2000 » est considérée comme minimale pour assurer la conservation des espèces à protéger en priorité.

L'apport des législations sur la protection de l'environnement au développement durable

Ainsi qu'on l'a indiqué, la législation sur la protection de l'environnement est aujourd'hui abondante, en raison notamment de ce que la communauté européenne est devenue un législateur très actif dans ce domaine, souvent il faut bien le reconnaître, au bénéfice de populations appartenant à des pays tels que la Belgique, dont les mandataires politiques sont loin d'avoir pris conscience de la gravité des atteintes portées à l'environnement.

On se bornera à citer quelques-unes des dispositions importantes adoptées au cours des 15 dernières années en Wallonie.

A. La législation relative à l'évaluation des incidences d'actes et travaux sur l'environnement

En Région wallonne, la matière est réglée par un décret et un arrêté.

– Le décret du 11 septembre 1985 organisant l'évaluation des incidences sur l'environnement dans la Région wallonne. L'art. 7 de ce décret dispose notamment que toute demande de permis d'urbanisme ou de lotir doit être accompagnée d'une notice d'évaluation préalable des études d'incidence sur l'environnement.

– L'arrêté de l'Exécutif régional wallon du 31 octobre 1991 portant exécution de ce décret.

En application de cet arrêté, la délivrance de certains actes administratifs est subordonnée à la mise en œuvre du système d'évaluation des incidences prévu par le décret. Parmi ceux-ci on peut citer les permis d'urbanisme et de lotir, les permis d'extraction, les concessions de mines, les permis de valorisation de terrils, les autorisations pour l'implantation de décharges contrôlées, de dépôts ou d'une installation de traitement de déchets, les autorisations relatives aux circuits pour l'organisation de courses de véhicules automoteurs.

B. L'état de l'environnement wallon

Le décret du 21 avril 1994 relatif à la planification en matière d'environnement dans le cadre du développement durable a repris en ses art. 3 à 7 les éléments du décret du 12 février 1987 stipulant que le Gouvernement wallon dépose chaque année au Conseil régional un rapport sur l'état de l'environnement qui est établi par le ministre ayant cette matière dans ses attributions.

C. Le plan d'environnement pour le développement durable (P.E.D.D.)

En application des art. 8 à 16 du décret du 21 avril 1994, le Gouvernement wallon a adopté le plan d'environnement le 09 mars 1995 pour la période 1995-2000.

D. Les plans communaux de développement de la nature (P.C.D.N.)

Pour appliquer les résolutions de la Conférence sur l'environnement et le Développement durable tenue à Rio en 1992, le Gouvernement, dans la continuité du plan wallon d'environnement pour le développement durable, a décidé de financer l'élaboration de « plans communaux de développement de la nature ». Le but poursuivi est d'intéresser directement les collectivités locales à la protection de la biodiversité de leur territoire. Des subsides sont accordés à celles qui remplissent certains critères pour conclure avec des auteurs de projet des contrats d'élaboration de ces plans.

Le cahier des charges montre que les inventaires et les informations destinées à former le « *survey* » comportent nombre de rubriques figurant normalement dans le document de situation existante d'un schéma de structure communal. Le risque existe de voir ainsi se multiplier les doubles emplois dans les études que les communes entreprennent.

Conclusion

La fragilité de la campagne et plus précisément celle de l'espace rural tient à plusieurs causes. C'est d'abord un espace non dégradé, permettant une occupation immédiate, sans frais de rénovation. La démonstration en a été faite dans les années 1960-1970 lors de la création de nombreux parcs industriels et de la ville universitaire de Louvain-la-Neuve, sur des terres agricoles éloignées des lieux de résidence et des réseaux de transport en commun. C'est aussi l'étendue même de l'espace rural, appréhendé par beaucoup comme étant illimité, qui lui porte préjudice. L'homme moderne conserve en ce domaine une mentalité singulièrement archaïque, considérant la nature à la fois comme une carrière dans laquelle il peut puiser impunément et comme un organisme capable de digérer ses pollutions en volume croissant. Les terres agricoles sont elles aussi considérées comme un espace-carrière qu'il est possible de consommer sans limite.

Il semble également utile de dissiper une illusion qui consiste à croire que la majeure partie de la population éprouve un intérêt, voire un attachement réel pour la nature. Le biologiste Terrasson a bien mis en garde contre cette forme d'angélisme (1989). Pour promouvoir le réseau écologique qui a d'abord un caractère scientifique, il faudra traduire la notion en un langage clair, montrer en quoi la protection de la nature en tous lieux est non seulement compatible avec le développement de la société mais aussi susceptible d'y introduire une plus grande harmonie.

En zone rurale, le risque de dégradation des espaces naturels reste bien réel. Les déplacements croissants, la tendance manifestée par les urbains à considérer la campagne comme un lieu de dépôt pour leurs rejets sont autant de facteurs de destruction qui justifient amplement l'établissement d'un réseau écologique, pour autant qu'il soit traduit dans un ensemble de décrets et de règlements donnant aux biens qu'il couvre un statut d'espace protégé. Ces mesures de sauvegarde devraient être confortées par une politique d'éducation au respect du patrimoine public, naturel et construit. Cette éducation civique pourrait utilement figurer dans les matières obligatoires des programmes d'enseignements primaire et moyen.

Enfin l'espace rural n'a pas cessé depuis la révolution industrielle, et en particulier au cours des dernières décennies, d'être un bien convoité par des acteurs concurrents qui tentent de se l'approprier et de le modeler à leur convenance. L'augmentation de la prospérité matérielle en Europe n'a pas diminué l'âpreté de cette lutte, elle en a simplement multiplié les acteurs : propriétaires terriens contre locataires exploitants, partisans de l'« *agrobusiness* » contre adeptes de l'agriculture biologique, administration bétonneuse contre associations de défense de l'écologie, marchands d'équipements de loisirs contre villageois, villageois contre seconds résidents, promoteurs de zones d'activités économiques contre fervents de la sauvegarde de la nature, apôtres du geste créateur en architecture contre promoteurs de la fausse fermette tous deux en opposition avec les puristes de l'intégration architecturale. Elles sont multiples les luttes que se livrent la masse des urbains et les derniers ruraux, les faux ruraux et les vrais urbains, et les urbains entre eux, pour dominer la campagne, pour apaiser la peur du vide et laisser sur terre la trace indélébile d'un séjour éphémère.

Aujourd'hui, il s'agit de mettre en œuvre des stratégies d'aménagement et d'urbanisme qui seront de nature à promouvoir un développement durable. Cette expression signifie que la croissance de la prospérité matérielle doit être compatible avec la protection ou le renouvellement des ressources.

Depuis le vote de la loi organique de 1962, l'aménagement du territoire a vu ainsi s'amplifier son rôle de protecteur actif du patrimoine naturel et construit. Alors qu'aux termes de l'al. 2 de l'art. 1er de cette loi, l'aménagement du territoire devait s'efforcer de « conserver intactes les beautés naturelles du pays », en quatre décennies sa mission, selon l'article 1er du Code, est devenue celle de gestionnaire d'un patrimoine, qu'il s'agisse « du sol et de ses ressources » dont il doit assurer « l'utilisation parcimonieuse » ou du patrimoine culturel, naturel et paysager dont il doit prendre en charge la « conservation et le développement ». Cette prise de conscience de la nécessité de procéder à une gestion patrimoniale des ressources mérite considération mais elle fut dans notre pays quelque peu tardive. Elle s'accorde avec la définition que Dollfus (1973) donnait déjà de l'aménagement dans son ouvrage « l'espace géographique » publié il y aura bientôt 30 ans : « L'aménagement du territoire est l'impression, dans l'espace géographique, d'une politique économique avec ses conséquences sociales, mais c'est autant une prise de conscience de la part de ses occupants du fait qu'ils sont les dépositaires et les garants d'un patrimoine qu'il convient d'utiliser au mieux des nécessités du moment, tout en le ménageant et en le préparant pour les besoins du futur ».

Bibliographie

ADESA, 1994. *Les paysages et leur protection juridique*. Région wallonne, Namur.

ANTOINE D., 1996. *Le R.G.B.S.R. Pourquoi, Comment ?*. Région wallonne, Namur.

BERQUE A., 1993. *L'écoumène : mesure terrestre de l'homme, mesure humaine de la terre pour une problématique du monde ambiant*, L'espace géographique, vol.22, n°4, pp.299-305.

BOUILLARD Ph., 1998. *Commentaire systématique du Code wallon*, Klumer, Editions juridiques Belgique, Aménagement – Environnement.

CREAT, 1996. *Incidences de la réforme de la politique agricole sur l'occupation et l'usage du sol*. Union européenne, Région wallonne, Namur.

Centre Marie Victorin, 1993. *Le réseau écologique*, Vierves s/Viroin.

CHRISTIANS C., 1982. Evaluation et perception des paysages ruraux face à leur sauvegarde. *Bulletin de la Société neuchâteloise de géographie*, n°27, pp. 133-154.

CHRISTIANS C., 1982. Les types d'espace ruraux en Belgique, *Hommes et Terres du Nord*, n°1, pp. 16-28.

Commission des Communautés européennes, 1985. *Livre vert sur l'agriculture*, Bruxelles.

DELNOY M., 1998. *Le CWATUP expliqué*, Editions de la Chambre de commerce et d'Industrie de Liège, Liège.

D.G.R.N.E., 1996. *Etat de l'environnement wallon - Le paysage*, D.G.R.N.E., Namur.

DOLFUS O., 1973. *L'espace géographique*, PUF, coll. Que sais-je ?, Paris.

Fondation Roi Baudouin, 1983. *La haie, un milieu à protéger*, Bruxelles.

FROMENT A., 1995. *Un projet de développement pour le monde rural. Les aspects écologiques* – Formation des agents communaux au P.R.A.T.W.

FROMENT A., 1999. Le paysage transversal, *Wallonie*, n° 59,

GIREA, 1985. *Rives et rivières, des milieux fragiles à protéger*. Fondation Roi Baudouin, Bruxelles.

GOFFART P.. & PALMAERTS N., 1993. *La conservation du patrimoine naturel en aménagement du territoire. Carte d'évaluation du patrimoine naturel de la Région wallonne*, Propositions juridiques, Réserves naturelles - RNOB.

GOSSELAIN P., 1998. Règlement régionaux d'urbanisme, une importance accrue, *Les échos de l'aménagement et de l'urbanisme*, n° 19.

GUIDE/CREAT/LEPUR, 2001. *Le patrimoine naturel et les paysages*, Conférence permanente de Développement territorial (CPDT), Région wallonne, Namur.

HANIN Y., 2001. Quel avenir pour les espaces agricoles, forestiers et naturels wallons ?, *Les cahiers de l'urbanisme*, n° 34, pp. 35-45.

HAUMONT F., 1996. *Répertoire notarial* – Tome XIV – Livre XIV : Urbanisme - Bruxelles, Larcier, 1996

I.G.E.A.T. (U.L.B.) et GEVER (FUSA Gx), 1997. *Etude méthodologique relative au traitement de la zone agricole dans le cadre de la révision des plans de secteur*. Ministère de la Région wallonne, Namur.

JADOT B., 1989. La diversité des systèmes législatifs affectant l'environnement permet-elle que les autorités publiques mènent des politiques et prennent des décisions contradictoires ? *Aménagement-Environnement,*, 1989/3.

LEBRUN A., 1990. *Le droit de la conservation de la nature en Wallonie*, Education-Environnement, Liège.

MERENNE – SCHOUMACKER B. (sous la direction de), 1999. *Evaluation des coûts de la désurbanisation*, LEPUR Liège.

MONTGOLFIER J. & NATALI J.M., 1987. *Le patrimoine du futur. Approche pour une gestion patrimoniale des ressources naturelles*, Economica, Paris.

NOEL S., 2001. Le développement rural durable en Région wallonne, *Bulletin de la Société géographique de Liège,* n°41, pp. 83-87.

OST F., REMY J. & VAN CAMPENHOUDT L., 1993. *Entre ville et nature, les sites semi-naturels*, Facultés universitaires Saint-Louis, Bruxelles.

REGION WALLONNE, 2001. *Document de programmation pour l'initiative communautaire Leader + en Wallonie*, Région wallonne, Namur.

R.N.O.B., 1986. *Pour une gestion naturelle des bords de route et des espaces verts urbains*, Education-Environnement, Liège.

SCHMITZ S. & CHRISTIANS C, 1998. Occupation et utilisation du sol récentes en Région wallonne - Analyses et synthèses, *Bulletin de la société belge d'études géographiques*, 1998-1, pp. 7-48.

SCHOONBRODT B., 1994. *Zones humides, des sanctuaires à protéger*, Moniteur de l'environnement, Bruxelles,.

SERUSIAUX E., 1979. *Inventaire des sites wallons d'un très grand intérêt biologique (ISIWAL)*, Interenvironnement Wallonie, Bruxelles.

SOLTNER D., 1984. *Planter des haies, brise-vent, bandes boisées.* Sciences et Techniques agricoles, Angers.

TERRASSON F., 1989. *La peur de la nature*, Sang de la Terre, Wavre.

VAN REYBROECK J.-P., 1986. Le règlement sur les bâtisses en site rural : un passage de l'aménagement du territoire à l'urbanisme ?, *Aménagement-Environnement*, 1986/1.

THIRD SESSION
Instruments for implementation

Chairs :

Erzsebet VAJDOVICH VISY, Representative of Hungary to the Task Force of the CEMAT Committee of Senior Officials

Latchezar TOSHEV, Member of the Committee on the Environment, Agriculture and Local and Regional Affairs of the Parliamentary Assembly of the Council of Europe

TROISIEME SESSION
Les instruments de mise en œuvre

Présidence :

Erzsebet VAJDOVICH VISY, Représentante de la Hongrie à la Task Force du Comité des Hauts fonctionnaires de la CEMAT

Latchezar TOSHEV, Membre de la Commission de l'environnement, de l'agriculture et des questions territoriales de l'Assemblée parlementaire du Conseil de l'Europe

Les outils des politiques publiques de développement durable des espaces naturels particuliers en Europe

Guillaume SAINTENY, Maître de Conférences à l'Institut d'Etudes politiques, Paris, France

Les politiques publiques d'environnement puis de développement durable se sont historiquement construites à l'aide de trois types d'outils

Une première approche dite « Command and control » est de type réglementaire. Elle consiste en la fixation par la puissance publique de taux, de normes, de procèdes techniques, de seuils, d'obligations de faire, de protéger, de dépolluer, qui sont ensuite contrôlés et, le cas échéant sanctionnés. Cette approche assez directive a bien fonctionné dans certains cas : la lutte contre certaines pollutions massives provenant de sources d'émission bien identifiées et en nombre limité, la protection d'espaces naturels d'intérêt exceptionnel...

Elle se révèle en revanche aujourd'hui coûteuse, lente et lourde pour lutter contre des pollutions plus diffuses et pour des protections plus décentralisées.

Du fait de ces difficultés techniques et de ces coûts administratifs mais aussi en réaction plus politique contre cette première approche, s'est développé plus récemment surtout aux Etats-Unis, une approche dite de l' « écologie de marche ». Pour les tenants de cette approche, l'environnement serait mieux protégé si les droits de propriété étaient mieux définis et si les mécanismes de marché étaient étendus à des biens qui se trouvent pour l'instant hors marché.

Pour ces tenants, cette approche semble particulièrement adaptée à la lutte contre les pollutions mais aussi à la gestion de l'eau, des milieux aquatiques ou à la protection des espaces naturels.

Une troisième approche que l'on peut considérer comme intermédiaire aux deux premières estime que les problèmes d'environnement sont dus tantôt a des failles du marché tantôt a des failles des pouvoirs publics et qu'il convient donc de remédier à ces failles, selon les cas. Il y a faille du marché quand celui-ci ne prend pas en compte certains coûts ou certains avantages pour l'environnement. Dans ces cas, il convient donc d'internaliser ces externalités négatives ou positives soit les chiffrant, en les monétisant et en les incluant dans les prix soit en corrigeant ces prix par des taxes, redevances ou au contraire par des déductions fiscales. Il y a faille des pouvoirs publics soit quand l'Etat n'intervient pas pour protéger des biens publics situés hors marché, soit quand ses interventions réglementaires, fiscales, politiques sont de fait nocives à l'environnement directement ou indirectement. Dans ces cas, il convient de supprimer ou de reformer ces interventions.

Ces différentiels types d'approche avec les outils correspondants peuvent être appliqués en matière de développement durable des espaces naturels européens particuliers.

Toutefois pour qu'il y ait développement durable au sein d'un espace naturel, il faut qu'il y ait à la fois protection et gestion de cet espace et adaptation des outils de protection et de gestion au type d'espace concerné.

Les outils de protection et leur adaptation aux types d'espaces

A. **Les outils de type "étatico-réglementaire"**

1. **L'acquisition foncière**

L'acquisition foncière est un outil parfois très utile et très adapté aux situations dans lesquelles la demande d'espace est nettement supérieure à l'offre. Dans ces cas, les réglementations existantes sont souvent tournées et les mécanismes de marché ne parviennent pas à construire un équilibre entre l'offre et la demande.

Cet outil est bien adapté à certains espaces exceptionnels, au littoral, aux espaces périurbains (cf. exemples en France du Conservatoire du littoral et de l'Agence des espaces verts de la région Ile de France).

2. La protection réglementaire

Il s'agit d'interdictions ou de restrictions d'usage sur l'espace en question. Interdictions ou restrictions d'urbanisme, de chasse, de pêche, de circulation, de cueillette, d'activités agricoles ou forestières, de promenade ... Ces interdictions ou restrictions sont adaptées à des espaces exceptionnels (classement au titre des sites, protection des abords). Elles entraînent toutefois parfois des difficultés : atteintes pas toujours indemnisées aux droits de propriété et/ou d'usage, acceptation par les populations locales... Certains espaces particuliers ont même fait l'objet de lois spécifiques propres à ces espaces (loi montagne de 1985 et loi littoral de 1986 en France, par exemple).

B. Les outils de marché

Ceux-ci sont encore peu développés en Europe. On peut distinguer :

– L'acquisition foncière par des personnes privées physiques ou morales dans un but de protection.

– La revente de ces mêmes espaces une fois grevés de servitude d'environnement.

– La certification ou labellisation de produits (FSC, MSC, agriculture biologique, agriculture raisonnée...) issus de certains espaces naturels qui incite à des pratiques protectrices sur ces espaces.

– La dévolution de droits de propriété sur des biens communs qui peut inciter les populations locales concernées a mieux protéger un espace donné. L'application de la théorie du portefeuille à la biodiversité.

C. La fiscalité et le financement

1. Les incitations fiscales

Aujourd'hui existent de nombreuses incitations fiscales ont ne pas protéger les espaces naturels et à ne pas les utiliser de façon durable et qui ne favorisent pas la prise en compte de leurs externalités positives (par exemple : baisse de la taxe à la valeur ajoutée, TVA, sur les terrains a urbaniser, exonération de TVA sur les opérations de remembrement, exonération de taxe foncière sur les zones humides asséchées ou plantées ...).

L'un des problèmes majeur en la matière vient d'une imposition trop lourde par rapport aux revenus des espaces naturels (exemple de l'imposition du capital).

Des incitations fiscales peuvent au contraire inciter à la protection de certains espaces naturels en raison de leur rareté ou de leur importance ou en échange d'obligations de protection (exemple de l'exonération de sites protégés volontairement ou non ou d'espaces rapportant peu) ou indirectement en favorisant l'acquisition foncière par l'Etat (exemple de la dation).

2. Le financement de la protection

Quel type de financement préconiser ? Doit-il être privé, privé via des avantages fiscaux (cf. MH), par l'usager (utilisateur-payeur), public par le budget général, public par les taxes affectées (avantages et risques) ?

Il convient de mentionner la fiscalité financière versus fiscalité dissuasive (ex : TDENS, Costa Rica), la taxe italienne sur les champignons, la taxe sur les passages maritimes. Entre pays, existe l'échange dette-nature.

Dans tous les cas il est important d'adapter les outils. Y a-t-il un marché existant ou potentiel ? Si oui, son fonctionnement ou sa mise en œuvre permettent-ils de bien protéger lesdits espaces ? Dans l'affirmative, il semble pertinent d'utiliser ces mécanismes. Sinon, il faut recourir aux mécanismes réglementaires ou d'acquisition foncière.

Les outils de gestion durable

Dans la mesure ou l'on dispose déjà d'une panoplie d'outils en matière de protection des espaces naturels, l'effort devrait se porter dans les années qui viennent sur la gestion. En ce domaine se posent plusieurs problèmes :

– Celui de la taille adéquate

Souvent les limites d'une propriété ou même d'une unité administrative ne correspondent pas à celles d'un écosystème ou d'une unité rationnelle de gestion massif forestier, bassin fluvial, estuaire, massif montagneux, fleuve...

– Celui de l'ingéniérie écologique encore peu développée.

– Celui du type de gestion.

La gestion *a minima* se contentera d'éviter la dégradation (paysagère, écologique) du site. La gestion *a maxima* essayera de tendre vers la maximisation du potentiel écologique de l'espace concerné. La gestion durable tentera de tirer des revenus de l'espace en question en favorisant un ou des mode(s) de développement qui ne portent pas atteinte au capital naturel de l'espace, voire même l'augmentent.

A. Les outils administratifs

1. Les outils communautaires

Certaines directives communautaires (études d'impact, oiseaux, habitats) incitent à la prise en compte des effets de travaux sur certains espaces ou ont la gestion durable de certains espaces.

Les manques résultent de l'absence de statut de parc européen et quid de deux parcs contigus ? Quid des ZSC contiguës ?

2. Les outils étatiques

Peuvent être mentionnés :
– la gestion du domaine public (forestier, DPM...)
– les comités de massif,
– les DTA,
– la gestion par bassin : l'exemple français (Agences de l'eau, Plan Loire...),
– les schémas de cohérence ou de planification (SDAGE, SAGE, DTA...),
– les PPR.

3. Les outils locaux

Il s'agit des ENS, des documents d'urbanisme, des pouvoirs de police.

B. Les outils contractuels

1. Les outils communautaires

Il s'agit des mesures agri-environnementales et du Programme LIFE.

2. Les outils nationaux

Il s'agit des CTE, des PSG. On peut citer l'exemple anglais, celui des PNR et le système des assurances et effets pervers.

C. Les outils fiscaux et le financement

1. Les financements communautaires

Doivent être mentionnés : Interreg, les fonds structurels, le Programme Phare et les aides de la BEI.

2. Les incitations fiscales directes

Il s'agit des IR, des IF et des taxes foncières.

3. Les incitations fiscales indirectes

Celles-ci concernent les ONG, les fondations. Peuvent être mentionnés l'exemple anglais et les *Land trusts* américains

Spatial planning in particular areas in Turkey

Ergün ERGANİ, Head of the Department of Conservation, Research and Evaluation, The Authority for the Protection of Special Areas, Ankara, Turkey

Legal and institutional framework of environmental Concerns in Turkey

For many years, Classical/Traditional Planning Process has been adequate, where environmental considerations have been largely ignored, until a time came where environmental factors have started playing important roles in the direction of the national progress. These concerns now developing in our values also, and we are beginning to think of the long-term viability of the environment for sustaining human life. To include environmental concerns into a planning process, we have to understand the possibility and probable results of a proposed planning on the environment.

Before the establishment of the co-ordination bodies regarding environment on the decision-making level, environment issues in Turkey have been carried out by some related Ministries through their organisational law and some regulations concerning environment as the executive institutions. (These organisations are General Directorate of State Hydraulics Works, The Bank of Provinces, Ministry of Energy and Natural Resources, Ministry of Industry and Trade, Ministry of Agriculture, Forestry and Rural Affairs, Ministry of Health, etc.)

The Prime Minister's Undersecretariat for the environment attached to the Ministry of State, which was established in 1978, is the most significant and specific institutional organisation for environmental management as the main coordinating body. The main responsibility of this organisation is environment and nature. The Undersecretariat for the Environment coordinates all national and international activities pertaining to the environment in addition to its tasks of forming an environmental policy and making legal arrangements. The Undersecretariat for the Environment was elevated to the level of the Ministry of Environment by the Cabinet Decree dated 21 August 1991.

The Prime Minister's State Planning Organisation was established in 1960 as the main body responsible for the preparation of five-year development plans and annual implementation programs covering all the sectoral development throughout the country. These plans and programs are mainly based on economic and social aspects and environmental aspects are also taken into consideration. The State Planning Organisation, being the main body in charge of economic and social development affairs, and the Undersecretariat for the Environment are the main organisations under the Prime Ministry working in co-operation with each other and in co-ordination with the other related organisations.

The main organisation responsible for the spatial planning in Turkey had been the Ministry of Reconstruction and Resettlement until 2001. After that the responsibility was transferred to the Ministry of Environment by law. With this change environmental concerns in planning are considered in a more realistic way in comparison with the previous approach. The activities were mainly focused on co-ordination work by other government agencies and some studies in order to establish the legal framework.

One other reason for the failure of environmental planning is an excessive number of responsible agencies and law and regulations related to environment and also lack of co-ordination between these agencies. Thus, environmental problems are not perceived properly during the partial traditional planning procedures.

In 1998, Special Environmental Protection Areas were established to preserve the natural, historical and cultural values for the future generations. The main criterion for the selection of these areas was defined as the richness of natural, historical and cultural values.

The step following the announcement of Special Environmental Protection Areas was the establishment of the Authority for the Protection of Special Areas, on July 5, 1988. The main purpose was to protect the environmental features of these areas, to eliminate the existing environmental pressures, to take the necessary measures and to the basic principles for the protection and the implementation plans and their revisions.

As of December 2000, there are 13 Special Protection Areas in Turkey and analytical research and this Authority carries out planning studies for each of them. By establishing the Authority, the areas began to be controlled by one body of the government.

The Concept of the special protection areas in Turkey

The Undersecretariat for the Environment was established under the umbrella of the Prime Minister's Office. Many important issues on the protection and improvement of environment were covered within the program of its establishment. However, since 1978 the organisation cannot be considered successful and active in the elimination of reduction of environmental problems. One reason may be its employment of traditional planning methods. The activities were mainly focused on co-ordination work by other government agencies and some studies to establish the legal framework.

Comprehensive spatial planning studies were started in Turkey in 1960's to control the spontaneous growth and to give a direction to the fast urban expansion. During these years, environmental data were mainly used for analytical studies. But they were not used systematically in planning.

The Prime Minister, in 1988 recognized the lack of co-ordination between the responsible authorities and also the lack of legal tools for the planning and implementation efforts to preserve and then improve the Special Environmental Protection Areas. These were established to preserve the historic, natural and cultural values for the future generations, where there were pressures for development on the coastal areas.

The task of identifying and defining the areas, which deserve special attention, was given to the Cabinet by the article 9 of the Act of Environment Law, no. 2872. The main criteria for this selection were defined as richness of natural, historical and cultural values.

Phases and details of the master plan of Datça-Bozburun Peninsula and Göksu Delta specially protected areas

As of December 2000, there are 13 Specially Protected Areas in Turkey and the Authority carries out analytical research and planning studies at every scale for each of them. Datça-Bozburun and Göksu Delta Specially Protected Areas are two of the existing thirteen. The Master Plan of these areas is approved in 1994.

For these two regions, the management plans are also prepared which is a guide for decision makers and provides an action plan on the sites.

Research phase

A comprehensive research undertaken by the University, Faculty of Agriculture, Department of Landscape Architecture made some evaluations on the existing conditions of the region and its environment for Datça Peninsula.

The topics that are studied:

a) Historical Background of the Planning Area;
b) Geology and Hydrology;
c) Geography, Topography and Slopes;
d) Environmental Values, Flora and Fauna;
e) Climate;
f) Land Capability;
g) Environmental Problems;
h) Social and Economic Structure;
i) Existing Land-Use;
j) Previous Planning Decisions;
k) Demography.

Evaluation Phase

The above-mentioned items were a starting point for the determination and evaluation of the potential threats against nature and history in the study area and also sensitivity of the environment was analysed. Alao, the socio-economic impacts were determined.

a) Results based on Natural and Ecological Data;
b) Results based on Physical Development.

Planning Decisions

After the completion of the above-mentioned analytical evaluation studies, the Authority approved a Master Plan with the planning and technical stipulations.

The objectives of the regulations of the Master Plan of Datça-Bozburun and Göksu Delta Special Protection Area are the following: (in general)

1. To preserve the natural beauty, ecological balance, historical, natural and cultural assets at subject areas and their surroundings and provision of their inheritance by the future generation;
2. To establish a balanced policy concerning utilisation of natural resources in the region with emphasis on protection, of the sections which are included in the planning area and which are important with respect to their natural and ecological characteristics;
3. To protect the special flora areas which are limited and valuable in nature;
4. To enable a planned utilisation of the areas which are important at a national scale and have tourist potential because of their natural qualifications;
5. To ensure the protection of the protected archaeological sites and to develop their utilisation for tourist purposes;
6. To make it conditional for new construction to follow the cultural heritage and architectural styles of the region an to ensure the creation of unique buildings and scenes which are compatible with the settlements in the region and the environment in other development areas (authentic silhouette);
7. To prevent irregular and unplanned housing constructions;
8. To describe the sensitive zones due to habitat values that are strictly protected;
9. To canalise the plan decisions to the soft tourism.

After determining the above-mentioned objectives of the Plan, General Regulations, Land-Use Principles (for Urban Settlement Areas, Rural Settlement Areas, Tourism Development Areas, Areas of Daily Use, Archaeological and Natural Sites, Agricultural Areas, Forest Areas, Sensitive Zones, Public Organisation Areas, Areas to be Planted with Trees, Sea Transportation Routes, Beaches, View Points, etc.)

Furthermore, the most important function is the co-ordination of public Authorities that are related and make investments in the plan area.

The participation of the population
Dancho KIRYAKOV, President of the Rhodopes Mountains Association, Bulgaria

Who we are?

Association of the Rhodope Municipalities is a non-governmental, non-profit organisation established in 1992. It has 20 member municipalities, situated on the territory of four administrative regions in Bulgaria, namely:
- The administrative region of Pazardjik including municipalities of Batak, Bratzigovo, Rakitovo, Velingrad;
- The administrative region of Plovdiv including municipalities of Asenovgrad, Luky, Municipality of Rhodope–Plovdiv;
- The administrative region of Smolyan including municipalities of Banite, Borino, Devin, Dospat, Zlatograd, Madan, Nedelino, Rudozem, Smolyan, Chepelare;
- The administrative region of Kardjali including municipalities of Kirkovo, Kardjali, Momchilgrad.

Mission of the Association of the Rhodope municipalities

This mission facilitates actively:
- further improvement of the local self-government as well as the legal environment that serves as a basis for the work of the local authorities;
- the promotion of effectiveness and transparency of the activities of municipalities in performance of their individual and common responsibilities and also for the provision of opportunities for wider citizen participation in local self-government;
- the development of the economic potential of the Rhodope region.

Projects and fields of activities

In addition, the Association of the Rhodope Municipalities works on the following priority projects:
- Training and technical assistance;
- Citizen participation;
- Promotion of cross border co-operation;
- Establishment of electronic network among the member municipalities of Association of the Rhodope Municipalities;
- Issuing monthly bulletins

Partnerships

During the ten years' period of its activities the Association of the Rhodope Municipalities has built the effective partnerships and a network of supporters and it is to our great satisfaction to note that the partners of ARM and its member municipalities consider the Association of the Rhodope Municipalities as the leading and innovative organisation in this field.
- United States Agency for International Development;
- Foundation for Local Government Reform;
- National Association of the Municipalities in the Republic of Bulgaria;
- European Association of the Border regions (EABR);
- Border Association "Delta-Rhodope" (Greece);
- Local Association of municipalities – mayoralties – Prefecture of Ksanti;
- Club "Economics 2000" – Sofia;
- Euro-Bulgarian Cultural Centre – Sofia.

Member municipalities of the Association of the Rhodope Municipalities cover the territory of 8181 sq.km. The biggest areas are occupied by the municipalities of Smolyan (879 sq.km.), Velingrad (818 sq.km.) and Batak (677 sq.km.), and the smallest areas are occupied by the municipalities of Nedelino (102.3 sq.km.), Borino (167 sq.km.) and Madan (175 sq.km.).

The total amount of the population living in the twenty municipalities is 466 267 inhabitants, and the highest number of population lives in the municipality of Kardjali (76 903), Asenovgrad (67 803) and Smolyan (47 530), and the smallest number of inhabitants live in the municipalities of Borino (4142), Luky (4418) and Banite (7149).

A common feature of the twenty member municipalities of ARM is that all of them are situated on the territory of the Rhodope Mountain – one of the most beautiful mountains in Bulgaria.

Brief historical background

The Rhodope Mountain has a thousand year history. The archeological remainnings show that it has already been inhabited in XII century before Christ when in Rhodope lived the Thacian tribes. After them Slavs, Proto-Bulgarians, Greeks, Rome came here and all of them left their unique influence on the culture, traditions and customs of the local people.

Main trends in the development of member municipalities of ARM

From a region famous in the past with the development of craftsmanship, cattle-breeding and tobacco growing, nowadays the member municipalities of ARM are facing the challenges of a new era, focusing its economy on the development of small and medium enterprises in the field of tourism, natural products, wood processing and food industries.

The main fields of economic development of the member municipalities of ARM are the following:
- tourism;
- mining;
- tobacco growing;
- wood and wood processing industry;
- food industry.

During the recent years there is an obvious trend towards the increase of the share of the private sector in the economy of the municipalities compared to the share of the public sector, which is an unambiguous evidence that the transition towards the market economy is already completed for the municipalities of the region.

Main problems

Although the transition is completed, the member municipalities of ARM are facing a number of problems. The most significant ones are:
- high level of unemployment and low income;
- enhanced migration of the population;
- reticence of the region;
- low level of economic development;
- not sufficient development of the road infrastructure

High level of unemployment and low income

The average unemployment level of member municipalities of ARM is approximately 26%. The municipalities with the highest level of unemployment are Borino (49.44%), Rakitovo (39.83%) and Nedelino (39.15%), and the lowest one - in Luky (8.12%), Momchilgrad (14.09%) and Rhodope (14.24%).

One of the main reasons for a high level of unemployment in the member municipalities of ARM is the economic collapse after the transition towards market economy took place. This collapse resulted in the bankrupcy of a number of enterprises and liquidation of some industries.

The most serious were the consequences for the Mining Company GORUBSO which made redundant thousands of people from the municipalities of Madan, Zlatograd, Luky, Nedelino and Rudozem.

In other municipalities there have been closed enterprises which had a crucial role for the economic development there.

On the other hand, the structural reform which was a reason for a sharp increase of the level of unemployment has not been accompanied by some adequate measures (such as various employment programmes, retraining, self-employment programmes for jobless people), that would ignore the effect of a sharp increase of unemployment.

There is still no any enforced Law on Mountainous and Semi-Mountainous Regions in the country, that will make equal the conditions for business development so that those regions won't turn into the less attractive locations for investors than the rest of the regions in the country.

The income in all member municipalities of ARM is still one of the lowest in the country. For example, in the municipality of Kirkovo, 71% of the population earns its income from the tobacco growing. It is an extremely risky situation, because if some problems concerning the sales of tobacco occur, then the population in this municipality would in practical terms stay without any income.

The low level of income is one of the main reasons for the enhanced process of migration of the population.

The numbers from the last 2001 census show the trend of the significant decrease of the population in all member municipalities of ARM. For instance, the population in the region of Smolyan has decreased to approximately 14 000 inhabitants in comparison with 1992.

This migration process deprives municipalities of their intellectual potential because young people are looking for various ways for further promotion in the big cities of the country and very often also abroad. After graduation from universities there is no any possibility for young people that would allow them to find a good job in their respective native municipalities. They stay in big cities where there are much more opportunities for professional promotion and realisation.

Reticence of the region

Although the fact that the 12 of the member municipalities of ARM have a direct border with Greece, the region is still characterised by its reticence, because the cross border check points are located in a great distance from those municipalities. For instance, Smolyan is situated 80 km away from Ksanti, but in order to reach there it is now necessary to travel approximately 600 km. In order to talk about a real cross border co-operation it is necessary to have a well developed road infrastructure that will facilitate the establishment of better business relations between Bulgarian and Greek companies. It is extremely difficult to talk about the cultural exchange between Greek and Bulgarian municipalities under the current circumstances. When the distance between the Greek and Bulgarian municipalities is shortened and instead of 8 hours we reach Ksanti and Komotini in 1 hour, only in that case we can talk about an effective business co-operation and cultural exchange between the border regions from both sides of the frontier.

Another serious problem is the language barrier, i.e. people who live at both sides of the border do not know the language of their neighbours and they do not have enough information about the culture, traditions and history of the neighboring country. Only a small number of people from member municipalities of ARM know the Greek language. In most cases the contacts are in English and it is an additional barrier for the establishment of contacts between people, businesses and institutions.

Low level of economic development

The heavy industry in member municipalities of ARM is underdeveloped. But it is a disadvantage and an advantage at the same time. The lack of enterprises in the field of heavy industry is a prerequisite to save the uniqueness of the nature's beauty, as well as to protect the rich flora and fauna of the Rhodope. Here there are over 200 bird species and plants – endemits that could be seen only here.

Instead of big enterprises that will cause pollution, a successful strategy would be to provide support for the development of small and medium enterprises in the region which will produce natural products. This will allow them to find a good market in the country and abroad.

The basis for this already exists. There is a well developed food industry in the region, represented by a number of small and medium sized companies. They produce natural products (dairy and agricultural products), but the problem here is that up to now there is no elaborated system for their certification as natural products. Due to this reason those companies have no possibility to offer their products at higher prices and to export them abroad.

Tailor industry is well developed in the region is but unfortunately most of the companies in this field work with materials supplied by a client. This scheme is the most unfavorable one, which determines low income in this field.

The perspectives for the development of the member municipalities of ARM are the following
- Rehabilitation of the existing roads and the construction of new road infrastructure;
- opening of cross border check points "Elidje" and "Makaza" with the Republic of Greece;
- creation and introduction of a trade mark "Produced in Rhodope" as a guarantee for natural production;
- identifying a lobby at the Parliament to promote the interests of the region;
- promotion of the activities on the attraction of domestic and foreign investments;
- elaboration and implementation of the projects for the alternative forms of tourism.

One of the priority fields for the future development of the member municipalities of ARM is tourism. The nature here is unique – out of reach cliffs, centuries-old forests and cristal clear lakes. The indisputable riches of the mountain are the fresh air, conservated unique flora and fauna, preserved traditions and folklore customs. Unique for the region are the negative ionisation of the air and a thick ozone layer. The climate is very favourable for health – temperate, with fresh summers and mild winters.

The main tourist service offered in the region continues to be ski-tourism. According to the statistical data it is ranked the second after sea tourism in Bulgaria.

Although the prevailing significance of the mountainous winter tourism, it should be noted that the Rhodope possesses considerable resources for the development of summer tourism. Here there are the following conditions for the development of the following kinds of summer tourism.
- mountain hiking,
- eco tourism,
- mountain biking,
- rock climbing,
- cave tourism,
- camping tourism,
- horseback tourism,
- hunting,
- fishing, etc.

Slide show Projection "The Rhodopes of the Smolyan region"
Kroum YANEV, Photographer, Bulgaria

During the International seminar organised by the Council of Europe and the Ministry of Regional Development and Public Works of the Republic of Bulgaria, 23-24 October 2002, Sofia, Bulgaria, Mr. Krum Janev from Sofia, has made a power point presentation of the very beautiful and interesting colour photos of a part of the Rodophy mountain in Smolyan areas as well as the black and white photos of the unique complex of rock phenomena: The Belogradchik Rocks.

During the presentation Mr. Janev provided some additional information for those two sites

The Rodophy Mountain
- for the Rodophy Mountain: the native land of the ancient legendary singer Orpheus and his beloved woman Evridyka;
- for the origin of the name "Rodophy" according to the Greek and Rome mythology;
- for the beauty of the Rodophy Mountain: one of the most picturesque mountains of Europe.

The Rodophy is not a high mountain and an extremely beautiful view rising up to the horizon blue combs can be seen. In the Autumn, the Smolyan part of Rodophy and particularly the Smolyan valley, turn into a real garden of flowers, with the fire-red crowns of the wide cherry trees, the golden-like leaves of the poplars and birches, and brown-yellow leaves of all the rest trees. All colours of the rainbow can be seen there. Magnificient photos of the Smolyan part of Rodophy and particularly of the Smolyan valley, Smolyan lakes and natural rocky phenomena, such as The Bride, The Rodophy woman, Bogorodochi Stone, The Elephant and the Tirgrad Gorge – the biggest gorge in Bulgaria have been shown.

At the end, each tourist, visited Smolyan part of Rodophy should go up to the TV Tower located on the peak of Snejanka and see: to the East – the endless Rodophy "sea" of mountain foldings; to the South – The Perelik peak, the highest peak of Rodophy (2191m.) and the plateau "Karlaka"; to the West - the fascinating view to the snow-white peaks of Pirin and Rila mountains; to the North – The Balkan mountain and Pamporovo all covered by pine forests.

And probably after having seen all of these, the tourists would have reason to believe that exactly here, in Rodophy the heavenly music of Orpheus has been composed.

The Belogradchik Rocks

There have been presented black and white and colour photos of the unique natural complex of rock phenomena – The Belogradchik Rocks, which very much remind us of: sculptured human faces, birds, dinosaurs, other animals, bridges and other objects. Except for the formations, shown during the presentation, the Belogradchik Rocks complex includes huge rocky figures, reminiscent of castles, towers, obelisks, enormous mushrooms, mummies, dragons with wings, Santa Claus, etc. The length of the complex is 25 km., the width 3-5 km. and the total of more than 200 rocky formations of interesting form. If one applies a bit more imagination, then the human eye could notice many other interesting observations and astonishing objects. The Belogradchik Rocks complex includes unique natural formations in terms of finesse and strong resemblance to the shapes of animals, humans, objects.

Future Perspectives

If it is well developed, the Belogradchik Rocks complex could be converted into a very interesting site for international tourism, where apart from the walks along the tourist routes, there could be regularly conducted open-air exhibitions of artists, photographs and writers, as well as national and international cultural reviews. A very interesting gallery of pictures, photos, rhymes, narratives, reproduced legends, etc. could be set up by the works of the participants in various events.

Thus the Belogradchik Rocks complex could be turned into an attractive site for international tourism, recreation and cultural events.

Regional policy and planning: the Russian Federation experience
Sergey ARTOBOLEVSKIY, Institute of Geography, Russian Academy of Sciences, Moscow, Russia

Even now after more than 15 years of reforms the role of state in Russia is still unclear. As a result the country has got neither normal regional policy, nor regional planning system. Russia is well behind all Western countries. This is not normal for such a big and diversified country as Russia and becomes a barrier for national, regional and local development.

Regional policy

The scales and form of regional policy in Russia do not correspond to the acuteness of the country territorial problems. Even on the basis of the analysis of the official statistics of the 1990s by the subjects of Russian Federation (RF) (published annually by the State Committee on statistics), it is possible to conclude that the country's regional socio-economic disproportions on the level of economic development and quality of life are great (by their scope Russia considerably surpassses countries of the European Union-EU). Moreover, there are grounds to assume that in the 1990s there occurred sharpening of regional disproportions. The geography of the Russian crisis is very unequal and that caused a further increase of territorial disproportions.

What are the main reasons for the current regional disproportions (and of their increase)? They are in the past and in the present. Contemporary branch and territorial structure of economy (with a huge share of old industries and sub-industries, military-industrial complex, existence of "closed" cities, weak diversification of economy in many regions and centres, etc.) are the products of the system of state-monopolistic "socialism" with its own system of economic-branch values that had existed for 50 years.

Even the regional policy was executed mainly by ministries and solved their branch's problems. An overall goal was an increase in production, and the territorial consequences of the decisions were practically ignored. The Territorial plans (on all levels) were mainly a summary of branch plans for an "executive" administrative unit (country, republic, oblast, etc.). Naturally, even the first steps to the market, reorientation from strict state redistribution of goods and services to real demand have revealed a huge number of regions and centres the products of which didn't "find their markets".

Morever, political and economic reforms contributed to the sharpening of regional problems. The disintegration of USSR, devolution processes in Russia have gone too sharply and have destroyed the existing connections, not giving some period of time for their more gradual transformation. Economic reforms were too market-oriented and did not include any compensatory gears, including the regional ones. In some cases our reformers were "better Catholics than the Pope". And it is clear, that the result was greater distinctions between the"centre" and "periphery". The first include 2 capitals and a limited number of regions, which can offer "useful" goods (mainly some kind of raw materials – in the North and East of the country).

The process of "regeneration" of economy will naturally begin in the "centre" (and one can see the first signs of it). The market by its nature is very favourable to the "centre". But huge regional socio-economic disproportions are dangerous for any country, especially so big and non-uniform as Russia. And a state has to react on the existing spatial disproportion, i.e. has to conduct a socially and politically based regional policy.

In Russia there is a significant number of institutions responsible for the regulation of various regional processes. But the activities of these institutions are extremely poorly co-ordinated and often contradict the aim of spatial socio-economic disproportions' smoothing. The efficiency of any regional policy in many respects depends on how institutions, created for its "registration" and realisation, are organised and work. Theoretically the country had already had for several years all the necessary institutional infrastructures for the realisation of the regional policy. Until recently the Ministry of Economic Development and Trade was leading in the field of regional policy. Thus, it considers regional economic policy as the only sphere of its activities, and still pays very little attention to the other aspects of spatial effects of state influence, including the social ones (only as slogans, but not as guidelines of practical activities).

There are no official documents regulating regional policy in the country as a whole. There are laws and other official documents regulating only the development of Northern regions. However, even towards northern territories the federal government does not present clear and consistent decisions. The President's Decree "The Main Directions of Regional Policy in Russia" (adopted in 1996) doesn't propose any real steps in regional policy, but describes what will be good to achieve in the sphere of economic and social development of regions, ecology, ethnic relations etc. (in very general terms) without any indication how to achieve these aims and what state bodies will be responsible for that (and who will pay).

It will be an exaggeration to insist that Russia has no regional policy at all. In Russia, as well as practically in all other countries, territorial redistribution of public funds goes actively. The State provides help to regions of coal mining and ecological disasters, social help to poor regions through the budget (beginning from 1994 – see below), etc. Several regional federal programmes are being carried out. In total approximately 15 % of the country's budget is used for the help to "closed cities", support to the regional budgets, financing of the regional programs, etc., i.e. for regional purposes. But specified redistribution, in many cases, goes without official criteria and as a result one can see great subjectivism of the decision taken. The investments are only slightly oriented to development. At the moment the Federal state does not have enough means for "normal" regional policy. But a part of the existing regional redistribution of means has to "serve" the aims of regional policy.

Only subjects of federations and groups of them are regarded as territorial units of regional policy (but no idea how to chose them). But it is clear that interregional socio-economic variations in vast Russian subjects of federation are too big to use the latter as the only territorial units for regional policy. In most cases only parts of regions or adjacent parts of several regions are trully crisis territories.

Planning

Spatial planning has long traditions in USSR/Russia (and in that differs greatly from the regional policy). The first steps took place in the 1920-s and were mainly connected with town planning. Later on the whole system of periodically renewed plans had been created. Such plans had been created for the USSR as a whole, for the republics, regions, cities. Dozens of planning and research institutes and thousands of experts worked on these plans. The latter tried to regulate the use of territory, demographic issues, development of transport, etc. As scientific documents those plans were very valuable (accompanied with the real databases), as planning documents – of "limited" importance.

As in the case of regional policy, planning system served economic goals (as the state understood them) and state monopolies. Russian "documents" were much more economically oriented than the Western ones. The existing plans were regarded as an addition, not as legal documents which had to be followed strictly. The term "as an exception" was very popular and eroded the plans' principles. As an example – the real growth of population in all big cities was always higher than predicted by the plans. The main reason – construction of additional enterprises (not originally included in plans) forced by the state monopolies.

Market reforms of the 1990s led to the further weakening of the planning system. Deficit of state budgets (on various territorial levels) prevented state institutions from ordering new plans or modernising the existing ones. Only rich regions and cities of Russia (like Moscow or Surgut) were able to pay for planning. The system that covered all the country was destroyed. In spite of the fact that a new town and country planning code was officially approved in the beginning of the 1990s the real regulation became much weaker. Corruption in the field of land-use and architecture control became rather common. Large companies used their potential for lobbying and in fact succeeded in that.

"Natural" zones and state

In Russia mountains, coastal, rural zones (which in sum can be called "natural") need the state intervention and help. There are numerous backward and structurally weak areas in these zones which need regional policy on the federal level. In the absence of such a policy they are a threat to the socio-economic and even political unity of the country. The republics of the North Caucasus are a good example: crisis in traditional industries, high level of unemployment, mass labour migration from the region, weak infrastructure, etc. And very small budget resources "on the spot".

Ecological, transport, land-use, etc. problems of the above mentioned zones can be solved only in the framework of a normal planning system. That is especially important under the conditions of scarce resources. The absence of a planning system will result in very negative consequences even in the near future.

In reality the State (not only on the federal, but also on the regional and municipal levels) reacts only to the crisis situations, working in fire brigade style. Federal programmes for Chechnya and Dagestan had been approved only after the war made state socio-economic intervention inevitable, although deep crisis was evident through all the 1990s. In the last two years many Russian areas suffered greatly from river floodings. After these events thousands of people were evacuated, hundreds of new houses were constructed, infrastructure was modernised, etc. But practically nothing has been done in advance to minimise damage.

Problems of natural zones can be solved only in working systems of regional policy and planning. Both systems have to be oriented towards the prevention of undesirable events rather that towards the struggle with negative consequences. Among other things this approach seems to be less time and money consuming.

Russian experience had shown that normal regional/spatial development processses couldn't take place without the state help. Even natural zones need regional policy and planning. Naturally this does not exclude special state policy oriented exclusively towards a specific type of natural zone. But Russia needs more complex and strict systems of regional policy and planning.

Major aspects of spatial planning for sustainable tourism development in Bulgaria

Nikolina POPOVA, Professor, Lecturer at the Sofia University, Head of the Tourism Chair, Bulgaria

Tourism development in particular, within protected areas provides opportunities for a sustainable approach towards the overall social-economic development, including tourism development in local communities. Tourism is a powerful tool for:

- economic growth of local communities;
- preservation of nature and cultural heritage, a substantial portion of which is recognised as world heritage (ten cultural sites in Bulgaria are on the list of UNESCO World Heritage);
- improvement of the quality of life in tourism-host communities; and
- education of the population in new attitude towards the natural environment which apart from supporting their survival is a recreational resource for visitors nowadays and in the future.

A comparatively new alternative for tourism development in Bulgaria is related to eco-tourism development based on the usage of the biodiversity potential which is mostly abundant in mountains and on the other hand – on the Bulgarian cultural heritage rooted in the thousand year old Bulgarian history.

Sustainable development is a major policy issue in the world today. A comparison between the definition of sustainable development of the World Conference on Environment and Development, which states

> make development sustainable to ensure that it meets the needs of the present without compromising the ability of future generations to meet their own needs (WCED, Our Common Future, Oxford University Press, Oxford, 1987, p.43) with Butler's and Pearce's (1995)

understanding of tourism as a complex phenomenon comprising the provision of a range of interrelated goods and services by both the public and the private sectors it is easy to discover the relationships between the economic, in particular, tourism development and the achievement and maintenance of social sustainability as a basis of economic growth on one hand and on the other hand the maintenance and enhancement of the quality of the natural resources to achieve environmental sustainability and to meet the requirements of the tourist product.

Tourism in Bulgaria is a priority sphere of economic activity. The abundance of a huge resource potential for tourism development in a number of specific areas and especially in mountains and rural areas, in coastal areas provides enormous business opportunities for local entrepreneurship and foreign investments in compliance with the goals and objectives of sustainable tourism development.

The working model and the instruments to be used for sustainable tourism development depend on the specificity of the areas.

Taking into account Gunn's viewpoint (1994) that a tourist destination as a geographical area could be identified with the community as an administrative unit, the model framework should be based on a number of strategic steps related to the integrated policy and integrated socio-political planning.

Sustainable tourism development policy nature protection

Conflicts related to sustainable tourism development

One of the major determinants of policy issues of sustainable development is closely related to the protection of nature. It can be guaranteed by a clear public sector policy targeted at minimisation of conflicts in natural environments.

A major consideration related to the sustainable tourism development is maintaining and improving environmental quality through a sustainable use of resources. However new uses of natural areas even if it is ecotourism require transformation of landscapes and the creation of tourist facilities and infrastructure. This causes negative impacts and creates a number of conflicts related to:

- new pressures on natural resources especially in sensible ecosystems in specific areas;
- different interests between permanent residents and newer settlers – they generally focus on development issues because of different desires, expectations and requirements;
- relationships between new users themselves – the purpose for which such a land is to be used agriculture, tourism, reservation etc., is a substantial area of conflict in Bulgaria in the period of transition to a market economy.

The majority of the above-mentioned conflicts exists at the local level. At present such negative impacts cannot be identified because of the lack of tourism development monitoring in small communities. Many of the problems relate to socio-economic, nature protection and other decisions made previously by the local authorities. Their solution should be based on the principle of the rational use of natural resources and the protection of the land property of various owners – the state, community, business companies and individual private land owners within an updated legal framework and specific set of instruments.

Major factors influencing the environment in a tourist destination

Historically the space-time relationships between tourism and the environment have shown that the recreational resources of the natural environments have been regarded as being "largely in free, ubiquitous and inexhaustible supply". Most of the natural resources in a destination are public. They are available for recreation by a number of users. To develop in such a way that productivity can be sustained over the long term for future generations legislative controls over the use of environment by the industry, inc. the tourism industry should be exercised at local, regional, national and international levels. Tourism is managed by a great number of private and public sector organisations each having its own goals.

The major characteristics of the behaviour of each player in the tourism production process and its impact on the environment are comprehensively described by the 5-actors model (Buchalis, D. and J. Fletcher, 1995) namely: locals, tourists, local tourism enterprises, tour operators and National Tourism Organisations – public sector.

Despite of their different interests they all have to share one environmental viewpoint – the committed viewpoint on the common natural resource base.

The reasons for sharing such a common viewpoint on the part of each of these players are as follows:

Locals

Local people are divided into two main categories:

a) people who are directly related to the tourism industry. For their involvement in the tourism services' production process they get financial return on the usage of environmental resources.

b) locals who are not involved in the tourism industry and often pay many social costs caused by tourist development, not only this but they loose part of their social welfare. In many tourist destinations they often finance, through taxation, the infrastructure facilitating the tourists' free access to the attractions (Sinclare, 1992, p. 76).

In Bulgaria the attitude of the population towards tourism development, especially in places adjacent to protected areas is very positive. Some researches carried out recently ascertain such an attitude. This is a favourable factor for investments in tourism development in specific areas. This makes easy the encouragement of community participation in the tourism development planning process through adequate mechanisms.

Tourists

They fall into a wide range of typologies however, those visiting destinations with preserved biodiversity and cultural heritage are more sensible towards the ecology of the natural environments. Some of them have little contribution to the local economy which balances to some extent the social cost, others have a greater expenditure and are considered to contribute to the preservation of the environment and to have positive impact

As a result of the ecological orientation of tourist demand over the last 10-15 years a wide range of alternative forms of tourism have been initiated. In order to place an emphasis on tourist behavioural patterns preserving the environment various terms such as 'green', 'soft', 'eco', 'responsible', 'sustainable', 'alternative' have come in use thus describing these forms as "tourism which directly or indirectly promotes conservation and supports sustainable economic development" (Pleumarom, 1990, p.12 -15)

These types of tourists tend to adopt an environmentally friendly behaviour which corresponds to sustainable development. Therefore tourists' centrality should be embodied in the approach taken by the Visitor Impact Management (Graefe et al., 1997). This approach recognises specific natural area planning and management as sociopolitical process.

Tourism enterprises

A tourism development monitoring system will assess and measure the environmental impacts and in particular the impacts on the natural resources with respect to the whole spectrum of economic activities supporting the tourism industry. In general, the practice of the great majority of small and medium tourism enterprises (SMTEs) is to maximise their financial results in the short term. The behaviour of tourism enterprises more often results in deterioration of the natural and other components of the environment, while it rarely leads to an adequate return on the social cost incurred by using the natural public resources.

Long term development and profitability should be a major strategic direction of tourism enterprises. Legislatively required audit of a company's environment protection policy as well as environmental impacts measurement is a must. At the same time the local people should take the responsibilities. As tourism enterprises use the public natural resources in order to make profits they are ethically obliged to return some of this value to the host community.

Tourism intermediaries /tour operators

The role of Tour operators as an intermediary between the market and the producer has been controversial in historical perspective. Firstly, they are blamed for tourist concentration in a number of tourist destinations. Secondly, they are considered responsible for the anarchic and chaotic tourism development where no consideration of the environment is taken.

Therefore they often enter in direct conflict with environmental preservation.

An ecological trend has been observed over the last two decades in the Tour Operators behaviour mainly under the influence of an environmentally conscious tourist. Some contribution to this has been also made by the new EC directive (990/314/EC) on Package Travel, Package Holidays and Package Tours which imposes certain responsibilities on tour operators and encourages them to be environmentally conscious.

Bulgarian tour operators have also been affected by these trends. The 1990s saw the formation of a number of associations concerned with the preservation of nature through soft tourism – BARET (Bugarian Association for Rural and Eco-Tourism), BAAT (Bulgarian Association for Alternative Tourism), BBA (Bulgarian Balneological Association)

Public sector / national tourist organisations

Traditionally responsible for the destination's tourism planning and development have been one of the National Tourist Authorities (NTOs). In Bulgaria as is the practice of many other countries the NTOs consider the maintenance and increase in the number of international arrivals as well as the promotion of the national tourism product to be their major function. They overlook the control of the quality of the environment as one of their key functions. They leave the environmental control to the public sector. As early as the first half of the 1980s the WTO (1983, p.10) explained the negative tourism impacts:

> The absence of planning and failure by the public sector to assume responsibilities leaving private enterprises with the task of developing tourism according to the logic of the marketplace, which does not always reflect the interests of the community have been responsible for most of the negative results of tourism development.

In general the public sector and the NTOs should recognise the crucial importance of the natural environment as a key tourism development resource. This relates explicitly to the preserved natural areas the majority of which are located in the mountains. The formulated policy for nature protection and environmental quality improvement in terms of concrete engagements in the form of structures and activities systems in Bulgaria do not throw a bridge to link with sustainable tourism development in protected areas.

All public sector organisations should allocate resources for publishing the aims and objectives of the sustainable tourism development. The traditional educational system is to play a major role in this field of activity by cultivating adequate behavioural patterns.

Conclusion

Tourism development planning is crucial for attaining balance with the environment. It is definitely necessary to work out the tourism development strategy outlining the links between the objectives and the parameters of the environment This will be the basis for the objective identification of the responsibilities of all the five players. This also requires close co-operation of the private and public sectors to create a sustainable development framework.

The role of local authorities in natural environmental planning and development

The key role in the process of local planning and land use is taken by the local authorities – the community administration. It is the administration at the local level that determines the "hierarchy of the infrastructure facilities" (Torkildson, 1992) and rules the relationships between the governments at different space levels. And moreover a local government is the driving force in setting up mechanisms and adequate forms to coordinate the relationships between the tourism industry and the major stakeholders related to the tourism development. Such a role of a local community interpreted upon the definition of nature-based tourism as

> an activity devised and managed by the local population and based on the natural and man-made environment

is seen as a role of the whole community, including the local authorities.

The key role of local authorities in the process of strategic planning relates to:

- The formulation of sustainable development policy – in the period of transition to a market economy it is important to have a clear idea about local economy restructuring. Tourism policy as an integral part of such an overall policy will serve a basis for working out financial schemes supporting a range of initiatives in tourism.

- Integrated economic development at the local level – it is crucial for Bulgaria to develop mechanisms for control and co-ordination of the overall economic activity and as the next step to set up a network of financial control groups to monitor financial support to the key activities as information on actions undertaken in relation to sustainable development, professional training and job creation, development and marketing of the tourist product.

- Support to the integrated tourism initiatives (interests groups) – these have proved to be the most effective forms to stimulate individual and interest groups' participation in the overall process of socio-economic development, including planning. The partnerships contain a huge initiative force which allows for the application of innovative approach to the solution of problems related to the usage of natural resources and aimed at improving the quality of life and not least the nature protection as a major survival resource.

In Bulgaria the process of associating in the tourism industry goes parallel to the formation of initiative groups at the local level in a number of specific areas, predominantly in mountain protected areas but also in coastal and rural areas. These groups act as a mechanism for communications between local business, local authorities and protected areas' directorates. They have successfully participated in the tourism development planning process and have proved to be strong at identifying local needs.

Major spheres of activities related to sustainable tourism development in Bulgaria

The major spheres of activities relate to all the interrelated sectors which offer services and goods to the tourists as well as to nature preservation, namely:

Activities related to the role of national and local governments to formulate socially integrated policy for sustainable tourism development

At the national level

An integrated political decision of the government in the field of natural areas and their usage for sustainable tourism development is necessary to be taken. It should result in setting up mechanisms for joint actions aimed at the creation of favourable nature-based tourism environment.

The purpose of having such mechanisms is manifold. On the one hand they guarantee the preservation of the quality of natural resources and on the other hand – the production of a quality product. Thirdly, they allow to attain synergy which stimulates the interrelated development. The key areas for joint actions relate to:

Elaboration of a general legislative framework regulating the range of acceptable parameters of tourist supply in specific areas, in particular natural protected areas. Such a framework will have an effect on externalities inside the statutory powers of government and will regulate the consumption of natural resources in a way preserving their quality and the financial dimension of tourist consumption.

To make it operational it is necessary that all central governmental bodies, related in some ways to the usage of natural resources, will update and adapt the laws within their fields of activity so that the latter serve as a basis for legal settlement of all issues related to the tourist usage of natural areas and for adequate decisions in relation to this usage.

Development of a framework for monitoring local economic initiatives (includes activities apart from those falling into the tourism sector) related to the usage of natural resources. Programme development and implementation is possible to be monitored if only the above-mentioned actions are undertaken.

Development of a framework for monitoring tourism based local initiatives related to the usage of natural resources in protected areas. The framework should be incorporated into the geo-monitoring system which controls and regulates the changes occurring within natural protected areas and caused by external and internal factors

Development of an adequate system to record and collect relevant data, auditing and analysing the current usage of natural protected areas for sustainable tourism as well as the future trends in its development. It is crucial to have an account on the methodological aspect of the development of such a monitoring framework in terms of types of information, evaluation indicators, objective evaluation criteria and types of criteria relevant to different objectives etc. This system will serve both monitoring frameworks.

Practically oriented research activity which currently requires foreign financial sources within the framework of national and international projects, including transborder projects directed towards homogenous development on both sides of national boundaries. The research process also includes making strategy oriented judgments on nature-based sustainable tourism in compliance with the changing environment.

There are no mechanisms for institutional co-ordination of policy decisions or implementation of policy decisions for sustainable tourism development within the statutory powers of government so far.

To the best of our knowledge there are no ideas or projects treating the technology of carrying out joint actions on the part of the central institutions. This fact is indicative of the lack of a structure to put tourism development in natural protected areas in line with the principles of sustainable development and to provide guidance for policy making and future planning.

At the local level

The formulation of integrated policy for sustainable tourism development in mountain areas requires integrated public efforts through:

- further decentralisation of local government process through mechanisms whereby non-governmental structures can work together with the public and private bodies in the process of socio-political planning for sustainable tourism development;
- building partnerships between the tourism industry and the local community – it is about interrelatedness between the tourism related voluntary bodies on the one hand and the local authorities and local interest groups on the other hand;
- strategy for environmentally friendly tourism in natural protected areas – it relates to the identification of natural heritage features;
- adequate local physical planning, based on the notion of natural sustainability as a basis for building physical structures relevant to the carrying capacity of the natural areas;
- provision of investments for the development of an adequate tourist infrastructure as well as elements of the superstructure which have proved to be crucial for a number of tourist services such as transport, information services etc.

Models of sustainable tourism development in protected areas in Bulgaria

Mountain protected areas

Mountain national parks

The development of management plans for protected areas in the mountains in Bulgaria in compliance with the Protected Areas Act (13/1999) is being carried out within the notion of sustainable development. They give opportunities for joint actions involving local communities in sustainable development programmes.

Good examples of such joint actions are the management plans of the National Parks "Central Balkan" and "Rila". They envisage mechanisms for the development of ecological tourism and biodiversity preservation. A number of management plans of other protected areas in Bulgaria have been developed, though still in the approval phase, which are indicative of the recognition of integrated community efforts to attain economic growth and maintaining and improving the quality of the social and natural components of the environment.

Black sea coastal areas

Wetlands

Within the framework of the Protected Areas Act (13/1999 initiatives have been undertaken in wetlands along the Black Sea coast, in particular the Pomorie lake near Bourgass). The purpose of ALAS project is to preserve the biodiversity of the lake through eco-tourism development based on the traditional salt production technology in Bulgaria. For the purpose a salt-museum has been inaugurated in September 2002.

Alternative tourism areas

Some initiatives within international projects, in particular in mountain areas are in the planning phase by the BAAT.

Countryside areas

Eco-trails

The BARET has started a number of international projects related to sustainable tourism development in rural areas. The best example of sustainable output of these projects is the network of eight eco-trails in various specific areas – mountains, river valleys, rural areas.

Transborder areas

The future initiatives for tourism development in transborder ares is of great importance for the mainainance and enhancement of the quality of specific natural areas. These initiatives should be focused on two types of specific areas:

- mountain areas – the Rhodopes (Bulgaria-Greece) Strandzha mountain (Bulgaria-Turkey;
- protected wet lands areas – along the Danube (Bulgaria- Rumania).

It should be noted, however, that these good initiatives will not be successful in long term if they are not based on 'three-tier' structure – central, regional, and local, which links spatially the planning process. It is this structure which will ensure in legislative terms that the principle of equality is established with regard to attaining the objectives of all interest groups related to the specific natural areas as well as the principle of sharing the costs for the maintenance of the quality of the specific. This will give opportunities to devise a successful Bulgarian model of spatial planning for sustainable, including tourism development.

References

Buhalis, D. and Fletcher, J. (1995), Environmental impacts on tourist destinations: An economic analysis, in Sustainable Tourism Development (eds. Coccossis, H. and Nijikamp, P.), Avebury.

Butler, R. W. and Pearce, D. (eds.) Change in Tourism: People, Places, Processes, Routledge, London, 1995.

Gunn, C. A., Tourism Planning: Basics, Concepts, Cases, 3rd edn, Taylor and Francis, Washington, DC, 1994.

Pleumarom, A. Alternative Tourism: A Viable Solution?, Contours, vol. 4(8), pp. 12-15.

Krippendorf, J. (1987), The holiday makers: understanding the impacts of leisure and travel, Heinemann, London.

Sinclare, T.(1992), Tourism economic development and the environment: problems and policies, in Cooper, C. and Lockwood, A. (eds.), Progress in Tourism, Recreation and Hospitality Management, vol.4, Belhaven Press, London

Torkildson, G., Leasure and Recreation Management. UK, E&FN SPON, 1992.

WTO, Workshop on environmental aspects of tourism: Joint UNEP and WTO meeting, 1983b, p.10

The youth – challenges, and future capital for the communities' sustainable development

Violeta ELENSKA, Chairman of Association "Bulgarian Children and Youth's Parliament", Bulgaria

I believe that one of the distinctive features of the current new century is the increasing willingness of young people to be an active part of the society. Especially in cases when the decisions that are taken concern them directly. Regardless of the more complex social and economical context, and despite of the feeling for non-stability, loss of credit in the existing decision making systems and a certain extent of dislike of the traditional forms of participation in the public life and the youth's organisations, the greatest part of the youth is willing to influence policy making process. However, only a small part of young people is prepared enough for this process and they find the right way to do so. The reason for that is that in our country there are still limited possibilities that allow the youth to gain the necessary experience and confidence through an active personal participation in the life of schools, neighborhoods, communities or various associations which they need in their steps towards gradual involvement in public life – at the local, regional and European levels.

In the Youth's While Book of the European Commission, published at the end of last year, it is clearly stated:

> When the youth can see the results of its own engagement, then the active citizen society turns into reality.

Exactly this sensibility and personal engagement is that red fiber, which encompasses all activities, whether implemented or still under design, of the Association "Bulgarian Children and Youth's Parliament".

Before I present to you some specific examples concerning this very important subject, that gets us here together, let me stress out one more serious thing, namely: the social capital, that the youth is, could be fully utilised, if the both aspects are considered – the more formal one, including the mechanisms of the representative democracy and the more informal one, aimed at the development of new forms for participation. This is especially true for the so-called coming generation, which by law is considered under the category of children, but actually it falls under the category of the youth.

Participation in international children forums, efforts of the international community to bring attention to children, to their problems and to the possibilities for the development of the youth, all this had its positive impact on the development of the Bulgarian children's parliament. It commenced its activities in 1999 as a project within the framework of a governmental institution, and from April 2001 it converted into a national organisation in the third sector – Association "Bulgarian Children and Youth's Parliament", that has started the establishment of its branches in the country.

The main field of activities of the Association is to address the social needs of the society in three directions:

- preparation of the coming generation and the youth to work in favour to the society and for their personal development;
- support children and youth in the process of gaining knowledge in some fields like sustainable development, citizen education, management, modern communication technologies, culture, ecology, historical heritage, etc;
- development of healthy life-style habits.

Concerning the means for implementation of the objectives of our citizens' association, a leading role is played by the programmes that support children in the process of learning the ABC of the civil society, and provide knowledge to the children and youth about the tasks and responsibilities of decision-makers in governmental institutions, municipalities and in the public sector within the context of sustainable development.

Simultaneously with the international performance of Bulgarian children and participation at international, national and regional forums and round tables, we attract followers among the adults in order to prepare and support children to establish their own communities – in schools, municipality and also networking at the national level. But we try to convince them not to keep their activities only inside the schools. We encourage the children's activities at their native places in various directions so that every young person would be able to find his/her place in accordance with his/her interests.

On the other hand we initiate campaigns and movements, such as "Earth alive", "Pals with sport", "Hand by hand", "Lessons on responsibility" and the new youth movement "101 National Sights of the Natural and Cultural Heritage of Bulgaria", through which to attract more participants among both outgoing and shy people. As the young people write in every issue of their national youth's newspaper "Future": The Bulgarian children and youth's parliament is not a structure, it is a free form to communicate and to exchange ideas.

It is important for the youth in big cities and particularly necessary for the children and the youth that live in smaller settlements, some of which are located in not easily accessed areas with the limited possibilities to take advantage of modern communication technologies. It is also necessary for those numerous municipalities, to start with the municipality of General Toshevo in the North-East part of the country, where already the school and the youth parliaments work jointly with the municipal authority and to reach the town of Gotse Delchev in the South-West part of the country, from where several days ago we received by fax the following letter:

> This letter is written by a group of extremely enthusiastic school students who want to have their parliament in the town of Gotse Delchev. Even though we don't have any experience, we are ready to participate in joint projects with other students from Bulgaria. In our town, and more specifically at our school "Yane Sandanski" there have always been enthusiasts who wanted to change something in the everyday life of their schoolmates. The older students have organised various campaigns such as anti-AIDS, anti-drugs, and charity concerts. The most active ones who took part in those initiatives are already university students. We think that it is our turn now to make our everyday life more colorful and more reasonable. In which way and how, however, we have no answer to this question. Maybe you and your students have some idea by now as to how to do that. We would be very grateful to you if you write back to us!

Figuratively speaking, we immediately put in a lot of seeds in this generous soil of the youth's enthusiasm and willingness for actions, and each of them is an element of the meaningful notion for sustainable development.

Actually one of the objectives of Association "Bulgarian Children and Youth's Parliament" is to provoke interest and to promote knowledge of the youth concerning the research for and protection of the historical heritage; to facilitate preparation of the youth to work at a regional level in the field of cultural tourism. And this, undoubtedly, means opening of new jobs for both the youth and the adults; the decrease of the migration flows; and revival of some settlements currently under decline, which in the past or recently have had a significant importance.

In order to reach good results also in this field, it is important that the youth gain from an early age some skills for making popular Bulgarian culture and history at home and abroad. To be able to present everything that is unique in terms of natural heritage and human achievement at their native place, and that could be exhibited to the rest of the world in an attractive manner and that would work to increase the image of Bulgaria. In order to implement this objective, the Association has initiated the establishment of a movement "101 National Sights of Natural and Cultural Heritage of Bulgaria" – including contests, initiatives and activities focused on the young generation, acquisition of knowledge and orientation of the youth exchange towards visits of historical sights, its involvement in protection of the heritage, production of a catalogue containing ideas and proposals of young people concerning the future development of their native place.

The Association introduced this new youth's movement in our country to the representatives of the Ministry of Regional Development and Public Works and the Ministry of Culture. Moreover, in official letters to both Ministers they proposed to them to undertake the patronage under the Bulgarian Children and Youth's Parliament. We are looking forward to their answer in order to launch officially this initiative through national contest for youth's works and ideas on this subject. Unofficially the movement has already started its activities. For example The Children and Youth's Parliament in Burgas with the support of the Tourist Association "Strandja" and the forest company in Malko Tarnovo, has prepared a project for the Apolon's sanctuary in Strandja Mountain. This project envisages marking out the paths, cleaning and maintenance of the sanctuary, participation in the forestation of the area around the sanctuary. There are already specific proposals for the "Belogradchik Rocks – natural phenomenon" by identifying itineraries and creating possibilities for various activities; for the Archeological reserve "Yailata" and for the cape of Chirakman near Kavarna; for the development of cultural and eco-tourism in small settlements near the Kapinovski Monastery that have been left by young people.

Why "101" when only a few people from the older generation remember how they were going from one sight to another and how happy they have been when they had received one more stamp in their membership card, issued by the Bulgarian Tourist Union. We suggested to this one-hundred-year-old organisation to revive a good tradition, and to invite young people through their movement to enrich it with new objectives and ideas and to focus on specific activities. Because in each settlement or near it there is something unique and significant, that most probably is not included in the 100 national sights, but is still of great value to the people there, for the past and present life, for the culture and occupation of the population living in that area. And it is worth being studied, preserved and exhibited to the public, because it is a part of the world riches. It is a fact that the younger generation integrates with the human values and cultural heritage first of all by studying the historical heritage at their native place, through participation in its discovery, exhibiting and protection, and coming into contact with the beauty of nature and involvement in its conservation.

A long-term project named "Touch the past – Youth's Summer Academy" is developed in the field of archeology, ethnography, architecture, traditions and customs, protection, conservation and exhibiting the cultural heritage. In the implementation of the project there will be involved Bulgarian and foreign university students and young people, who study history, archeology and other similar subjects. A part of this project is focused also on the involvement of school students and other young people from vulnerable groups. Due to the lack of funds this summer only a festival "Touch the past – Thracian ceramics" took place. It is difficult to describe in words the emotions experienced by the students who worked under the supervision of professors in this field and who had a close contact with the Thracian tomb "Sveshtari" while they were building an old oven and were learning some thracian techniques for firing ceramics pottery, which of course, immediately turned into very precious souvenirs And how many places there are in Bulgaria where old craftsmanship, rituals and traditions could be revived and thus they could be turned into an attractive place for visits and stays, equally for young and old people, for Bulgarians and foreigners.

One of the recent proposals of the members of Bulgarian children and youth's parliament is to participate as volunteers in the restoration and renovation of the abandoned old buildings, some of which after that to be provided to them as a part of the newly established youth zones. And they will take care of them and revive them by performing activities, organising exhibitions there, converting them into their clubs, space and original incubators for youth's ideas and activities.

It is easy to work with young people when in their childhood the grounds for their belonging to the civil society are laid down, and if at their young age they would find an interesting objective in their lives; when they are offered a partnership that gives them an opportunity to gain new skills and knowledge. And in this point the floor is for us – adults – from the non-governmental sector, from the municipal authorities, from the governmental institutions.

I would like to conclude with a part of the statement of the youth addressed to the representatives of the Metropolitan Municipal Council during the official meeting held on the occasion of the decision taken at the Session of the Municipal Council concerning the undertaking of patronage under the Association "Bulgarian children and youth's parliament" and signing the Memorandum for Collaboration: regardless of which direction our activities will go, we want you to know that we always will comply with three main points:

- the center of the world is where we live. And how we live – it already depends on us;
- the expression "it is not possible" has no place in our life today. The important thing is what we want to achieve and how we will do that;
- in our century the tolerance between generations should grow into a partnership.

Dear Ladies and Gentlemen, it is time for us, adults, to stretch out the hand, and to support by the related decisions and means the youth enthusiasm, to be good decision-makers. Because the future belongs to that municipality, which reasonably and purposefully encourages the youth enthusiasm and prepares its young generation for future leaders and their successors. But they will be more educated, more skillful and more eligible than their predecessors. When the government supports such a policy, then, indispensably a nice and meaningful phrase sustainable development from a wish will turn into a reality.

FOURTH SESSION

Possibilities of a transfrontier, transnational and interregional co-operation

Chairs:

Vyacheslav OLESHCHENKO, Representative of Ukraine to the CEMAT Committee of Senior Officials

Petr KALIVODA, Representative of the Czech Republic to the CEMAT Committee of Senior Officials

QUATRIEME SESSION

Les possibilités d'une collaboration transfrontalière, transnationale et interrégionale

Présidence :

Vyacheslav OLESHCHENKO, Représentant de l'Ukraine auprès du Comité des Hauts fonctionnaires de la CEMAT

Petr KALIVODA, Représentant de la République tchèque auprès du Comité des Hauts fonctionnaires de la CEMAT

The experience of the tri-national site of East Carpathians Biosphere Reserve

Zbigniew NIEWIADOMSKI, President of the Foundation for the Eastern Carpathians Biodiversity Conservation, Poland

Introduction to the UNESCO-MaB Programme

The Convention on Biological Diversity opened for signature at the United Nations Conference on Environment and Development in 1992 and recognised today by almost all nations as binding deals with both the conservation of biological diversity and sustainable use of its components. It also provides for rational planning and sustainable use of natural resources.

CBD, Article 6. General Measures for Conservation and Sustainable Use:

> Each Contracting Party shall, in accordance with its particular conditions and capabilities:
>
> a) Develop national strategies, plans or programmes for the conservation and sustainable use of biological diversity or adapt for this purpose existing strategies, plans or programmes (...);
>
> b) Integrate, as far as possible and as appropriate, the conservation and sustainable use of biological diversity into relevant sectoral or cross-sectoral plans, programmes and policies.

CBD, Article 8. *In-situ* Conservation

> Each Contracting party shall, as far as possible and as appropriate:
>
> e) (e) Promote environmentally sound and sustainable development in areas adjacent to protected areas with a view to furthering protection of these areas.

The UNESCO Programme "Man and the Biosphere" (MaB) was adopted in 1970, with a similar focus on both conservation and sustainable use of natural resources. Until 1974 the biosphere reserve concept has been elaborated and finally in 1976 the international biosphere reserve network was launched. The network (as of May 2002) includes 408 areas in 94 countries. About 135 biosphere reserves are designated in Europe, with the overall goal to promote and demonstrate a balanced relationship between humans and the biosphere.

Biosphere Reserve concept – what is the difference?

Based on the Statutory Framework of the Network – a biosphere reserve is not an area of strict nature conservation but includes a gradation of human interventions. It is intended to fulfil three complementary and mutually re-inforcing functions:

- conservation of natural and cultural heritage,
- socio-culturally and ecologically sustainable development, and
- logistic support (research, monitoring, environmental education and training related both to conservation and sustainable development issues).

The biosphere reserve functions are organised and carried out through a system of spatial zonation. Each zone should be approached differently, defining its specific objectives and identifying relevant partners. Actions defined in management plans and land development plan for different zones should be complementary.

Each biosphere reserve should contain the following different zones:

- one or more legally constituted core areas of sufficient size, designated for the long-term biological diversity conservation, monitoring, research and other low-impact uses like e.g. education;
- buffer zone(s) surrounding or continuous to core areas; protecting the core area(s) from negative impacts and used for activities comptible with conservation objectives like e.g.

- implementation of protective measures, education, ecotourism, recreation;
- transition zone (the so called "area of co-operation") containing a variety of uses fostering the development of a region and promoting sustainable resource management practices; where local communities, management agencies, scientists, non-governmental organisations, private entrepreneurs and other stakeholders work together.

Biosphere reserves do not have their own legal status in most countries that allows much more flexible concept implementation (no strict rules or regulations) depending on local conditions. For the same reasons the local inhabitants perceive biosphere reserves as less 'restrictive' than nature reserve or national park designations. A protected area is usually managed entirely for the purpose of nature conservation while a biosphere reserve is managed for a wide variety of purposes, with the main task to harmonise development with conservation. The transition zone of a biosphere reserve may have no protected area status at all. Unlikea protected area there is no single manager in charge of a biosphere reserve and a biosphere reserve co-ordinator represents neither the owners nor the management agencies relevant for an area. Therefore co-operation in a biosphere reserve involves a wide range of management structures with different goals, legal powers, staff and budgets. The task of a biosphere reserve co-ordinator is to facilitate co-operation between the owners, managers and other stakeholders.

Political context for transfrontier co-operation

Central Europe is characterised by its numerous relatively small countries, therefore state borders cut across ecosystems and areas of high natural and cultural value. Political changes initiated in the last decade of the 20th century allowed transition towards market economy and civil society development, therefore facilitating integration with the Western Europe and accession to the EU. This has also resulted in dynamic changes of national borders, forms of land-ownership and natural resource management systems, and has exposed valuable and pristine natural and cultural landscapes to increased development pressures. However, it has also created the improved conditions for co-operation between transfrontier protected areas and opportunities for the creation of new ones.

The concept of transfrontier co-operation for effective biodiversity conservation has recently been raised to a position of prominence throughout Europe. The reasons for this are the benefits that such co-operation can provide to an increasingly dynamic Europe. These benefits can be summarised as follows:

- more effective management of natural resources;
- preservation and enhancement of local cultures;
- promotion of the economic welfare of a region's communities;
- reduction in political tension and promotion of peace.

The Seville Strategy (1995) recommends the establishment of transboundary biosphere reserves as a means of dealing with the conservation of resources that cross-national boundaries. Transboundary biosphere reserves provide a tool for international co-operation and represent a commitment of two or more countries to common management of frontier regions and shared ecosystems with compatible methods for both conservation and sustainable development. Moreover, transboundary biosphere reserves are the symbol of peace with great political visibility.

Transfrontier co-operation in the Carpathians

The Carpathians, as the most extensive mountain range in Europe, cover border areas of Poland, Hungary, Ukraine, Czech Republic and Austria; significant part of Romania and a major part of the Slovak Republic. Border areas in the Carpathians may be perceived simultaneously as less-favoured and most favoured regions of Central Europe. Less favoured from market economy point of view due to political factors banning development in the past and natural factors such as topography, low productivity soils, short vegetation period etc. Most favoured in biodiversity and cultural heritage terms due to well preserved nature and landscape, traditional way of life and land-use forms, non-intensive agriculture and limited influence of industry. The transfrontier co-operation on nature conservation in the Carpathians began in 1924 with the idea of establishing bilateral (involving Poland and Czechoslovakia) Nature Park in Pieniny Mountains, implemented in 1932; thus creating the first European transboundary protected area. The UNESCO Man and Biosphere Programme has officially designated the first and the only trilateral transboundary area also in the Carpathians.

The East Carpathians Biosphere Reserve

Located at the confluence of state borders of Poland, Slovakia and Ukraine the East Carpathians Biosphere Reserve is a unique treasure of global importance, combining the immense wildlife value with the rich cultural heritage.

It contains some of the least disturbed ecosystems e.g. part of the largest European natural beech forest complex and protects endemic and threatened mountain plant species and communities. It constitutes one of the most important refuges for large animals of primeval habitats of Europe. The unique fauna is composed of all native big predators like brown bear, wolf, lynx and golden eagle as well as all big native mammals like the European bison, red-deer and reintroduced primitive Hutzul horse and beaver. The area preserves the elements of the rich cultural heritage such as the remnants of Lemko and Boyko rural and sacral wooden architecture as well as traditional land-use patterns, agriculture and pastoralism practices.

The first trilateral "East Carpathians" UNESCO-MaB Biosphere Reserve was designated in 1998, uniting the bilateral Polish-Slovak one (set in 1992) with the Ukrainian part. This second largest European mountain biosphere reserve accounts for 213,211 hectares (2,132 square kilometres) and encompasses the following seven protected areas:

- in Poland (53,4 per cent of total area):
  - Bieszczadzki Park Narodowy (Bieszczady National Park);
  - Ciśniańsko-Wetliński Park Krajobrazowy (Cisna-Wetlina Landscape Park);
  - Park Krajobrazowy Doliny Sanu (San River Valley Landscape Park);

- in Slovakia (19,1 per cent of total area):
  - Národný park Poloniny (Poloniny National Park);
  - CHKO Východné Karpaty Protected Landscape Area East Carpathians);
  - (part designated as Poloniny NP buffer zone included into the Reserve);

- in Ukraine (27,5 per cent of total area):
  - Ужанський Національний природний парк (Uzhansky'i National Nature Park);
  - Надсянський Регіональний ландшафтний парк (Nadsansky'i Regional Landscape Park).

In 1998 Bieszczady and Poloniny National Parks were awarded the European Diploma by the Council of Europe, distinguishing the well managed protected areas of outstanding natural values. Both UNESCO MaB Biosphere Reserve and European Diploma designations prove the value and importance of the area for nature conservation and sustainable development.

The contribution of biodiversity conservation to sustainable development in the East Carpathians Biosphere Reserve

Eastern Carpathians have never been an industrialised region. The target areas for economic development are forestry, agriculture and tourism, all based on natural values and resources of the area. On the other hand all three activities could be also seen as potential threats to the nature, if handled the wrong way and differently on each national side of the reserve.

Forestry remains one of the main local economic activities. However, only natural forests, the mainstay of Carpathian biodiversity, if sustainably managed and harvested can at the same time yield profits, protect soil on mountain slopes and supply several Central European countries with potable water. Agriculture in the area is mostly limited to cattle raising or sheep breeding and small-scale organic farming utilising traditional land-use patterns. However, traditional land management techniques are much more relevant to the Carpathians than intensive farming, which resulted in the dramatic decline of biodiversity in Western Europe.

The outstanding potential for ecologically and culturally sustainable development based on environmentally friendly tourism can provide the main source of income for the local communities in the future. However, this is possible only if nature, as the main tourist attraction of the area remains well protected. Therefore the development of tourist services is to a great extent dependant on the success of nature and landscape conservation measures undertaken in all three co-operating Carpathian countries.

A pattern of a biodiversity conservation project having positive influence on the local sustainable tourism development is the Hutzul horse reintroduction in Bieszczady National Park. This project originally aimed only at the conservation of threatened species soon turned out to have a big potential for the development of local tourist services, as mountain horseback riding tourism became a distinctive element of the local tourist product, benefiting from the legend of "the Polish Wild East". The similar effect can have a new project to be launched under the WWF-Large Herbivore Initiative based also on transboundary co-operation efforts towards biodiversity conservation in the Carpathians. Planned reintroduction of the European bison and beaver to Romanian, Ukrainian and Slovak Carpathians could again raise tourist attraction of the above and therefore facilitate the development of the nature-based tourist services.

The biosphere reserve approach aimed at matching biological diversity conservation with sustainable development provides a new opportunity for the peripherally located and underdeveloped regions of the three countries involved, facing similar challenges.

The Foundation for the Eastern Carpathians Biodiversity Conservation as a tool to promote transfrontier co-operation

In early 1990's when the Biosphere Reserve came to existence, the economies of the three countries were undergoing the process of transition towards market which meant that conservation issues could receive less attention in the situation of other competing urgent needs. To solve this problem an idea to establish a permanent financial mechanism in a form of foundation was proposed. The John D. and Catherine T. MacArthur Foundation (USA) and World Bank Global Environment Facility agreed to provide funding for the establishment and permanent capitalisation of the Foundation for Eastern Carpathians Biodiversity Conservation and WWF provided assistance in the design and legal establishment. The Foundation for the Eastern Carpathians Biodiversity Conservation (further referred to as ECBC Foundation) was registered in Switzerland as 'the neutral fourth country' on January 9, 1995. with the objective

> to encourage, organise, conduct and promote activities serving to protect the overall biodiversity of the Eastern Carpathians Mountains zone.

Experience from the implementation of Biosphere Reserve functions in the East Carpathians Biosphere Reserve

Transfrontier co-operation in the reserve exceeds both the statutory powers and budgetary possibilities of the involved protected areas, therefore in 1996 the ECBC Foundation launched the Small Grants Program, with funding allocated equally to the three countries. In 1999 the ECBC Foundation entered a partnership under the WWF-Carpathian Ecoregion Initiative with the Environmental Partnership for Central Europe – Poland and jointly launched another grant scheme called "Time for the Carpathians" to support sustainable development of the local communities.

Both the commitment of national and regional governments and the above-mentioned financial instruments administered by the ECBC Foundation provide for the implementation of the three main biosphere reserve functions in the East Carpathians:

Conservation function

Since the establishment, throughout the last ten years – over one fourth of the original East Carpathians Biosphere Reserve area has been given higher protective legal status. Moreover the total area has been extended several times to reach almost 144 per cent of its original size by adding some 65 thousand hectares of newly designated protected areas. The successful nature conservation of the vast areas seems to be a major strength of this biosphere reserve. The protected areas of the three countries are also actively promoting historical heritage conservation and cultural exchange, organising events like exhibitions and folk festivals.

One of the projects supported by the ECBC Foundation provided for the designation of seven new protected cultural landscape areas and two nature monuments. Other projects focused e.g. on management of nature reserves, mountain meadow maintenance and protection, conservation of old monumental trees, river corridors and water ecosystem protection, lowering the impact of tourism on the core zone, restoration of historical buildings and revitalising traditional pastoral sheep-breeding practices.

The planned joint future projects deal with the reintroduction of the European bison, Hutzul horse and beaver to the Slovak and Ukrainian national parts of the reserve as well as the conservation of the cultural heritage monuments.

Development function

Sustainable tourism has been identified as the most prospective for the East Carpathians. The designation of the centrally located Bieszczady National Park in September 2002 as one of the first three PAN Parks in Europe proves that this area offering top quality experience to the visitors is potentially one of the most attractive ecotourism designations on the continent.

The projects supported by the ECBC Foundation foster sustainable nature-oriented tourism development in all three national parts, establishing new marked hiking, interpretative, nature and bicycle trails. Combined with the mountain horseback trail network and the century old narrow gauge forest train the quality of the above would determine the attractiveness of the complex Reserve's tourist product and therefore also the well being of the local inhabitants. Other projects provide training on ecotourism and management skills for the local entrepreneurs or support guidebooks and maps' publiccation. Another project dealing with the revitalisation of traditional shepherding aims at establishing a range of regional 'sheep-products', providing local women with the necessary knowledge and skills as well as promotion.

There are still many tasks for the future, e.g. development of the regional Biosphere Reserve's 'label' for marketing local products like organic farming food products and traditional crafts. Such a 'trademark' gives a consumer a guarantee as to its geographical origin, quality, use of traditional and environmentally friendly methods or production processes.

The future sustainable tourist development would be only successful should the partners implement the common tourism services' development and common promotional strategies; the development of a network of visitor centres is also a must for the future.

Logistic function

The satisfactory performance of this function in a transboundary biosphere reserve requires joint management, joint scientific research and monitoring, an extensive range of educational activities, transfrontier co-operation of local communities and non-governmental organisations.

To ensure the compatibility of management plans and implementation strategies in the East Carpathians Biosphere Reserve, the partners exchange their experience and share information on the natural resources and best European conservation practice. The scientists undertook the task of unification of wildlife inventory methodology and databases and share the results of research during the annual "East Carpathian BR conference". The ECBC Foundation supports the above mentioned activities, financing biological inventories' preparation and providing tools (e.g. software, databases and skills) for biodiversity studies. The Foundation plays also a role of a forum in which stakeholders from the three countries can meet and discuss the management issues and the current or planned conservation measures. Its task is also fundraising for commonly identified priority actions in the Reserve.

The future projects deal with the involvement of local communities in determining development priorities and with physical planning for the sustainable tourism development; capacity building and support for the protected areas and local NGOs; joint workshops and staff training. Another important task is to establish the common GIS (Geographic Information System) database as a tool to approach the East Carpathians as one coherent natural area, to visualise the available data spatially and to view the impact of management practices in different zones, facilitating common decisions of the partners.

In addition to the above mentioned, joint thematic working groups and field staff meetings as well as joint sessions of scientific bodies or development of other "consultative bodies" fostering public participation and support for conservation activities are highly recommended.

Conclusion

Biosphere Reserves provide for the implementation of the Convention on Biological Diversity, promoting a bioregional approach for land management and sustainable development planning; moreover they include people within the overall conservation network. Biosphere reserves were considered ahead of their time when developed in the early 1970s, their time has now come, as they do offer a practical and creative approach to linking conservation and sustainable development.

The example of the first trilateral East Carpathians Biosphere Reserve draws attention to the relevant governments on transfrontier co-operation issues, specific status and development needs of local populations of montaineous, peripherally located areas.

Transnational and interregional co-operation in the management of flood-plains, the experience of countries of the Danube basin

Lily JACOBS, Member of the Provincial Council of Gederland, The Netherlands, Representative of the CLRAE

Chairs, Mr Kalidova, Mr Toshev, Ladies and Gentlemen and all those who are interested in cross-border co-operation in particular types of European Areas,

It is with great pleasure to be here with you this afternoon.

My name is Lily Jacobs. I have been a Minister for environment for about seven years. Now I am here as a representative of the people of Guilderland and a delegate of the Board of Executives of my province, I am also a member of the Committee of the Regions and of the CLRAE. Based on this background I intend to tell you something about water, about our experiences in our flood-plains with our local and regional government.

In pursuing the aims of democracy the Council of Europe considers water as the most important thing for mankind in our new century. It is not only a matter of life and death for the individuals but also a matter of peace and war for the states and countries.

But I think that the most important aspect of water lies in the possibilities to develop co-operation between people in fighting the quantity of water and managing the quality of water.

Fighting and managing together in a struggle for the quality of life is the basic process for making democracy. And that is my main reason to be here.

And going that way, we shall need instruments to act effectively and concrete actions to reach our targets.

That's why I am drawing today your attention to the instruments we are using on river management along the river Rhine and our actions in cross border co-operation on local and regional level with our neighbours and friends, the Germans.

First of all I have to make clear to you the reason why I am standing here going to talk about the river Danube whereas my home river is the river Rhine.

Well, brought together by the CLRAE, my province is working together with a province in Romania, Teleorman county. Teleorman is a border county, bordering Bulgaria. We understand each other very well because we are both, looking at our rivers, in the same situation. We are in the pit of a river basin and as you know it always "stinks in the pit". That's why there is an urgency to act now and we are exchanging best practices to help each other to act effectively. We learned a lot about biodiversity around the river Danube and we brought with us our experiences with our water- and cross-border co-operation around the Rhine. With a bottom-up orientated process, initiated by regional and local government, years ago we speeded up the whole process of recuperation of the river Rhine. We worked in the field of managing the quality and quantity of water. We discovered that managing the quality of water is mostly an act of local and regional government because water is an area-based product for them and there is a natural regional monopoly in relation to the supply and purification of water. So we do not have yet a legal separation between production, distribution and supply.

Managing the quantity of water is an act of national and regional government because it is a basin- or subcatchment-area based product.

And with this experience and from this point of view we welcomed the EU water directives as the instruments we employed and cross-border co-operation in a bottom-up process on all our governmental levels as the action we took.

First something about cross-border co-operation.

Transborder co-operation is the cornerstone of European co-operation. The co-operation between citizens, municipalities, companies and other organisations in neighbouring regions, is the start of a process in which day after day differences and problems in the border regions can be solved and can model Europe in the twenty-first century. In the field of water we succeeded to co-operate on two levels with our German neighbours. At the regional level, supported by our national level, and at the local level, supported by the people who are living there.

Most people who live on the border of one of the European countries are involved with Europe on a daily basis. You buy things on one side of the border and you live and work on the other side of the border. You are raised to speak two languages and sometimes a large part of your family lives in the neighbouring country.

And of course, the national governments tend to forget their border regions.

I do not need to tell you more, because I know that here, and in every other border region, people are confronted with the same kind of difficulties. Borders are the regions where Europe really takes shape and on the borders the first practical European problems arise, such as water problems.

What we are experiencing in Europe right now, are two ways in which Europe is being built. On the one hand we see the European nations working together at the national level. On the other hand, we see the European citizens working together in cross-border co-operation. Both the top-down and the bottom-up approaches are needed to develop Europe as a whole and both approaches should be in balance with one another.

I could tell you something about the bottom up process in our province, but I am rather short of time to do so.

One thing only: our local governments are co-operating with the German local governments within a Euregio. That Euregio has a council of 60 elected politicians in cross border political groups. The main body is the Euregio board. To assist the board and the council there is an administration consisting of thirty civilservants who prepare the work of the council and the board.

The administration also assists and coordinates the working groups of the Euregio.

Within the working groups we cover many fields of activities: economy, transport, social affairs, agriculture, environment, technology, tourism, education and training.

The cross-border tasks of EUREGIO cover a lot of activities, one of which I will mention : the Euregio develops concepts for the development of the environment, regional-spatial planning, infrastructure and transboundery water management.

On this local level we are working on problems of waste water, drinking water and rather small-scaled floodwater problems.

I consider that as very important because in my opinion especially the management of transboundery water resources is closely related to issues as subsidiary, the challenge of including stake holders in the decision-making process through public participation, and the environmental protection.

With the awareness for the politicians that the implementation of all those matters of vital interest for a grown-up democracy, usually rests with regional and local bodies, I would say that those issues are today's core issues.

So, going that way of managing of transboundery water resources, we will need instruments to act effectively. That's why I ask your full attention for the instruments which we are using on river management along the river Rhine.

I dare to promote here the Rhine as an example for the Danube. An example, because we have been fighting with the pollution of this river since 1973. I am going to describe the process to you in some headlines. As a region we took the initiative in a bottom-up oriented process to fight the pollution and the flood problems. We started a good and intensive co-operation with our neighbours, the Land Nord Rhein-Westfalen. And because we did so the officials at the national level finally felt nearly forced to join our party. And working together on all the governmental levels, the Rhine Steering Committee also felt forced to join that new development. Thus, when they were activated we could start with coordinated activities in our sub-catchments areas.

Thus we got salmon back in the Rhine as a symbol of better overall circumstances. The same long term battle for the sturgeon is now going on for the Danube. Nowadays our main instrument in that battle comes from the EU.

Two years ago the European Union agreed on a new framework water Directive. And this framework offers a set of instruments we all have to use in western and can use in Eastern Europe. It consists of a set of main objectives, a number of instruments, a basin management plan, an action program and a timetable with a scope of 15 years.

River basin management plans have to include an analysis of river basin characteristics, a review of the impact of human activities on the ecological status of waters in the basin, and an economic analysis of water use in the districts.

Central in the river basin management plan will be a requirement of a country to establish a program. That program should address all the measures which need to be taken in a territory to ensure that all waters in the basin achieve good water quality within, say, ten or fifteen years.

And that's exactly what CLRAE pointed out to us in its report about the Danube.

The real innovative aspect of this Water Framework Directive is that rivers and lakes will be managed by a river's basin, instead of administrative or political boundaries. We arranged to do so with the river Rhine and organised seven sub-catchments areas.

CLRAE considered that, within the complex relationship between the principles of national sovereignty and the transboundary nature of international watercourses, there is not only a high potential for co-operation between the member States, but there is a rather unknown and neglected field of co-operation, that is the whole playing field of local and regional authorities.

My message today to all of you, working at the national levels in your countries, is to use local and regional authorities as your instruments of governance. Not by forcing them with legislative measurements to develop local and regional activities, but by giving them the right and freedom to co-operate together.

That is why I plead strongly in the direction of the Danube Committee, to obtain for all the local and regional authorities alongside the Danube, detailed descriptions of the organisation, working methods and procedures of local and regional authorities in the basin, and especially those on both sides of the river. You have to know each other's organisational possibilities when you want to work together. Knowing and understanding each other is the beginning of co-operation and co-ordination, so we need that information today when we want to co-operate tomorrow.

The lack of co-ordination in transboundary water management among the regions leads to difficulties in the control of pollution and flooding, among other factors. At present, local and regional authorities are in fact facing two main issues concerning water management: pollution, quality and quantity control, and involvement of the public.

For pollution, quality and quantity control, we can use the Water Framework Directive I spoke about as the main instrument. But we can make that instrument sharper and more effective. Sharper and far more effective by using all the governmental and intellectual power of local and regional authorities. Because especially drinking water and waste water are a matter of local and regional authorities. Just the sameway as managing the quantity of water is a matter of national and supranational government.

The Lower Danube River Basin situation can be perceived at its real size if only we understand and consider the following general aspects:

- the majority of states in Danube River Basin and specially in Lower Danube Basin are newly-born democracies that are trying to be a part of Europe's future construction process;
- interdependence between the economical development level of a state;
- maturity of the democratic system;
- capacity to protect the environment and to have an efficient management of water resources;
- the role of local and regional authorities in administering all resources both short and long term, considering the limits generated by the influence of the level of autonomy and financial power.

For the benefit of the future generations, we must start the struggle now. We must take fast action having next to us the young generation, our hope for tomorrow. The youth must be involved, the young generation must feel it is reliable to take part in a process that provides a good future for our old continent.

To give body and content to these proposals Teleorman county and the CLRAE organise in 2003 a Seminar in Turnu Magurele, Teleorman, Romania to underline those local and regional initiatives. Teleorman County Council is prepared to take initiative, to improve the quality of water of the Danube and start the ecological reconstruction of the Danube River Basin in Romania the way it happened in the Rhine basin.

You are all cordially invited to join us for the Seminar and discuss together the future of the Danube as I described the past of the Rhine today to you.

I thank you for your patience and attention.

Transborder co-operation in the Lower Danube Delta, between Ukraine, Moldova and Romania

Galina MINICHEVA, Head of the Working Group on Protected Areas and Habitat Restoration, TACIS CBC Project on Environmental Management of the Lower Danube Lakes, Ukraine

The River Danube runs for 2,850 km, from the Black Forest in Germany to its delta at the Black Sea on the Romanian/Ukrainian border, with a tiny segment (800 m) fronting Moldova where the River Prut enters the main river. The delta area itself is the largest and the most natural wetland complex in central Europe (only the Volga delta is larger). The lower Danube region includes the extensive examples of unaltered rivers, limans, lakes, reed beds, marshes, steppes and riverine forests and is an important biosphere resource in Europe. Besides, the Lower Danube and the Danube Delta catchment ecosystem perform an important water cleansing function where the river water enters the Black Sea.

As a centre of wetland biodiversity, the lower Danube region ranks among the top sites in Europe. Its waters harbour over 60 species of fish, including several species of sturgeon. Apart from breeding bird colonies totalling tens of thousands of individuals, notably terns and herons, several globally threatened bird species inhabit the area. The majority of the world population of pygmy cormorants nest in the region and most of the world's red-breasted geese winter around the margins of the wetlands. Europe's rarest bird, the endangered slender-billed curlew, occurs on migration. There are also important populations of otters and mink. Moreover, the delta is rich in economically valuable natural resources, principally fish, reeds and grasslands. It is an important international tourist centre and has a considerable potential for earning foreign exchange from ecotourism and related services.

However, since the 1950s, the complex biological, chemical and physical systems were subject to rapid and severe degradation as a result of unsustainable development for navigation, fish farming, agriculture, forestry and flood control. The most severe problems resulted from loss of floodplain functions such as flood control, sediment and nutrient reduction, and providing fish spawning grounds. As a result, natural fisheries have declined, lakes and channels have become silted and eutrophic, and water quality for crop growing has worsened to the point that it is unusable. Furthermore, impounding of watercourses near villages, limestone quarrying and dredging of riverbeds for sand have significantly contributed to altering the flows of feeder rivers and streams in the catchmen area.

At present there are a number of protected areas of national and international significance in each of the three Lower Danube countries. The Transfrontier Danube Delta Biosphere Reserve (Romania/Ukraine) was recognised as a cross-border protected area by UNESCO in 1999. It is one of the largest biosphere reserves in Europe and the only delta that is entirely declared as a protected area.

The Romanian part of the Transfrontier Danube Delta Biosphere Reserve was designated by the Romanian Government in 1990 according to a new policy of environmental and nature protection promoted in Romania after the political changes dating from 1989. The Romanian part of the DDBR has a total area of some 580 000 ha.

The Danube Biosphere Reserve (on the Ukrainian side of the delta) totals 46,492 ha. It was designated by the decision of the Co-ordinating Council for the Programme on Man and Biosphere in December 1998 on the basis of the previously established nature reserve "Dunaiski Plavni", and falls under the jurisdiction of the National Academy of Sciences of Ukraine. However, with its relatively small size, its recent geological origin, and its peculiar habitat structure, the present day protected area falls far short of accommodating the range of habitats found in the Ukrainian Danube Delta.

In 1991, the State Reserve "Prutul de Jos" ("Lower Prut") that includes Lake Beleu and adjacent territories was established by the Resolution of the Moldavian Government. It has an area of 1,691 ha, and enjoys the strictest level of protection. The site was the first Ramsar site listed in Moldova, and was included in the WWF Lower Danube Green Corridor Agreement. It is expected to be nominated as a UNESCO Biosphere Reserve. According to the Law on Environmental Protection (1993) and Law on Local Public Administration (1998), Cahul Judet authority is responsible for implementing environmental legislation at the local level. The Judet authority also coordinates the elaboration and implementation of local environmental plans (as part of the National Environmental Action Plan for Moldova), including those for the protection of historical and landscape monuments, parks and natural reserves.

In 1998, a proposal to establish the Lower Danube Euroregion (LDE) was endorsed during a summit meeting between the Presidents of Ukraine, Moldova and Romania. Taking its lead from the Council of Europe « Framework Convention on Cross-border Co-operation between Local Communities and Authorities" (Madrid, 1980), the LDE statutes were signed on 14 August 1998 by the regional authorities from Ukraine, Moldova and Romania. The LDE lies at the junction of the international borders between Moldova, Ukraine, and Romania. It occupies a vital geographical area in the northwest corner of the Black Sea and contains major transboundary rivers (Danube, Prut, Dniester and Siret) as well as important Eurasian transport cross-roads between north and south, east and west.

The function of the LDE is to aid the trans-border sharing of ideas and actions among the partners in planning, project development and funding. These activities not only promote cross-border co-operation, but also the objective to integrate eventually into the European Union. The Environmental Commission is one of the eight Working Commissions of the LDE. Exchange of environmental information and co-ordination of environmental activities in the Lower Danube are done under the umbrella of the Commission.

More generally at the international level, the three states are parties to a number of treaties and agreements committing them to improve their environment and management of natural resources. The Lower Danube area shared by Moldova, Romania and Ukraine has to be considered as one single and unique ecosystem that calls for combined efforts both for conservation and for sustainable management. The area includes protected areas requiring continued monitoring and protection. It also supports human settlements and economic activities that need to be recognised but at the same time require management measures in order to be environmentally and economically sustainable.

Protection and management of the Lower Danube ecosystem and therefore its economy can only be effective if it is transboundary. The three states in the region have recognised this basic fact. They have joined pertinent multilateral agreements, several of which are also ratified by the EU itself (see Table 1).

Apart from the LDE itself, specific state-level contractual arrangements for cross-border co-operation also exist in the Lower Danube through the 2000 Ministerial Agreement on transboundary protected area establishment in the Lower Danube, comprising the Danube Delta Biosphere Reserves in Romania and Ukraine and the Lower Prut River area in Moldova. In this context, and with support of the EU Tacis programme, between December 2001 and April 2002, the LDE and the Ministerial Joint Commission for the Lower Danube Protected Area developed an initiative for the development of a trilateral project on cross-border co-operation for management and sustainable development of protected areas in the Lower Danube Euroregion. This concept was subsequently included by Odessa Region Government into the Programme for Development of European Regions, which was ratified by the Decision of the Cabinet of Ministers of Ukraine on 29 April 2002.

TABLE 1

Participation by Ukraine, Romania, Moldova and EU in international conventions and agreements relevant to environmental monitoring and wetland conservation management in the Lower Danube Region

Convention/Agreement	Ukraine	Romania	Moldova	EU
Convention on Wetlands of International Importance Especially as Waterfowl Habitat (*Ramsar*, 1971)	Ratified	Ratified	Ratified	–
Bern Convention on the Conservation of European Wildlife and Natural Habitats (*Bern, 1979*)	Ratified	Ratified	Ratified	–
Convention on Protection of Migratory Species of Wild Animals (*Bonn, 1979*)	Ratified	Ratified	–	Ratified
Convention on Biological Diversity (*Rio de Janeiro, 1992*)	Ratified	Ratified	Ratified	Ratified
Convention on the Protection of the Black Sea Against Pollution (*Bucharest 1992*)	Ratified	Ratified	–	
Convention on Co-operation for the Protection and Sustainable Use of the Danube River (*Sofia, 1994*)	Ratified	Ratified	Signed	Ratified
Lower Danube Euroregion (*Ukraine, Moldova and Romania, 1998*)	Ratified	Ratified	Ratified	–
Convention on Access to Information, Public Participation in Decision-making and Access to Justice in Environmental Matters (*Aarhus 1998*)	Ratified	Signed	Ratified	Ratified
UNESCO Man and Biosphere Programme	Member	Member	Member	–
Agreement between Ministers of Ecology of Romania, Ukraine and Moldova on Transboundary Co-operation in the Protected Areas of the Danube Delta and Lower Prut (*Bucharest, 2000*)	Member	Member	Member	

In September 2002, a draft project proposal on "Trans-Frontier Co-operation for Management and Sustainable Development of Protected Areas in the Lower Danube Euroregion" was prepared. The main issue to be addressed by the project are set out in Table 2. It seeks to improve environmental conditions in the Lower Danube region and so provide a more sustainable context for economic transition and development especially through cross-border co-operation and to apply for international recognition of a Lower Danube trilateral biosphere reserve between Romania (580 000 ha), Ukraine (300 000 ha) and Moldova (80 000 ha), as shown in Figure 1.

The opportunity therefore exists through pursuing this initiative to establish a trilateral Biosphere Reserve covering the main part of the Lower Danube and Lower Prut regions. With an area of over one million ha, the joint Lower Danube Biosphere Reserve would represent the largest protected area of the kind in Europe and help to ensure the long-term environmental protection and sustainable use of the regional resources, not only for the local populations, but for Europe in the whole. On this scale, the management scheme becomes one more aspect of regional planning than just nature conservation and environmental protection alone. Fortunately, the modern concept of Biosphere Reserves, espoused by the UNESCO Seville Strategy adopted in 1996, fully accommodates this approach through the application of a multifunctional zoning system, and provides an international standard for future integrated land use planning.

Figure 1 – Coverage of the proposed tri-lateral Lower Danube Biosphere Reserve

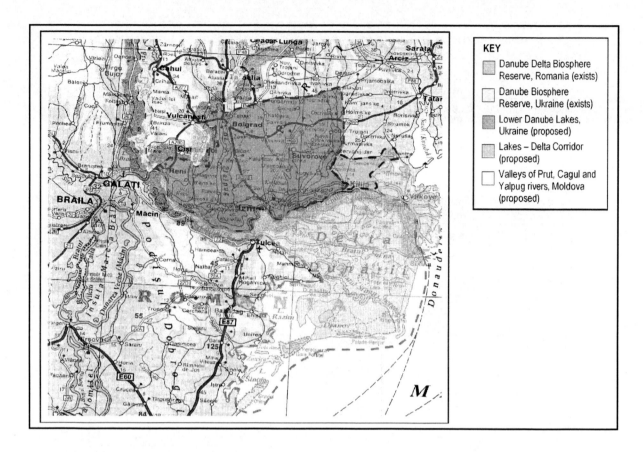

TABLE 2

Issues and their background to be addressed by the proposed project on Trans-Frontier Co-operation for Management and Sustainable Development of Protected Areas in the Lower Danube Euroregion

Issue	Explanation
Harmonisation of national protected area legislation with international norms	Following the adoption of the "Seville Strategy" on management of Biosphere Reserves by the UNESCO Man and Biosphere Programme in 1996, amendments are needed to the protected area legislation of the three countries to introduce contemporary concepts of wise use of natural resources and buffer zone management.
Establishment of an integrated environmental monitoring system	Each country has its own environmental monitoring system designed to address national requirements. However, even within the countries the systems are rather fragmented among diverse agencies resulting in duplication, redundancy and incompatibility among the data sets. Furthermore, very few data is accessible since most is recorded in ledgers rather than in a digital form, especially for long-term records. The current situation does not permit the efficient detection of environmental trends, nor the stimulation of regional action in the event of periodic events (e.g. accidental spills) except in the most important cases. A common regional system of environmental monitoring, taking account of the requirements of the EU Water Framework Directive, is a high priority for proper management planning.
Creation of a joint environmental data base and information sharing system, accessible by the public	The present regional information sharing system between the three countries is at best *ad hoc*, and communication is further hampered by language barriers. New internet-based technology is needed to allow each partner to share information. The data base should also allow structured access by the public in accordance with the Aarhus Convention.
Development of a common management planning process and setting common standards for use of natural resources	At present, the various protected areas existing in the Lower Danube region carry out their management planning and resource utilisation independently. In some areas, this can lead to disputes, for example over fishing seasons. In other cases, there are lost opportunities from not pursuing regional promotion for tourism. Integrating the management planning process using a common platform (such as the Countryside Information System software) would assist the parties to identify and address common management problems and possibilities.
Implementation of key ecological restoration projects to test and improve cross-border co-operation mechanisms	Ecological restoration projects have so far been a feature of management mainly in Romania. The concepts and practice of ecological restoration are still relatively underdeveloped in Moldova and Ukraine. As a way of fostering cross-border co-operation and technology transfer, as well as testing the institutional structures of the co-operation, each country should identify degraded wetlands and undertake one or two pilot wetland / aquatic biodiversity restoration projects.
Identification of funding mechanisms for continued cross-border co-operation in Biosphere Reserve management	Funding mechanisms for maintaining protected areas usually devolve to government subvention. However, in a Biosphere Reserve there is a scope for generating income from licence fees and leases for regulated use of natural resources. Such mechanisms should be reviewed and an appropriate one established for the Lower Danube region. The mechanism should be a common resource for the three countries.
Creation of incentives for promoting environmentally sustainable economic development, especially in support of small and medium size enterprises	The support of local communities is essential for successfully implementing the project. One way of gaining this support is to provide appropriate incentives for supporting environmentally sustainable enterprises. This approach was initiated in Odessa by the Tacis Lower Danube Lakes Project and it should be further developed in co-operation with the respective regional development agencies.

Conclusions

Rapporteur

Dusan BLAGANJE, Council of Europe Expert

1. Introduction

The CEMAT international Seminar on "Spatial planning for the sustainable development of particular types of European areas: mountains, coastal zones, rural zones, flood-plains and alluvial valleys" was based upon the following underlying considerations:

the Seminar should help ensure that the Guiding Principles for Sustainable Development of the European Continent (GPSSDEC-CEMAT) were suitably applied in national and international regional planning projects. It should also provide an opportunity for more detailed discussion of the issue of the participation of civil society in the formulation and implementation of sustainable development policies in particular areas, and make for an integrated approach to these policies.

Mountains, coastal and rural zones, flood plains and alluvial valleys are areas which are particularly exposed to specific problems.

Mountain regions provide Europe with exclusive potential and have ecological, economic, social, cultural and agricultural functions. They require spatial planning measures which will ensure their social and economic development but at the same time conserve and protect them.

Coastal zones are areas with important but often conflicting economic and commercial activities, including fisheries, transport and industry, and are of particular importance for tourism and a number of tourism-driven activities. At the same time, because of human settlement through history, they have an invaluable natural and cultural heritage. Since all these functions are concentrated along a narrow coastal strip, an integrated spatial planning policy for coastal areas is a prerequisite for their sustainable development.

Rural zones are the setting for extremely important primary sector activities such as agriculture and forestry, alongside which some ancillary activities, such as rural tourism, have developed. Rural zones in general have substantial development needs, the common denominator being the need the economic, environmental and social sustainability of economic activities and to improve the living conditions of the inhabitants. Spatial planning at national, regional and local level, with its coordinating function and holistic approach, should, not on its own but together with the various sectoral policies, have a key role in providing solutions to these needs.

River basins, flood plains and alluvial valleys are a particular spatial planning challenge. They include waterways and wetlands with diverse and vulnerable ecosystems. They form landscapes in themselves and are exposed to the extensive impact of human settlement and manifold economic and other activities. They require integrated management that takes account of this complexity.

The Seminar highlighted a wide range of problems pertinent to the large areas which were the focus of its reports and discussions, drew attention to opportunities for their sustainable development, made it possible to share some valuable experiences and held out the prospect of more efficient approaches to the management of specific large areas. In all cases, such approaches are or should be an integral component of spatial planning and the coordinating and integrating role of spatial planning can add to their efficiency. Considerable hopes have thus been placed in such a strategy.

1. Introduction

Le Séminaire international CEMAT sur « L'aménagement du territoire pour le développement durable des espaces européens particuliers : montagnes, zones côtières et rurales, bassins fluviaux et vallées alluviales » reposait sur les prémisses suivants :

le Séminaire devait contribuer à la bonne application des Principes directeurs pour le développement territorial durable du continent européen (PDDTDCE-CEMAT) dans les projets nationaux et internationaux d'aménagement du territoire. Il devait par ailleurs permettre une discussion plus poussée sur le thème de la participation de la société civile à la définition et à la mise en œuvre des politiques de développement durable des zones particulières, ainsi que sur l'approche intégrée qui doit sous-tendre ces politiques.

Les montagnes, les zones côtières et rurales, les bassins fluviaux et les vallées alluviales sont exposés à des problèmes spécifiques.

Les **régions de montagne**, par les fonctions écologiques, économiques, sociales, culturelles et agricoles qu'elles remplissent, représentent une richesse irremplaçable pour l'Europe. Elles nécessitent des mesures d'aménagement du territoire qui répondent au double objectif de développement socio-économique et de conservation et protection.

Les **régions côtières** sont le lieu d'activités économiques et commerciales importantes, mais souvent difficiles à concilier (pêche, transport, industrie, énergie) ; elles présentent un intérêt majeur pour le tourisme et d'autres activités qui lui sont liées. D'autre part, du fait de l'ancienneté de l'occupation humaine, elles renferment un patrimoine naturel et culturel inestimable. Du fait que toutes ces fonctions sont concentrées le long d'une étroite bande littorale, une politique intégrée d'aménagement du territoire pour les zones côtières est une condition essentielle de leur développement durable.

Les **régions rurales** sont le cadre d'activités primaires de la plus haute importance comme l'agriculture et la sylviculture, parallèlement auxquelles se sont développées des activités d'appoint ou complémentaires telles que le tourisme rural. Les régions rurales ont, d'une manière générale, des besoins considérables en matière de développement, avec pour dénominateur commun la nécessité d'accroître la durabilité économique, environnementale et sociale des activités économiques et d'améliorer les conditions de vie de leurs habitants. Grâce à son approche globale et coordonnée, l'aménagement du territoire à l'échelon national, régional et local, associé à des politiques sectorielles, devrait contribuer de manière décisive à répondre à ces besoins.

Les **bassins fluviaux, les vallées alluviales et les prairies humides** représentent un défi particulier pour l'aménagement du territoire. Il s'agit notamment de cours d'eau et de zones humides comportant des écosystèmes divers et sensibles. Constituant à eux seuls des paysages individualisés, ils subissent très fortement l'impact de l'occupation humaine et des multiples activités économiques et autres dont ils sont le cadre. Ils requièrent une gestion intégrée tenant compte de cette complexité.

Le Séminaire a mis en lumière les problèmes très divers qui se posent dans les grandes zones étudiées dans les rapports et les débats, indiqué les pistes à suivre pour assurer leur développement durable, présenté des expériences intéressantes et ouvert des perspectives sur des approches plus efficaces de la gestion de certaines grandes zones. Ces approches ont en commun qu'elles font ou devraient faire partie intégrante de l'aménagement du territoire, qui est à même de renforcer leur efficacité par sa démarche de coordination et d'intégration et suscite par conséquent des attentes considérables.

The Seminar devoted considerable attention to landscapes which have important spatial implications, common to all of the large areas dealt with. There was also a concise but wide-ranging review of spatial development and environmental protection instruments, including legal, financial, social and regional planning and monitoring.

The Seminar provided proof that the considerations that had prompted it were appropriate and that spatial planning has a specific role because it permeates every activity and is a key element in the co-ordination of the economic, environmental and social aspects of development. The principal points to emerge in connection with the main themes are summed up below.

2. *Landscapes*

People in the urbanised world live a long way from the landscape and have lost the historic sense of the need to care for it that was inherent in rural society. The management of landscapes and specific areas requires particular care. The importance of landscapes, including historic landscapes, has to be respected. The landscape is a historical document which can be read. Once destroyed, it can never be replaced, and this should be borne in mind when planning change.

The landscape also provides scope for research and helps to shape values. In some cases, the maintenance or reintroduction of ancient agricultural land uses, allowing the restoration of the landscapes of the past, has proved to be feasible. But there are serious limits to the conservation of historic landscapes. The drastic socio-economic changes after World War II irreversibly changed the landscape and in some cases processes involving a return to nature are required as an integral component of landscape management.

Landscape management requires a consistent methodology with innovative instruments and appropriate databases containing data from various sectors, along with a multidisciplinary and holistic approach. Spatial planning has a crucial role in landscape management, but it still has a lot to learn about how to manage processes in the landscape that are substantially influenced by the life cycles and growth of the various species. Landscapes constantly change over time, and landscape management covers natural as well as social and economic processes. An assessment of the territorial impact of landscape management should include social and economic and not only environmental aspects.

In spatial planning one essential aspect of the evaluation of landscapes and other specific areas still seems to be missing: the evaluation of their economic potential, which determines the feasibility of management policies. This is very important, because the nostalgic approach to landscape management is liable to preclude any action and lead to further deterioration, instead of improving landscapes.

The European Landscape Convention, so far signed by 24 member States of the Council of Europe, is the first international instrument to be fully dedicated to the evaluation of European landscapes. The principles set out in the European Landscape Convention must be put into practice. They must be reflected in the activities of national, regional and local authorities. Landscape criteria must be integrated into spatial planning and decision-making.

Le Séminaire a examiné de manière approfondie la question des paysages, qui constituent un phénomène territorial important, commun à toutes les grandes zones étudiées. D'autre part, il a permis de faire un tour d'horizon concis, mais très large, des instruments dont on dispose en matière d'aménagement du territoire et de protection de l'environnement (instruments de suivi et de planification, juridiques et financiers, sociaux et régionaux).

Le Séminaire a démontré le bien-fondé de ses prémisses et confirmé que l'aménagement du territoire, parce qu'il prend en compte la totalité des activités et joue un rôle clé dans la coordination des composantes économiques, environnementales et sociales du développement, assure bien une fonction spécifique. Voici les points les plus importants qui sont ressortis des débats pour chacun des grands thèmes traités.

2. Paysages

Les habitants des zones urbanisées ne vivent plus au contact du paysage et ont perdu le sens de sa protection, qui était autrefois innée dans la société rurale. Les paysages et les espaces spécifiques nécessitent une vigilance particulière. L'importance des paysages, et notamment des paysages historiques, doit être reconnue. Le paysage peut être déchiffré comme un document historique. Sa destruction est irréversible : il faut toujours avoir cela présent à l'esprit lorsqu'on projette des changements.

Le paysage est à la fois un champ de recherche et une source de valeurs. Dans certains cas, il s'est avéré possible de maintenir les utilisations traditionnelles des terres agricoles ou de les rétablir de manière à restaurer les paysages du passé. Il existe néanmoins de sérieux obstacles à la conservation des paysages historiques. Les bouleversements socio-économiques de l'après-guerre ont modifié les paysages de manière irréversible et, dans certains cas, il est indispensable de prévoir des processus de renaturation en tant que partie intégrante des mesures de gestion du paysage.

La gestion du paysage nécessite une méthodologie cohérente s'appuyant sur des instruments novateurs et des bases de données multisectorielles pertinentes, et fondée sur une approche globale et multidisciplinaire. L'aménagement du territoire a un rôle essentiel à jouer dans la gestion du paysage, mais on ne sait pas encore très bien comment gérer les processus qui, dans les paysages, sont fortement tributaires des cycles biologiques et de la croissance des espèces. Les paysages évoluent constamment au cours du temps, et leur gestion ne doit pas seulement tenir compte des processus socio-économiques, mais aussi des processus naturels. L'évaluation de l'impact territorial de la gestion du paysage doit comprendre une évaluation de l'impact socio-économique et une évaluation de l'impact environnemental.

Il semble que l'aménagement du territoire néglige encore d'évaluer un élément important des paysages et des autres espaces spécifiques : il s'agit de leur potentiel économique, qui détermine la faisabilité des politiques de gestion. Ce point est capital, car une approche nostalgique de la gestion du paysage risque d'aboutir à l'inaction : au lieu d'améliorer le paysage, on continuera à le laisser se dégrader.

La Convention sur le paysage, signée à ce jour par 24 Etats membres du Conseil de l'Europe, est le premier instrument international entièrement consacré à l'évaluation du paysage européen. Les principes établis dans cette Convention doivent être mis en application. Ils doivent être transposés dans les activités des autorités nationales, régionales et locales. Des critères paysagers doivent être pris en considération dans les plans d'aménagement du territoire et lors de la prise de décisions.

3. Coastal zones, river basins, flood plains and alluvial valleys

Europe's coastal zones border on and serve as gateways to enormous hinterlands. The Mediterranean Sea, for example, has a vast catchment area, reaching well beyond the equator to the South and high up to the Russian plains in the North. Coastal areas, particularly the Mediterranean coastline, have undergone dramatic urbanisation, economic development and demographic change. They are the destination of the bulk of seasonal migration and are subject to enormous ecological pressures, including the water shortage and sea pollution caused by such migration. The sustainability of tourism and the existence of conflicting land uses along the coastline are two key questions that must be addressed in connection with further spatial development and the prerequisite of sustainability.

Human beings have been fighting to protect commercial coastal facilities from erosion and the natural action of sea. Their large-scale projects, e.g. coastal afforestation and engineering works, have transformed many natural coastlines into artefacts, devastating natural habitats in the process. These projects are distinctive and at the same time eat up money as they require constant maintenance, which would be superfluous if development work on the coastline were set back far enough not to be threatened by the effects of the sea.

The Model Law on sustainable management of coastal zones and the European Code of Conduct for Coastal Zones, which are aimed at coastal protection and based on the concept of sustainable development, are a major Council of Europe contribution to an integrated approach to the problems of these large areas. They promote the concept of integrated management and planning and thus consolidate the role and responsibility of spatial planning and spatial development measures.

Waterways are systems in dynamic equilibrium. As a rule, every river basin coincides with other large areas: landscapes, rural areas, flood plains or coastal zones. River basins are home to settlements, economic activities, migration and transport. They are densely populated and hence have a high water demand, they are exposed to increasing imbalances in the seasonal distribution of hydrological phenomena ranging from floods to drought. Along the basins of some rivers (e.g. the Danube) there can be great disparities in economic development, income etc., between nations and regions.

Rivers are not only very important but fragile and endangered ecosystems: they also provide an important natural infrastructure, particularly for the purpose of water supply and waste water management as well as transport. The recent flood catastrophes in various parts of Europe have once again proved that the flood areas along rivers must be extended. Too many flood plains have been destroyed in Europe and very serious consideration should be given to their restoration.

Rivers require free space, now limited as a result of damaging human activities, which cause faster flows, fluctuations in water levels, the lowering of river beds, damage to the drinking water supply, the contamination of soil and water, mainly from agriculture, depletion of fish stocks, genetic changes, etc. Addressing these problems entails high public spending but can produce substantial gains by restoring the conditions that existed before the damage was done.

3. Zones côtières, bassins fluviaux et vallées alluviales

Les côtes européennes sont la façade et la porte d'accès d'immenses arrière-pays. La mer Méditerranée, par exemple, draine un gigantesque bassin qui s'étend bien au-delà de l'Equateur, au sud, et jusqu'aux plaines russes, au nord. Les régions côtières, et tout particulièrement le littoral méditerranéen, connaissent une urbanisation, un développement économique et une évolution démographique spectaculaires. Première destination des migrations saisonnières, elles subissent de très fortes pressions écologiques dont les principaux effets sont la pénurie d'eau et la pollution marine. La mise en place d'un tourisme durable et le règlement des conflits d'utilisation des sols sont deux des clés de leur développement et un préalable indispensable à sa poursuite dans des conditions durables.

L'homme s'est de tout temps battu pour protéger les côtes contre l'érosion et l'action naturelle de la mer et préserver ainsi les activités économiques dont elles sont le cadre. D'énormes travaux de boisement et d'aménagement ont artificialisé une grande partie du littoral en anéantissant les habitats naturels. Non seulement ces aménagements sont destructeurs, mais ils sont un gouffre financier car ils nécessitent constamment des travaux d'entretien qui seraient superflus si les utilisations transformatives des sols littoraux étaient suffisamment éloignées de la côte pour ne pas être menacées par l'action de la mer.

Le Modèle de loi sur la gestion durable des zones côtières et le Code de conduite européen des zones côtières, qui visent à protéger les côtes en s'appuyant sur le concept de développement durable, sont une contribution majeure du Conseil de l'Europe à une approche intégrée des problèmes rencontrés dans ces grandes zones. En mettant en avant la notion de gestion et d'aménagement intégrés, ils confirment l'importance des mesures d'aménagement et de développement du territoire et définissent leurs objectifs.

Les cours d'eau sont des systèmes en équilibre dynamique. En règle générale, un bassin coïncide avec d'autres grandes zones : paysages, zones rurales, plaines alluviales, zones côtières. Les bassins fluviaux sont des zones de peuplement, des espaces d'activité économique, des lieux de migration et de transport. Ils sont fortement et densément peuplés, les besoins en eau y sont élevés et on y observe des déséquilibres croissants dans la dynamique saisonnière des phénomènes hydrologiques se traduisant par des inondations et des sécheresses. Le long du bassin de certains cours d'eau (comme le Danube), il existe de grandes disparités de développement économique, de revenus, etc., entre les nations et les régions.

Les cours d'eau sont à la fois des écosystèmes très précieux, mais fragiles et menacés, et des infrastructures naturelles importantes, en particulier pour l'approvisionnement en eau et la gestion des eaux usées – deux fonctions assurées simultanément – et pour le transport. Les inondations catastrophiques qui ont touché récemment plusieurs régions d'Europe ont encore une fois montré la nécessité d'une extension des zones inondables en bordure des cours d'eau. Trop de plaines alluviales ont été détruites en Europe ; il est grand temps de songer à leur restauration.

Les cours d'eau ont besoin d'espace libre. Or cet espace est aujourd'hui restreint par des activités humaines aux effets préjudiciables : augmentation du débit, fluctuations du niveau de l'eau, enfoncement du lit, amenuisement des ressources en eau potable, pollution des sols et des eaux due principalement à l'agriculture et à l'élevage, régression des populations de poissons, modifications génétiques, etc. Traiter ces problèmes est très coûteux pour les finances publiques, mais le rétablissement des conditions antérieures aux dégradations peut s'avérer extrêmement profitable.

River management should address the river not as a linear phenomenon but as an important spatial element that extends over the entire catchment area. It should therefore be not so much an engineering activity as one of the key aspects of spatial planning and spatial development measures. There is an urgent need to try to solve certain challenging and as yet unresolved problems by means of the spatial planning of river areas, alluvial valleys and flood plains.

The issues of river basin management and flood prevention are very complex and transnational; they are politically and socially sensitive, because they may require changes in and even the relocation of human activities and make it necessary to move back settlements in order to form safe flood retention areas.

Strategies should be devised to make economic use of rivers and preserve the social fabric of the settlements along them, which has, historically, been woven under influence of these activities. A strategy for preserving the functions of flood plains is also needed. Such strategies are now necessary for a sustainable future, and are not feasible without close regional, transnational and cross-border co-operation and strong public participation.

4. Mountain regions

In the second half of the 19th century, the historical isolation of mountain regions started to change as transport systems gave rise to migration and particularly to mountain-bound tourism. In the second half of 20th century in particular, there were enormous socio-economic changes in the mountain regions. As a result, the spatial development of mountain regions is unbalanced and this in turn causes severe demographic, social, economic and ecological problems. Ecological problems are particularly challenging, because of the fragility of the mountain ecosystem.

The abandonment of agriculture paves the way for forestation and changes in the landscape. Growing tourism attracts vast numbers of visitors to some mountain areas, which are seasonally overcrowded, and creates new job opportunities which, in turn, elicit migration from afar and change demographic patterns. New economic structures and relations are emerging. These changes require new spatial planning tools and development policies and measures in order to ensure sustainability, which is under serious threat.

In the circumstances, spatial planning has a central role in preserving key mountain areas by channelling development towards less sensitive adjacent areas or confining it to such areas, which should be serviced by sustainable infrastructure.

In some European countries a large proportion of the population lives in mountain regions and faces serious quality of life problems, caused by inadequate economic development, scarce job opportunities and poor access to public services. Infrastructure and public services are essential in mountain regions for the purposes of favourable demographic and sustainable spatial development, but they are much more difficult to provide than in the plains or in other, more densely populated parts of the country.

Housing and urban development problems are growing in mountain regions. They are difficult to deal with, particularly when restrictions are necessary for environmental reasons. The strong need for environmental protection and an acceptable quality of life presents one of the most spatial planning serious challenges in mountain regions.

Aux fins de sa gestion, un cours d'eau doit être considéré non comme un phénomène linéaire, mais comme un élément spatial important, englobant la totalité de son périmètre d'alimentation. Il faut par conséquent concevoir cette gestion beaucoup moins comme une activité technique que comme un objectif essentiel des mesures d'aménagement et de développement du territoire. L'une des priorités de l'aménagement territorial des bassins fluviaux et des vallées alluviales est de rechercher des solutions à un certain nombre de problèmes difficiles que l'on n'a que trop tardé à résoudre.

La gestion des bassins fluviaux et la prévention des inondations sont des questions très complexes, transnationales, délicates tant sur le plan politique que sur le plan social, car elles peuvent nécessiter des changements, voire le déplacement de certaines activités et l'éloignement des établissements humains afin de créer des zones inondables de sécurité.

Il faut réfléchir d'une part aux moyens de maintenir une exploitation économique des cours d'eau et un tissu social dans les zones habitées le long de leurs rives – deux aspects historiquement imbriqués – et d'autre part à la façon de préserver les fonctions des plaines inondables. Cette réflexion est aujourd'hui indispensable pour assurer un avenir durable. Elle ne pourra porter ses fruits sans une coopération régionale, internationale et transfrontalière intensive et une participation active du public.

4. Régions de montagne

A partir de la deuxième moitié du XIXe siècle, les régions de montagne ont commencé à sortir de leur isolement grâce au développement des moyens de transport qui a favorisé les migrations, et notamment le tourisme de montagne. Elles ont alors connu, en particulier au cours de la deuxième moitié du XXe siècle, de rapides mutations socio-économiques. Il en est résulté un développement territorial déséquilibré, à l'origine de graves problèmes démographiques, sociaux, économiques et écologiques.

Ces derniers sont particulièrement difficiles en raison de la fragilité de l'écosystème montagnard.

L'abandon de l'agriculture et de l'élevage ouvre la porte au reboisement et à des transformations du paysage. Le développement du tourisme attire des foules de visiteurs dans certaines zones, qui connaissent de ce fait une surpopulation saisonnière. Les emplois ainsi créés stimulent les migrations sur de grandes distances et modifient les schémas démographiques. De nouvelles structures et relations économiques apparaissent. Ces changements nécessitent des outils d'aménagement du territoire et des politiques et mesures de développement d'un type nouveau afin d'assurer un avenir durable à ces régions en péril.

Dans ces conditions, l'aménagement du territoire a un rôle essentiel à jouer pour préserver les zones centrales des régions de montagne en orientant et en limitant le développement à des zones adjacentes moins sensibles, qu'il convient de doter d'infrastructures durables.

Dans certains pays européens, une partie très importante de la population vit en zone de montagne où elle pâtit d'une médiocre qualité de vie par suite d'un développement économique insuffisant, d'un manque d'emplois et d'un accès difficile aux services publics. Infrastructures et services publics sont indispensables pour une évolution démographique favorable et un développement spatial durable, mais il est plus difficile de subvenir à ces besoins dans les régions de montagne que dans les plaines ou d'autres régions plus densément peuplées.

Les problèmes de logement et d'urbanisation se posent avec de plus en plus d'acuité dans les régions de montagne. Ils sont difficiles à régler, notamment en raison des contraintes environnementales. Concilier la protection de l'environnement et une qualité de vie acceptable est l'un des plus grands défis que doit relever l'aménagement du territoire dans ces régions.

5. Conclusion

The CEMAT Seminar in Sofia highlighted some of the dilemmas faced by present-day spatial planning and development policies and projects. It pinpointed a variety of issues facing these large areas, presenting good examples of how to deal with them, and tried to propose holistic methods of solving them.

It was clear from many of the contributions – from the reports and during the discussions – that spatial planning is *the tool* for managing large areas and should play a key role, and that the solution to the problems facing these areas lies in measures to implement spatial planning, ie in spatial development policies.

Considerable progress has already been achieved through recent activities in the Member States and as a result of European integration. Charters, guiding principles, conventions, framework conventions, model acts, national legislation and policies, regional and local initiatives, and transnational co-operation and projects all form an important framework for further progress with efficient spatial planning and spatial development in the form of a number of strategies applicable in various member states and regions.

Of particular importance are democratic policy-making and decision-making procedures and public participation in spatial planning. The role of the latter must be enhanced and fostered, as the point has been made that only spatial planning *for* the people can produce viable results. It should not be forgotten that sustainable spatial development is part of a future in which the young people and children of today will take over the current roles of their parents. It should also be borne in mind that the Bruntland definition of sustainability has to do with future generations. Young people and children should therefore have a special role in these democratic processes.

Some problem areas presented at the Seminar still require broader evaluation, although there is already a wide-ranging consensus not only as to their gravity, but also as to possible solutions. One should not rely too much on generally accepted values; however prevalent they seem and undisputed they are, monitoring is preferable to blind trust, and constant questioning of convention is a pillar of the scientific approach.

However ambiguous this might seem, the general consensus surrounding the prevailing values could even be a constraint when the management of large zones is incorporated into spatial planning. The latter affects and seeks to reconcile a number of opposing interests and arguments, and ultimately it largely determines how property is managed.

It should not be forgotten that spatial planning serves no purpose unless it is feasible and unless plans are implemented. In economic and fiscal terms, the implementation of spatial planning may allow land to be used profitably or bring net public benefits, or it may impose a cost on the public, which must be sustainable so that it can be borne by the taxpayer if it is financial or by the public in general if it is an inconvenience or a burden of some other kind.

5. Conclusion

Le Séminaire CEMAT de Sofia a traité de thèmes concernant les politiques et projets d'aménagement et de développement du territoire. Il a mis en évidence les multiples questions rencontrées dans les grandes zones étudiées en présentant, à titre d'exemple, un certain nombre de solutions intéressantes, en tentant de proposer les méthodes qui permettraient de les résoudre globalement.

Un grand nombre d'exposés et d'interventions au cours de la discussion ont fait clairement apparaître que l'aménagement du territoire est véritablement *l'outil* auquel doit revenir le rôle central dans la gestion des grandes zones et que les mesures d'application prises dans ce cadre (politiques de développement territorial) sont le bon moyen de s'attaquer aux problèmes de ces zones.

Des progrès considérables ont déjà été accomplis grâce à des activités menées récemment dans les Etats membres du Conseil de l'Europe et dans le contexte de l'intégration européenne. Chartes, principes directeurs, conventions, conventions-cadres, modèles de loi, législations et politiques nationales, initiatives régionales et locales, coopérations et projets internationaux forment une base solide sur laquelle on pourra s'appuyer pour renforcer l'efficacité de l'aménagement et du développement territoriaux, avec un certain nombre de composantes applicables dans les divers Etats membres et régions.

Il convient de porter une attention particulière aux procédures démocratiques d'élaboration des politiques et de prise des décisions ainsi qu'à la participation du public à l'aménagement du territoire. Cette participation doit être renforcée et encouragée : en effet, il a été souligné avec force que l'aménagement du territoire ne pouvait produire des résultats viables que s'il était conçu *pour* les populations. Il ne faut pas perdre de vue que le développement territorial durable prépare un avenir dans lequel les jeunes et les enfants d'aujourd'hui prendront la place de leurs parents. Il ne faut pas non plus oublier que le développement durable tel que défini dans le rapport Brundtland a en vue les générations futures. C'est pourquoi les jeunes et les enfants devraient se voir confier un rôle particulier dans ces processus démocratiques.

Certains problèmes abordés lors du Séminaire nécessitent une évaluation plus approfondie, bien qu'il existe déjà un large consensus concernant non seulement leur gravité, mais aussi les solutions qui pourraient leur être apportées. Il ne faut pas s'en remettre entièrement aux valeurs communément admises : si immanentes et incontestables qu'elles paraissent, la vérification est préférable à la confiance aveugle et la remise en question permanente des idées établies est un pilier de la démarche scientifique.

Même si cela peut sembler paradoxal, le consensus général sur les valeurs « immanentes » peut même apparaître comme une contrainte lorsque l'aménagement du territoire est appliqué à la gestion des grandes zones. Celui-ci s'efforce de concilier un certain nombre d'intérêts et d'arguments contradictoires et sa finalité, en dernière analyse, est de régir la gestion des biens.

Il ne faut pas perdre de vue que l'aménagement du territoire n'a de sens que s'il est applicable et appliqué. En termes économiques et fiscaux, l'aménagement du territoire peut avoir deux conséquences : soit une utilisation profitable des sols ou des avantages nets pour le public, soit une charge publique qui doit être tolérable afin de pouvoir être supportée par les contribuables si elle est d'ordre financier ou par le public en général s'il s'agit d'une autre sorte d'inconvénient ou de contrainte.

The most important methodological problem to be overcome in the spatial planning of any sensitive area is the "equal balance" approach, i.e. an approach that weighs up development on the one hand and the need to conserve and protect specific areas on the other, in which it is assumed that one side can gain only as much as the other side loses. There is only one hypothesis to which the equal balance approach can lead. It is well known and is not always very productive: either we choose development at the expense of conservation, or we choose protection at the expense of development.

Instead of equal balance, a "mutual added value" approach should be the basis of spatial planning for a sustainable future. This requires a holistic approach to problems, but also a shift in attitudes. In seeking solutions which will lead to a general, long-term net increase in benefits or a net decrease in cost, inconvenience and other burdens, we should make more use of interdisciplinary methods and set up a multidisciplinary system for the evaluation of spatial phenomena.

To sum up, economic policies require social and environmental assessment, while environmental protection needs economic and social assessment, just as social measures need economic and environmental assessment. All these assessments should be integrated in spatial planning methods and procedures in accordance with the various countries legislation and be part of a territorial impact assessment of spatial phenomena, i.e. of situations, problems and measures to deal with them.

A specific (economic, environmental, social and spatial) cost-benefit analysis should thus be the basis for the evaluation of any model, policy or measure with spatial development consequences, regardless of the scale of the territory it is to be applied to. Not only the model policy or measure itself but also its collateral implications should be assessed. Last but not least, such an analysis would help to enhance the holistic approach, which is still missing from spatial planning and spatial development.

Le principal point d'achoppement méthodologique que doit dépasser l'aménagement du territoire dans toute zone sensible est celui du « bilan nul », c'est-à-dire une approche antagonique du développement d'une part, de la conservation/protection d'espaces particuliers d'autre part, qui suppose que l'une des parties ne peut gagner plus que ce que l'autre perd. Cette approche ne peut déboucher que sur une alternative bien connue et rarement productive qui consiste soit à choisir le développement au détriment de la conservation, soit à choisir la protection au détriment du développement.

Une démarche d'aménagement du territoire pour un avenir durable devrait abandonner le principe du bilan nul pour privilégier la recherche d'une « valeur ajoutée mutuelle ». Cela exige non seulement une prise en compte globale des problèmes, mais aussi un changement d'attitude. Pour trouver des solutions qui aboutissent à un accroissement net des avantages ou à une diminution nette des coûts, inconvénients et autres contraintes – accroissement ou diminution qui soit général et durable –, il faut renforcer les méthodes interdisciplinaires et mettre en place un système multidisciplinaire d'évaluation des phénomènes territoriaux.

En résumé, on pourrait dire que les politiques économiques doivent s'accompagner d'une évaluation sociale et environnementale, la protection de l'environnement d'une évaluation économique et sociale, et les mesures sociales d'une évaluation économique et environnementale. Toutes ces évaluations doivent être intégrées dans des méthodes et des procédures d'aménagement du territoire régies par la législation pertinente et synthétisées dans une « évaluation de l'impact territorial » des phénomènes territoriaux, c'est-à-dire des faits, des problèmes et des mesures visant à les traiter.

L'évaluation de tout modèle, politique ou mesure ayant des conséquences sur le développement territorial devrait donc être fondée sur une analyse coûts-avantages (économique, environnementale, sociale et territoriale) spécifique, quelle que soit la dimension du territoire auquel l'instrument considéré est appelé à s'appliquer. Cette évaluation ne doit pas seulement porter sur l'instrument proprement dit, mais aussi sur ses effets secondaires. Une telle démarche, et ce n'est pas le moins important, favoriserait la mise en application de l'approche globale qui fait encore défaut dans l'aménagement et le développement du territoire.

Liste des participants /

List of participants

SPEAKERS / INTERVENANTS

Mr Sergey S. ARTOBOLEVSKIY – Head of Department – Institute of Geography – Russian Academy of Sciences – 29 Staromonetniy per – 109017 MOSCOW – Russian Federation
Tél. +7 095 959 99 25   Fax. +7 095 959 00 33
E-mail: *artob@aha.ru*

Mr Atanas ATANASSOV – Director of Strategic Planning – Ministry of Regional Development and Public Works – 17-19 rue Kiril et Metodii – BG-1202 SOFIA

Mr Dusan BLAGANJE – Poljanska Cesta 19 – SLO 1000-LJUBLJANA – Slovenia
Tel. +386 41 67 62 96
E-mail: *dusan.blaganje@guest.arnes.si*

Mr Meinhard BREILING – IAD Secretary General – Schiffmühlenstr. 120 – A-1220 WIEN
Tél./Fax. +43 1 2632710/2907853
E-mail: iad@breiling.org

M. Enrico BUERGI – Chef de la Division Paysage – Office fédéral de l'environnement, des forêts et du paysage – CH-3003 BERNE – Suisse
Tel. +41 31 322 8084   Fax. +41 31 324 7579
E-mail: enrico.buergi@buwal.admin.ch

Mme Maguelonne DEJEANT-PONS – Chef de la Division de l'Aménagement du territoire, de la Coopération et de l'Assistance Techniques – Conseil de l'Europe – F-67075 STRASBOURG CEDEX
Tel. +33 (0)3 88 41 23 98 Fax. +33 (0)3 88 41 37 51
E-mail : *maguelonne.dejeant-pons@coe.int*

Mme Violeta ELENSKA – Présidente du Parlement des enfants et de la jeunesse bulgare

Mr Ergün ERGANI – Head of the Department of Conservation, Research and Evaluation – The Authority for the Protection of Special
Areas – Ministry of the Environment – Koza Sokak No. 32 – G.O.P. – 06700 ANKARA
Tel. +90 312 440 3039   Fax. +90 312 440 85 53
E-mail: ergani@hotmail.com

Mr Calin HOINARESCU – S.C. RESTITUTIO S.R.L. – Gageni Nr. 92 – bl. G12 – sc A et 1 – ap 6 – PLOIESTI – Roumanie
Tel./Fax. +244 136198
E-mail: *restitution@fx.ro*

Mrs Margarita JANCIC – Chair of the CSO-CEMAT/Présidente du CHF-CEMAT – Adviser to the Government – National Office for Spatial Planning – Ministry of Environment, Spatial Planning and Energy – Dunajska Cesta 48 – SLO-1000 LJUBLJANA - Slovenia
Tel. +386 1 478 7018   Fax. +386 1 478 7010
E-mail: margarita.jancic@gov.si

Mr Dancho KIRYAKOV – Maire de la ville de Smolyan et Président de l'Association des communes de Rhodopes

Radoslava MILEVA – Expert – Agency for Small and Medium-sized Enterprises
Tel. 00 359 2 933 26 29   Fax. 00 359 2 986 18 99
E-mail: r.mileva@asme.bg

Mrs Galina Grigorievna MINICHEVA – Deputy Director of Scientific Work of the Odessa Branch, Institute of Biology of Southern Seas, National Academy of Science of Ukraine (OB IBSS), 37 St. Pushkinskay, ODESSA 6501,
Tel.: + 0482 25 09 39; Fax. + 0482 25 09 18 –
Professor of the Chair of Environmental Law of Odessa Ecological University. 106 St. Bazarnaya, ODESSA 65024
Tel.: + 0482 22 37 70 –
Head of the Working Group "Protected Areas" of the Project TACIS "Lower Denude Lakes, Ukraine"; Tacis Project Office, Rooms 19-21, 7 Mayakovskogo Lane, ODESSA 65026, Ukraine
Tel.: +380 48 731 73 83; Fax. +380 48 731 73 79)
E-mail: minicheva@eurocom.od.ua

Mr Zbigniew NIEWIADOMSKI – President of the Foundation for the Eastern Carpathians Biodiversity Conservation – Representative Office in Poland – PL 38-714 USTRZYKI GORNE 19 - Poland
Phone: +48 1 346 10 643   Fax. +48 134 610 610
E-mail: zbig-niew@wp.pl

Mr Kostadin PASKALEV – Deputy Prime Minister and Minister of Regional Development and Public Works - 17-19 rue Kiril et Metodii – BG-1202 SOFIA

Mr Andrej POGACNIK – University of Ljubljana – Faculty of Civil and Geodetic Engineering – Geodetic Department – Chair of Planning – Jamova cesta 2 – SLO-1000 LJUBLJANA – Slovenia
Tél. +386 1 4768646
E-mail: *andrej.pogacnik@fgg-uni.lj.si*

Mme Nicolina POPOVA – Chargée de cours à l'Université de Sofia – Chef de la Chaire Tourisme

M. Ilario PRINCIPE – Professeur - Università della Calabria – Dipartimento di Planificazione Territoriale - Via Segantini 39 – Cubo 45/B – I - 87036 ARCAVACATA DI RENDE (COSENZA)
Tél. +39 0984 496763   Fax. +39 0984 496787
E-mail : i.principe@unical.it/vannag@tin.it

M. Guillaume SAINTENY – 217 rue Saint-Honoré – F-75001 PARIS – France
Tel. +33 (0)1 42 61 31 38

M. Felice SPINGOLA – Centro Studi Pan – Via Moscatello 17 - 87020 VERBICARO - Italy
Tél. +39 098560363   Fax. +39 3387445745
E-mail: centrostudipqn@tiscqlinet.it

Mr Borislav VELIKOV – Member of the Committee on the Environment, Agriculture, Local and Regional Affairs of the Parliamentary Assembly of the Council of Europe– National Assembly – Narodno Sobranye No. 2 – SOFIA
Tel. +359 88 51 65 51

Mme Edith WENGER – Institut des plaines alluviales Rastatt – Josefstr. 1 – D – 76437 RASTATT – Allemagne
Tél. +49 7222 380720   Fax. +49 7222 380799
E-mail: wenger@wwf.de

M. Kroum YANEV – Photographe artistique – 15 rue Gerlovo – BG-1504 SOFIA
Tél. +359 2 944 04 98

SESSION PRESIDENTS AND PARTICIPANTS / PRESIDENTS DE SESSION ET PARTICIPANTS

ANDORRA / ANDORRE
M. Josep ESCALER – Directeur – Ministeri d'Ordenament Territorial – 62 rue Prat de la Creu – ANDORRA LA VELLA
Tel. +376 875 700   Fax. +376 861 131
E-mail: josepescaler@andorra.ad

ARMENIA / ARMENIE
Mrs Ruzanna ALAVERDYAN – Deputy Minister of Urban Development – 3 Government House – Republic Square – YEREVAN 375010
Tel. +3741 524337   Fax. +3741 523200
E-mail: vahag29@freenet.am

AZERBAIJAN/AZERBAÏDJAN
Mrs Sadagat MAMMADOVA – Ministry of Ecology and Natural Resources – Head of the Department for Bioresources and Specially Protected Territories – B. Aghayev Str. 100-A – 370073 BAKU
Tel. +994 12387419   Fax. +994 12925907
E-mail: valeh@eko.baku.az

BELGIUM / BELGIQUE
Mme Christine LARSSEN – Researcher in International Environmental Law – Université Libre de Bruxelles – 50 avenue F. Roosevelt – B -1050 Brussels
Tél. +32 2 6503405   Fax. +32 2 650 33 54
E-mail : clarssen@ulb.ac.be

BOSNIA AND HERZEGOVINA / BOSNIE-HERZEGOVINE
Mme Vesna KARÁČIC – Assistent Minister – Federal Ministry of Physical Planning and Environment – Mitita 9A – SARAJEVO
Tel. +387 33 218 512   Fax. +387 33 663 699
E-mail: public@bih.net.ba

BULGARIA / BULGARIE
Kristina ANDREEVA – Expert – National Association of Municipalities in the Republic of Bulgaria
Tel. 00 359 2 980 03 04   Fax. 00 359 2 988 37 63
E-mail: k.andreeva@ namrb.org

Tsveta ANDREEVA – Expert – Ministry of Culture
Tel. 00 359 2 987 2453   Fax. 00 359 2 981 8145
Email: tsvetoma@yahoo.com

Ivanka ANGELOVA – Expert, Municipal Department Urban Planning and Architecture, SOFIA, #5 Nezabravka Str.,
Tel. 00359 2/ 72 43 76

Sylvia ANGELOVA – State Expert, PHARE CBC Implementation Agency, Ministry of Regional Development and Public Works, 17-19 "Kiril I Metodij" Str., Tel. 00359 2 / 9405497 Fax. 987 07 37
E-mail: SAngelova@mrrb.government.bg

Dimitar BOJIKOV – Centre for Population Studies – Bulgarian Academy of Sciences
Tel. 00 359 2 979 30 30
E-mail: dimitar-boshikyov@yahoo.com
Deputy Governor – BLAGOEVGRAD
Tel. 00 359 73 81406   Fax. 00 359 73 81 405
Email: BL-obl@avala.bg

Valentin BOSHKILOV – BLAGOEVGRAD
Email: valiob@abv.bg

Milena DENEVA – Sofia Municipality, Department of Architecture and Urban Planning, SOFIA, # 5a, Sersika Str. ,
Tel. 00359 2/ 986 08 83

Elena DIMITROVA – Assistant Professor – University of Architecture, Civil engineering & Geodesy Tel. 00 359 2 89 530 414
Email: eldim_far@uacg.bg

Neno DIMOV – Director of National Centre for Regional Development
Tel. 00 359 2 980 07 13   Fax. 00 359 2 980 03 12

Marina DIMOVA – Program Assistant Project Co-ordination – Foundation for Local Government Reform
Tel. 00 359 2 943 44 22   Fax. 00 359 2 944 23 50
Email: mdimova@flgr.bg

Liliana DOBROSLAVSKA – Expert – Ministry of Labour and Social Policy
Tel. 00 359 2 933 30 21
Email: training@mlsp.government.bg

Mariana DOICHINOVA – Expert - Ministry of Regional Development and Public Works
Tel. 00 359 2 94 05 374   Fax. 00 359 2 987 25 17
E-mail: MDoichinova@mrrb.government.bg

Petar DOULEV – Executive Director – ADRM « Danube »
Tel. 00 359 658 22940   Fax. 00 359 658 22960
E-mail: adrm@mbox.infotel.bg

Ivan FILKOV – Inspector – Civil Protection – Ministry of Councils
Tel. 00 359 2 960 10317

Nelly GADJALSKA – Head of Department – Research Institute at Ministry of Agriculture
Tel. 00 359 2 925 14 92
E-mail: Gadjalska@hotmail.com

Anna GEORGIEVA – Expert – Energy Efficiency Agency
Tel. 00 359 2 91 54 041   Fax. 00 359 2 981 58 02
E-mail: ageorgieva@seea.government.bg

Nikolay GRIGOROV – Professor – National Centre for Regional Development
Tel. 00 359 2 980 03 05
E mail: ngrig@abv.bg

Rayna HARDALOVA – Expert – Ministry of Enviroment and Water
Tel. 00 359 2 940 6614   Fax. 00 359 2 980 9641
Email: hardalovar@moew.government.bg

Mr Hasan HASAN – Deputy Minister of Regional Development and Public Works

Manuela HOINARESCU – Ecovast
Tel. 0244 136198   Fax. 0244 136198
E-mail: restitudo@fx.ro

Veselin HRISTOV – Expert - Ministry of Regional Development and Public Works
Tel. 00 359 2 9405 301   Fax. 00 359 2 988 2517

Ilko ILIEV – Expert Urban Planning – Ministry of Regional Development and Public Works
Tel. 00 359 2 94 05 324   Fax. 00 359 2 987 25 17

Daniela IVANOVA – Expert – Energy Efficiency Agency
Tel. 00 359 2 91 54 043   Fax. 00 359 2 981 58 02
E-mail: DIvanova@seea.government.bg

Tsveta KAMENOVA - Director of Directorate Economic Policy – Council of Ministers
Tel. 00 359 2 940 2012   Fax. 00 359 2 988 25 75
E-mail: T.Kamenova@government.bg

Maria KARAZLATEVA – Chief Expert – National Institute of Culture Movements
Tel. 00 359 2 988 5784   Fax. 00 359 2 987 4801

Irina KEKEVSKA – Ministry of Regional Development and Public Works, 17-19 "Kiril I Metodij" Str.,
Tel. 00359 2 / 9405410   Fax. 987 2517

Dancho KIRIAKOV – Mayor – Municipality – SMOLYAN
Tel. 00 359 301 626 62

Ivan KITOV – Deputy Governor of Region of Kustendil
Tel. 00 359 78 5 -05- 80   Fax. 00 359 78 5 06 90
E-mail: oblast.kn@infotel.bg

Radostina KOLEVA – Head of Department – Ministry of Culture
Tel. 00 359 2 981 3674   Fax. 00 359 292 17 601
Email: R.Koleva@minedu.government.bg

Stoyan LALOVSKY – System Administrator – Municipality of Hissar – Hissar, #14 "General Gurko" Str.
Tel. 00359 337/ 2030
E-mail: Lalovsky_st@abv.bg

Ivan MARKOV – Expert – Regional Administration – Stara Zagora
Tel. 00 359 42 613 244 Fax. 00 359 42 600 640
E-mail : ivmarkbg@hotmail.com

Petar MILADINOV – Head of Department – Ministry of Culture
Tel. 00 359 2 988 02 33   Fax. 00 359 2 981 81 45
E-mail: peter-miladinov@yahoo.com

Stoicho MOTEV – Chief Consutant – National Centre for Regional Development
Tel. 00 359 2 989 16 55   Fax. 003 59 2 980 03 12
E-mail: smotev@hotmail.com

Ognian NIKOLOV – Expert – Ministry of Regional Development and Public Works
Tel. 00 359 2 9405 301   Fax. 00 359 2 988 2517

Zlatka NIKOLOVA – Executive Director – Association Of Rhodope Municipalities
Tel. 00 359 301 62 056   Fax. 00 359 301 620 48
Email: arm@sm.unacs.bg

Todorka PANKOVA – Expert – Sofia Municipality – KRASNO SELO
Tel. 00 359 2 56 10 36   Fax. 00359 2 980 26 95
Email: valio_valev@yahoo.com

Mrs Kapka PANTCHEVA – Chef des Relations internationales – Ministère du Développement régional et des Travaux publics – 17-19 rue Kiril et Metodii – BG-1202 SOFIA
Tel. +359 87765093/29872512
Fax. +359 29876378/29802838
E-mail: *KPancheva@mrrb.government.bg*

Rosen PAVLOV – Expert – District Administration – DOBRICH
Tel. 00 359 58 601 326
E-mail: obl-dobrich@netplusdb.bg

Julian PETROV – Expert – Energy Efficiency Agency
Fax. 00 359 2 981 58 02
E-mail: JPetrov@seea.government.bg

Plamen PETROV – Director of Institute for Land Reclamation – Ministry of Agriculture
Tel. 00 359 2 925 14 01   Fax. 00 359 2 925 14 90
E-mail: riidhe@technolink.com

Elena PETROVA – National Centre for Regional Development
Tel. 00 359 2 980 03 05
E mail: elipetrova@abv.bg

Mariela PETROVA – Executive Director – RAM "Central Stara Planina"
Tel. 00 359 66 24613   Fax. 00 359 66 36190
E-mail: csp@veda.bg

Mariana PIRIANKOVA – Municipality of Hissar, Hissar Vice Mayor
HISSAR, #14 "General Gurko" Str.
Tel. 00359 337/ 2093
E-mail: d_polis@abv.bg

Petia RADOVANOVA – Expert – Ministry of Regional Development and Public Works
Tel. 00 359 2 9405 275   Fax. 00 359 2 988 2517
Email: PRadovanova@mrrb.government.bg

Katia RAYNOVA – Expert – Ministry of Regional Development and Public Works
Tel. 00 359 2 94 05 374   Fax. 00 359 2 987 25 17
E-mail: KRainova@mrrb.government.bg

Mr Ivan SAEV - Deputy Minister of Regional Development and Public Works

Snejina SLAVCHEVA – Director – Regional Administration – TARGOVISHTE
Tel. 00 359 601 62 358
Fax. 00 359 601 66 654
Email: eslavcheva@abv.bg

Julia SPIRIDONOVA – Expert – National Centre for Regional Development
Tel. 00 359 2 980 10 84   Fax. 00 359 2 980 10 84
Email: Sp.julia@ncrdhp.bg

Maria STEFANOVA – Expert – National Centre for Regional Development
Tel. 00 359 2 980 03 12   Fax. 00 359 2 980 03 12
Email: Ste.Mary@ncrdhp.bg

Marina STEFANOVA – Expert – National Centre for Regional Development
Tel. 00 359 2 980 03 07   Fax. 00 359 2 980 03 12
Email: marina-stefanova@abv.bg

Gueorgui STOIMENOV – Expert at the Minister's Office, Ministry of Regional Development and Public Works, 17-19 "Kiril I Metodij" Str.,
Tel. 00359 2 / 9405 9   Fax. 987 25 17
E-mail: geost10@hotmail.com

Petar STOYANOV – Professor – University of Sofia
Tel. 00 359 2 93 08 363   Fax. 00 359 2 944 64 87

Maria SUNGARSKA – Expert – Energy Efficiency Agency
Tel. 00 359 2 91 54 037   Fax. 00 359 2 981 58 02
E-mail: msungarska@seea.government.bg

Nadka TODORICHKOVA – Ministry of Regional Development and Public Works, 17-19 "Kiril I Metodij" Str.,
Tel. 00359 2 / 9405 414   Fax. 987 25 17

Mr.Todor TODOROV – Director Planing Project and Set-up Directorate – Road Executive Agency
Tel. 00 359 2 5167206   Fax. 00 359 2 951 58 30
E-mail: ttodorov@rea.bg

Todor TOTEV – Expert – Energy Efficiency Agency
Tel. 00 359 2 91 54 054   Fax. 00 359 2 981 58 02
E-mail: ttotev@seea.government.bg

Vesselina TROEVA – Head Of Urban Planning Department – University of Architecture, Civil Engineering & Geodesy
Tel. 00 359 2 975 3951
Email: vtroeva_far@uacg.bg

Emil TSANKOV - Mayor of BELOGRADCHIK
Tel. +359 936 3161   Fax. +359 936 3248
E-mail: belogradchick@bulmail.net

Akif TURKIAN – Chief Expert – Ministry of Foreign Affairs
Tel. 00 359 87 563 981 (mobile)
E-mail: takif@abv.bg

Roumiana VURBANOVA – Student – Regional Development
Tel. 00 359 2 981 1470 Fax. 00 359 2 981 1470
E-mail: rumi_stajanova@gbg.bg

Anna-Maria WERNER – Expert – Ministry of Foreign Affairs
Tel. 00 359 2 94 62 689
Email: awerner@mfa@government.bg

Irina ZAHARIEVA – Head of Department "RDLG", Ministry of Regional Development and Public Works, 17-19 "Kiril I Metodij" Str.,
Tel. 00359 2 / 9405 269   Fax. 987 40 77
E-mail: IZaharieva@mrrb.government.bg

Snezhina ZAIMOVA – Main Expert – Region Sofia
Tel. 00 359 2 92 65 185 Fax. 00 359 2 988 47 94
Email: ezaimova@abv.bg

Dejan ZLATESHKI - Expert Urban Planning – Ministry of Regional Development and Public Works
Tel. 00 359 2 94 05 414   Fax. 00 359 2 987 25 17

CROATIA / CROATIE
Mrs Lubina MELITA – Architect Conservator – Ministry of Culture – Department for the Protection of Cultural Heritage – Ilica 44 – HR-ZAGREB
Tel. +385 1 4849444   Fax. +385 1 4849444
E-mail: melita.lubina@uprava-bastine.tel.hr

Mrs Sonja UZELAC – HR-10000 ZAGREB

Mr Zlatko UZELAC – Assistant Minister – Ministry of Environment and Spatial Planning – Ulica Republike Austrije 20 – HR-10000 ZAGREB
Tel. +38513782146/38598235759   Fax. +38513772822
E-mail: zlatko.uzelac@mpugis.oko.tel.hr

CYPRUS / CHYPRE
Mr Stephos PAPANICOLAOU – Chief Town Planning Officer – Ministry of the Interior –Town Planning & Housing Department – Demosthenis Severis Ave – 1454 NICOSIA
Tel. +357 22 306547   Fax. +357 22 677570
E-mail: stephospap@yahoo.com

CZECH REPUBLIC / REPUBLIQUE TCHEQUE
M. Petr KALIVODA – Directeur Adjoint du Département des Offices Régionaux – Ministère du Développement Régional – Staromestské Namesti 6 – CZ-110 15 PRAGUE 1
Tel. +420 2 2486 22 40   Fax. +420 2 5753 1965
E-mail: souver@mmr.cz

Mr Milan RIVOLA – Rapporteur chargé de protection de la nature – Ministère de l'Environnement – Vrsovicka 65 – CZ-100 10 PRAGUE 10
Tél. +420 2 6712 2543   Fax. +420 2 6731 1096   E-mail: milan_rivola@env.cz

DENMARK / DANEMARK
Mr Finn TOFTE – Adviser in International Relations – Ministry of Environment - Spatial Planning Department – Højbro Plads 4 – DK 1200 COPENHAGEN K
Tel. +45 33 92 70 62   Fax. +45 33 32 22 27
E-mail: ft@mem.dk

FINLAND / FINLANDE
Mr Jussi RAUTSI – Counsellor of Environmental Affairs – Ministry of the Environment – PO Box 35 – SF-00023 GOVERNMENT
Tel. +358 9 16039361   Fax. +358 9 16039365
E-mail: jussi.rautsi@ymparisto.fi
(Apologised for absence / Excusé)

FRANCE
Mlle Aude FARINETTI – Doctorante - Institut de droit de l'environnement – 19 rue Etienne Richeranb – F-69003 LYON
Tél. +33 (0)4 78 78 74 93

M. Jean-Louis HAUSSAIRE – Membre du Conseil d'Administration d'ICOMOS – Section Française – 24 avenue Brézin – 92380 GARCHES ou adresse ICOMOS France : Palais de Chaillot – Avenue Albert Ier de Monaco – 75116 PARIS
Tél. +33 1 42 19 25 70   Fax. 33 1 42 19 18 44

Mlle Carole MARTINEZ – Doctorante – Institut de droit de l'environnement – 87 rue Moncey – F-69003 LYON
Tél. +33 (0)4 78 78 74 93

M. Jean PEYRONY – Chargé de mission – Délégation à l'Aménagement du Territoire et à l'Action Régionale – 1 avenue Charles Floquet – F – 75343 PARIS Cedex 07
Tél. +33 (0)1 40 65 10 17   Fax. +33 (0)1 40 65 12 79   E-mail: jean.peyrony@datar.gouv.fr

M. Claude ROUGEAU – Représentant permanent FIHUAT – 39 boulevard de la Liberté – F-59800 LILLE
Tel./Fax +33 (0)3 20 54 49 01 ou 6 60 74 70 92
E-mail: info@cofhuat.org

Mme Annik SCHNITZLER – Université de Metz – Laboratoire EBSE – Campus Bridoux – Rue du Général Delestraint – F-57070 METZ
Tél. +33 387378427   Fax. +33 387378425
E-mail : schnitzl@sciences.univ-metz.fr

GEORGIA / GEORGIE
Mr George GOGOBERIDZE – Deputy Head of International Relations Office –State Dept of Land Management of Georgia - 15a Tamarashvili Avenue – 380077 TBILISI
Tél. +99532 325825   Tél.Fax. +99532 250901
Mobile: +99599 580035
E-mail: aplr@caucasus.net

Mr David A. LABADZE – Project Manager – UNDP-Georgia – Project « Land Management » - Integrated Regional Devpt Centre – 15a Tamarashvili Avenue – 380077 TBILISI
Tél. +99532 333599   Tél.Fax. +99532 364445
E-mail: dlabaze@lmp.org.ge

GERMANY / ALLEMAGNE
Mr Gerhard ERMISCHER – Chairman – Pathways to Cultural Landscapes – Schlossplatz 5 – D-97816 LOHR AM MAIN
Tél. +49 6021 3867411
E-mail: stadt-ab.museum@t-online.de

Mr Harald ROSMANITZ – European Co-ordination Office – Pathways to Cultural Landscapes – Schlossplatz 5 – D-97816 LOHR AM MAIN
Tél. +49 9352 600705
E-mail: info@pcl-eu.de

GREECE / GRECE
M. Evangelos GOUNTANIS – Département de l'Aménagement du Territoire – Ministère de l'Environnement, de l'Aménagement du Territoire et des Travaux Publics – 17 rue Amaliados – GR-11523 ATHENES
Tel. +30 10 64 42 917   Fax. +30 10 64 58 690
E-mail: e.gountanis@dxor.minenv.gr

Mr Stefanos FOTIOU – Deputy Head of Department : Policy – International Relations – Greek Biotope/Wetland Centre – 14km Thessaloniki – Mihaniona – PO Box 60394 – 57001 THERMI (Thessaloniki)
Tél.   +303 10473320   Fax. +301 10471795
E-mail: fotiou@ekby.gr

Dr Thalia LAZARIDOU

Professor George ZALIDIS

HUNGARY / HONGRIE
Mr Károly MISLEY – Senior Adviser – Ministry for Agriculture and Regional Development – Kossuth L. tèr 11 – H-1055 BUDAPEST
Tel. +36 1 301 46 99   Fax. +36 1 301 59 49
E-mail: zobekazob@axelero.hu

Mrs Erzsebet MAGO – Senior Official – Office of the Prime Minister – Kossuth Ter 2-4 – H-1055 BUDAPEST
Tél. +36 1 3014699   Fax. +36 1 3015949
E-mail : erzsebet.mago@mail.fvm.hu

Mrs Erzsebet VAJDOVICH VISY – CEMAT Task Force Member – Director for International Affairs – VATI (Hungarian Company for Regional Development) – Gellerthegy u., 30-32, H-1016 BUDAPEST
Tel. + 36 1 37 50736   Fax. + 36 1 3568003
E-mail: evisy@vati.hu

LATVIA / LETTONIE
Mrs Dzintra UPMACE – Deputy Director of the Spatial Planning Department – Ministry of Finance – Regional Policy and Planning Directorate – 1 Smilšu iela – LV-1919 RIGA
Tel. +371 7814444   Fax. +371 7507280
E-mail: dzintra.upmace@if.gov.lv

LITHUANIA / LITUANIE
Mr Aleksandras GORDEVIČIUS – Head of Spatial Planning and Regional Development Division – Territorial Planning, Urban Development and Architecture Department – Ministry of Environment – A. Jakšto 4/9 – LT-2694 VILNIUS
Tel. +3705 266 3609   Fax. +3705 266 3667
E-mail: a.gordevicius@aplinkuma.lt

LUXEMBOURG
M. Jean-Claude SINNER – Conseiller de Gouvernement – Ministère de l'Intérieur – Direction de l'Aménagement du territoire et de l'Urbanisme – 1 rue du Plébiscite – L-2341 LUXEMBOURG
Tel. +352 478 69 16   Fax. +352 40 66 95
E-mail: jean-claude.sinner@mat.etat.lu

MOLDOVA
Mr Constantin ANDRUSCEAC – Ministry of Ecology, Construction and Territorial Development of Moldova – International Relations and Technical Assistance General Department – 9 Cosmonautilor Str. – MD-2002 CHISINAU
Tel. +373 2 226853 Fax. +373 2 220748
E-mail: codru@mediu.moldova.md, econew@mediu.moldova.md

THE NETHERLANDS / PAYS-BAS
Mr Ruud GROOTENBOER – Adviser – Province of Gelderland – Klokstr. 27 – NL 7315 HN APELDOORN
Tél. +31 55 5215783   Fax. +31 55 5225962
E-mail: r.grootenboer@prv.gelderland.nl

Mr Peter SCHMEITZ – Senior Policy Officer of International Affairs – Ministry of Housing, Spatial Planning and Environment – PO Box 30940 (IPC 305) – Rijnstraat 8 – NL-2500 GX THE HAGUE
Tel. +31 70 339 1108   Fax. +31 70 339 11 80
E-mail: peter.schmeitz@minvrom.nl

NORWAY / NORVEGE
Mr Audun MOFLAG – Senior Adviser – Ministry of the Environment – Department for Regional Planning – PO Box 8013 Dep. – Myntgt. 2 – N-0030 OSLO
Tel. +47 22 24 59 52   Fax. +47 22 24 27 59
E-mail: audun.moflag@md.dep.no

POLAND / POLOGNE
Mr Maciej BORSA – Adviser to the Minister – Director of the Department of Spatial and Regional Strategy – Government Centre for Strategic Studies – Mariacka 22 – PL – 40-014 KATOWICE
Tel. +48 32 253 90 08   Fax.+48 32 253 73 76
E-mail: maciej.borsa@region.rcss.gov.pl
interreg@region.rcss.gov.pl

Mrs Katarzyna DZIAMARA-RZUCIDKO – Specialist – Ministry of Finance – Ul. Swietokrzyska 12 – PL-00-916 WARSAW
Tél. +48 22 6945861   Fax. +48 22 6945861
E-mail: kdz@mofnet.gov.pl

Mr Marek POTRYKOWSKI – Minister's Adviser – Ministry of Economy – Pl. Trzech Krzyzy 3/5 – PL-00-507 WARSAW
Tel. +48 501690244/48 226619106
Fax.+48 22 6619145/6618680
E-mail: potrykowski@wp.pl

PORTUGAL
Mme Maria José FESTAS – Vice-Présidente du CHF-CEMAT/Vice-Chair of the CSO-CEMAT – Senior Adviser – Direction Générale de l'Aménagement du territoire et du Développement urbain – Ministère des Villes, de l'Aménagement du territoire et de l'Environnement – Campo Grande 50 – P-1749-014 LISBOA
Tel.+351 21 793 39 08/84   Fax. +351 21 782 50 03
E-mail: gabdg@dgotdu.pt

ROMANIA / ROUMANIE
Mr Alexandru ANTAL – Chef du Service de l'aménagement du territoire national – Direction générale de l'aménagement du territoire et de l'urbanisme – Ministère des Travaux publics, du Transport et du Logement – Dinicu Golescu Bd. 38 – Sector 1 – RO-BUCHAREST
Tel./Fax +40 21 2126102
E-mail: antal@mt.ro/mm006@mt.ro

Mme Manuela HOINARESCU – S.C. RESTITUTIO S.R.L. – Gageni Nr. 92 – bl. G12 – sc A et 1 – ap 6 – PLOIESTI
Tel./Fax. +244 136198
E-mail: restitution@fx.ro

M. Mihai-Serban NADEJDE – Chef de la Section Aménagement du territoire – Institut National de Recherche Urbanproiect – Sector 2 – Rue N. Filipescu 53-55 – RO-BUCAREST
Tel. +40 21 2117850   Fax. +40 21 2114906
E-mail: office@incdurban.ro

RUSSIAN FEDERATION / FEDERATION DE RUSSIE
Mr Konstantin ANANITCHEV – Expert – Government of Moscow Region – Stoleshnikov Lane 7 – 103031 MOSCOW
Tel. +7 095 3690548   Fax. +7 095 229 2393
E-mail: cemat@go.ru; roman@go.ru

SLOVAK REPUBLIC / REPUBLIQUE SLOVAQUE
M. Jan KIZEK – Ingénieur – Direction de l'Aménagement du Territoire – Ministère de l'Environnement – Namestie Ludovita Stura 1 – SK-812 35 BRATISLAVA
Tel. +421 2 5956 2321   Fax. +421 2 5956 2232
E-mail: kizek.jan@enviro.gov.sk

SLOVENIA / SLOVENIE
Mrs Margarita JANCIC – Chair of the CSO-CEMAT/Présidente du CHF-CEMAT – Adviser to the Government – National Office for Spatial Planning – Ministry of Environment, Spatial Planning and Energy – Dunajska Cesta 48 – SLO-1000 LJUBLJANA
Tel. +386 1 478 7018   Fax. +386 1 478 7010
E-mail: margarita.jancic@gov.si

Mrs Lenka MOLEK – Advisor to the Government – Cultural Heritage Office of Slovenia – Beethovnova Ulica 2 – SLO-1000 LJUBLJANA
Tel. +386 1 522870   Fax. +386 1 4266547
E-mail: lenka.molek@gov.si

SPAIN / ESPAGNE
Mr Francesc ALAVEDRA – Departament de Política Territorial i Obres Publiques – Av. Josep Tarradellas 2-6 – E-08029 BARCELONA
Tél. +34 93 495 8000   Fax. +34 93 4958151
E-mail: falavedra@correu.gencat.es

Mme Margarita ORTEGA – Chef de Division de l'Unité de Développement Territorial – Ministère de l'Environnement – Plaza San Juan de la Cruz s/n – E-28071 MADRID
Tel. +34 91 597 68 67   Fax. +34 91 597 59 71
E-mail: margarita.ortega@seac.mma.es

SWITZERLAND / SUISSE
M. Armand MONNEY – Délégué aux Affaires internationales – Office fédéral du développement territorial – Palais fédéral Nord – Kochergasse 10 – CH-3003 BERNE
Tél. +41 31 322 40 52   Fax. +41 31 322 53 46
E-mail: armand.monney@are.admin.ch

TURKEY / TURQUIE
Mr Ergün ERGANI – Head of the Department of Conservation, Research and Evaluation – The Authority for the Protection of Special Areas – Ministry of the Environment – Koza Sokak No. 32 – G.O.P. – 06700 ANKARA
Tel. +90 312 440 3039   Fax. +90 312 440 85 53
E-mail: ergani@hotmail.com

UKRAINE
Mr Vyacheslav OLESHCHENKO – First Deputy Chief of the Legal Department – Administration of the President of Ukraine – 11 Bankova St. – 01220 KYIV
Tel. +380 44 2916099   Fax. +380 44 2916479
E-mail: olvch@adm.gov.ua

UNITED KINGDOM / ROYAUME-UNI
Mr John WILLIAMS – Representant of the European Association of Archaeologists – Head of Heritage Conservation – Kent County Council – 2nd Floor Invicta House – County Hall – MAIDSTONE ME14 1XX
Tel. +44 1622 221534   Fax. +44 1622 221534
E-mail: john.williams@kent.gov.uk

PARLIAMENTARY ASSEMBLY OF THE COUNCIL OF EUROPE / ASSEMBLEE PARLEMENTAIRE DU CONSEIL DE L'EUROPE
Mme Antonella-Maria CAGNOLATI – Chef du Secrétariat de la Commission de l'environnement, de l'agriculture et des questions territoriales – Secrétariat de l'Assemblée parlementaire du Conseil de l'Europe – Conseil de l'Europe – F-67075 STRASBOURG CEDEX
Tel. +33 (0)3 88 41 21 07
E-mail: antonella.cagnolati@coe.int

Mr Latchezar TOSHEV – Member of the Committee on the Environment, Agriculture, Local and Regional Affairs of the Parliamentary Assembly of the Council of Europe – National Assembly – Narodno Sobranye No. 2 – SOFIA
Tel. +359 2 65 86 32

Mr Borislav VELIKOV – Member of the Committee on the Environment, Agriculture, Local and Regional Affairs of the Parliamentary Assembly of the Council of Europe – National Assembly – Narodno Sobranye No. 2 – SOFIA
Tel. +359 88 51 65 51

CONGRESS OF REGIONAL AND LOCAL AUTHORITIES OF EUROPE / CONGRÈS DES POUVOIRS LOCAUX ET RÉGIONAUX DE L'EUROPE
Ms Carolina W. JACOBS – Member of the Parliament – Member of the Provincial Council of Gelderland – Weijbroekweg 62 – NL-6546 VB NIJMEGEN
Tel. +31 24 373 0430   Fax. +31 24 373 5722
E-mail: cjacobs@gelderland.nl

M. Carlos Alberto PINTO – Secrétaire général de l'Association européenne des élus de montagnes – Maire de Covilha PSD – Camara Municipal de Covilha – Praça do Municipio – P-6200-151 COVILHA
Tel. +351 275 330 634   Fax. +351 275 330 633
E-mail: info@cm-covilha.pt

COUNCIL OF EUROPE DEVELOPMENT BANK (CEB)/ BANQUE DE DEVELOPPEMENT DU CONSEIL DE L'EUROPE (CEB)

Mr Tomas VENCKEVICIUS – Deputy Executive Secretary of the Council of Europe Development Bank's organs – Council of Europe – F - 67075 STRASBOURG CEDEX
Tel +33 (0)3 90 21 45 61   Fax +33 (0)3 88 41 27 03
E-mail: tomas.venckevicius@coe.int

GENERAL SECRETARIAT OF THE COUNCIL OF EUROPE / SECRETARIAT GENERAL DU CONSEIL DE L'EUROPE

Mme Maguelonne DEJEANT-PONS – Chef de la Division de l'aménagement du territoire, de la coopération et de l'assistance techniques – Conseil de l'Europe – F-67075 STRASBOURG CEDEX
Tel. +33 (0)3 88 41 23 98   Fax. +33 (0)3 88 41 37 51
E-mail : maguelonne.dejeant-pons@coe.int

Mme Sylvie MULLER – Assistante secrétariale – Conseil de l'Europe – F-67075 STRASBOURG CEDEX
Tel. +33 (0)3 88 41 31 97   Fax. +33 (0)3 88 41 37 51
E-mail: sylvie.muller@coe.int

Publications appearing in the same series:
The challenges facing European society with the approach of the year 2000: strategies for the sustainable development of European states in the Mediterranean basin, No. 59 (1997)
ISBN 92-871-3227-5

The challenges facing European society with the approach of the year 2000: a comprehensive regional/spatial planning framework for protecting and managing freshwater resources, No. 60 (1998)
ISBN 92-871-3576-2

The challenges facing European society with the approach of the year 2000: strategies for the sustain-able development of northern states in Europe, No. 61 (1998)
ISBN 92-871-3728-5

Towards a spatial development strategy for the European continent: perspectives of evolution of rural areas in Europe, No. 62 (1999)
ISBN 92-871-4103-2

Models for the financing of regional infrastructure and development projects, with a particular attention to the countries of central and eastern Europe – Public-private partnerships in spatial development policy, No 63 (2001)
ISBN 92-871-4758-2

Links between the sustainable development of tourism and regional/spatial planning, No 64
ISBN 92-871-4861-9 (bilingual version) (2002)

Integration of the greater European spaces, No 65
ISBN 92-871-5034-6 (bilingual version) (2002)

Landscape heritage, spatial planning and sustainable development, No 66
ISBN 92-871-5139-3 (bilingual version) (2003)

The role of local and regional authorities in transnational co-operation in the field of regional/Spatial development, No 67
ISBN 92-871-5186-5 (bilingual version) (2003)

Other publications:
The regional planning of greater Europe in co-operation with the countries of central and eastern Europe – Proceedings of a joint conference held in Prague, 16-17 October 1995 (Council of Europe-European Commission)
ISBN 92-827-8356-I

Publications parues dans la même série :
Les défis pour la société européenne à l'aube de l'an 2000: stratégies pour un développement durable des Etats européens du Bassin méditerranéen, n° 59 (1997)
ISBN 92-871-3226-7

Les défis pour la société européenne à l'aube de l'an 2000: protection et gestion des ressources en eau douce dans un cadre global d'aménagement du territoire, n° 60 (1998)
ISBN 92-871-3575-4

Les défis pour la société européenne à l'aube de l'an 2000: stratégies pour un développement durable des Etats du nord de l'Europe, n° 61 (1998)
ISBN 92-871-3727-7

Vers une stratégie de développement territorial pour le continent européen – perspectives d'évolution des zones rurales en Europe, n° 62 (1999)
ISBN 92-871-4102-9

Modèles pour le financement de projets régionaux d'infrastructures et de développement d'intérêt particulier pour les pays d'Europe centrale et orientale, n° 63 (2001)
ISBN 92-871-4757-4

Développement durable du tourisme et relations avec l'aménagement du territoire, n° 64 (version bilingue) (2002)

Intégration des grands espaces européens, n° 65 (version bilingue) (2002)

Patrmoine paysager, aménagement du territoire et développemnet durable, n° 66 (version bilingue) (2003)

Le rôle des autorités locales et régionales dans la coopération transnationale en matière de développement régional et d'aménagement du territoire, n° 67 (version bilingue) (2003)

Autres publications:
L'aménagement du territoire de la Grande Europe en coopération avec les pays d'Europe centrale et orientale – Actes de la conférence conjointe de Prague, 16 et 17 octobre 1995 (Conseil de l'Europe - Commission européenne)
ISBN 92-827-8357-X

Sales agents for publications of the Council of Europe
Agents de vente des publications du Conseil de l'Europe

AUSTRALIA/AUSTRALIE
Hunter Publications, 58A, Gipps Street
AUS-3066 COLLINGWOOD, Victoria
Tel.: (61) 3 9417 5361
Fax: (61) 3 9419 7154
E-mail: Sales@hunter-pubs.com.au
http://www.hunter-pubs.com.au

BELGIUM/BELGIQUE
La Librairie européenne SA
50, avenue A. Jonnart
B-1200 BRUXELLES 20
Tel.: (32) 2 734 0281
Fax: (32) 2 735 0860
E-mail: info@libeurop.be
http://www.libeurop.be

Jean de Lannoy
202, avenue du Roi
B-1190 BRUXELLES
Tel.: (32) 2 538 4308
Fax: (32) 2 538 0841
E-mail: jean.de.lannoy@euronet.be
http://www.jean-de-lannoy.be

CANADA
Renouf Publishing Company Limited
5369 Chemin Canotek Road
CDN-OTTAWA, Ontario, K1J 9J3
Tel.: (1) 613 745 2665
Fax: (1) 613 745 7660
E-mail: order.dept@renoufbooks.com
http://www.renoufbooks.com

CZECH REP./RÉP. TCHÈQUE
Suweco Cz Dovoz Tisku Praha
Ceskomoravska 21
CZ-18021 PRAHA 9
Tel.: (420) 2 660 35 364
Fax: (420) 2 683 30 42
E-mail: import@suweco.cz

DENMARK/DANEMARK
GAD Direct
Fiolstaede 31-33
DK-1171 KOBENHAVN K
Tel.: (45) 33 13 72 33
Fax: (45) 33 12 54 94
E-mail: info@gaddirect.dk

FINLAND/FINLANDE
Akateeminen Kirjakauppa
Keskuskatu 1, PO Box 218
FIN-00381 HELSINKI
Tel.: (358) 9 121 41
Fax: (358) 9 121 4450
E-mail: akatilaus@stockmann.fi
http://www.akatilaus.akateeminen.com

GERMANY/ALLEMAGNE
AUSTRIA/AUTRICHE
UNO Verlag
Am Hofgarten 10
D-53113 BONN
Tel.: (49) 2 28 94 90 20
Fax: (49) 2 28 94 90 222
E-mail: bestellung@uno-verlag.de
http://www.uno-verlag.de

GREECE/GRÈCE
Librairie Kauffmann
Mavrokordatou 9
GR-ATHINAI 106 78
Tel.: (30) 1 38 29 283
Fax: (30) 1 38 33 967
E-mail: ord@otenet.gr

HUNGARY/HONGRIE
Euro Info Service
Hungexpo Europa Kozpont ter 1
H-1101 BUDAPEST
Tel.: (361) 264 8270
Fax: (361) 264 8271
E-mail: euroinfo@euroinfo.hu
http://www.euroinfo.hu

ITALY/ITALIE
Libreria Commissionaria Sansoni
Via Duca di Calabria 1/1, CP 552
I-50125 FIRENZE
Tel.: (39) 556 4831
Fax: (39) 556 41257
E-mail: licosa@licosa.com
http://www.licosa.com

NETHERLANDS/PAYS-BAS
De Lindeboom Internationale Publikaties
PO Box 202, MA de Ruyterstraat 20 A
NL-7480 AE HAAKSBERGEN
Tel.: (31) 53 574 0004
Fax: (31) 53 572 9296
E-mail: lindeboo@worldonline.nl
http://home-1-worldonline.nl/~lindeboo/

NORWAY/NORVÈGE
Akademika, A/S Universitetsbokhandel
PO Box 84, Blindern
N-0314 OSLO
Tel.: (47) 22 85 30 30
Fax: (47) 23 12 24 20

POLAND/POLOGNE
Głowna Księgarnia Naukowa
im. B. Prusa
Krakowskie Przedmiescie 7
PL-00-068 WARSZAWA
Tel.: (48) 29 22 66
Fax: (48) 22 26 64 49
E-mail: inter@internews.com.pl
http://www.internews.com.pl

PORTUGAL
Livraria Portugal
Rua do Carmo, 70
P-1200 LISBOA
Tel.: (351) 13 47 49 82
Fax: (351) 13 47 02 64
E-mail: liv.portugal@mail.telepac.pt

SPAIN/ESPAGNE
Mundi-Prensa Libros SA
Castelló 37
E-28001 MADRID
Tel.: (34) 914 36 37 00
Fax: (34) 915 75 39 98
E-mail: libreria@mundiprensa.es
http://www.mundiprensa.com

SWITZERLAND/SUISSE
Bersy
Route de Monteiller
CH-1965 SAVIESE
Tél.: (41) 27 395 53 33
Fax: (41) 27 395 53 34
E-mail: bersy@bluewin.ch

Adeco – Van Diermen
Chemin du Lacuez 41
CH-1807 BLONAY
Tel.: (41) 21 943 26 73
Fax: (41) 21 943 36 05
E-mail: info@adeco.org

UNITED KINGDOM/ROYAUME-UNI
TSO (formerly HMSO)
51 Nine Elms Lane
GB-LONDON SW8 5DR
Tel.: (44) 207 873 8372
Fax: (44) 207 873 8200
E-mail: customer.services@theso.co.uk
http://www.the-stationery-office.co.uk
http://www.itsofficial.net

UNITED STATES and CANADA/
ÉTATS-UNIS et CANADA
Manhattan Publishing Company
468 Albany Post Road, PO Box 850
CROTON-ON-HUDSON,
NY 10520, USA
Tel.: (1) 914 271 5194
Fax: (1) 914 271 5856
E-mail: Info@manhattanpublishing.com
http://www.manhattanpublishing.com

FRANCE
La Documentation française
(Diffusion / Vente France entière)
124 rue H. Barbusse
93308 Aubervilliers Cedex
Tel.: (33) 01 40 15 70 00
Fax: (33) 01 40 15 68 00
E-mail: vel@ladocfrancaise.gouv.fr
http://www.ladocfrancaise.gouv.fr

Librairie Kléber (Vente Strasbourg)
Palais de l'Europe
F-67075 Strasbourg Cedex
Fax: (33) 03 88 52 91 21
E-mail: librairie.kleber@coe.int

Council of Europe Publishing/Editions du Conseil de l'Europe
F-67075 Strasbourg Cedex
Tel.: (33) 03 88 41 25 81 – Fax: (33) 03 88 41 39 10 – E-mail: publishing@coe.int – Website: http://book.coe.int